本书由教育部人文社会科学研究青年基金项目『中英大学生价值观教育比较及现实启示研究』（19YJC710003）资助出版

青年大学生价值观教育发展研究

包雅玮 著

江苏大学出版社
JIANGSU UNIVERSITY PRESS
镇江

图书在版编目(CIP)数据

青年大学生价值观教育发展研究 / 包雅玮著. — 镇江 : 江苏大学出版社，2021.12
ISBN 978-7-5684-1779-2

Ⅰ. ①青… Ⅱ. ①包… Ⅲ. ①大学生－思想政治教育－研究－中国 Ⅳ. ①G641

中国版本图书馆 CIP 数据核字(2021)第 274673 号

青年大学生价值观教育发展研究
Qingnian Daxuesheng Jiazhiguan Jiaoyu Fazhan Yanjiu

著　　者/包雅玮
责任编辑/张小琴
出版发行/江苏大学出版社
地　　址/江苏省镇江市梦溪园巷 30 号(邮编：212003)
电　　话/0511-84446464(传真)
网　　址/http://press.ujs.edu.cn
排　　版/镇江市江东印刷有限责任公司
印　　刷/广东虎彩云印刷有限公司
开　　本/710 mm×1 000 mm　1/16
印　　张/16
字　　数/284 千字
版　　次/2021 年 12 月第 1 版
印　　次/2021 年 12 月第 1 次印刷
书　　号/ISBN 978-7-5684-1779-2
定　　价/68.00 元

前　言

大学生价值观教育是一项复杂的系统工程，我国大学生价值观教育在本质属性、内容、方法、途径等方面各有特点。在新时期，总结历史经验，坚定文化自信，明确发展方向，有助于提升我国社会主义核心价值观教育的成效。在世界经济全球化这一不可阻挡的历史洪流中，政治全球化、文化全球化、科学技术全球化的速度也逐渐加快，教育国际化水平不断提升，重视价值观教育成为构建“人类命运共同体”的题中之义。

本书共有六章。第一章是导论，主要阐述大学生价值观教育的国内外研究现状、研究意义、研究思路、主要内容、研究目标、研究重难点、研究方法和创新之处等。第二章是我国大学生价值观教育概述，从价值观教育的理念源泉和发展历程的角度，梳理我国当代大学生所处的时代背景、成长环境，以及大学生的社会阅历、角色设定等主要因素对大学生价值观教育的影响，分析当代大学生价值观教育的发展特点。第三章是我国大学生价值观教育的体系，从背景、目标、内容、特征、路径等方面，全方位、分层次地深入剖析我国大学生价值观教育，尤其厘清了核心价值观或者主导价值观的定位和多元理念的取舍。第四章是我国大学生价值观的立体教育模式，在知识目标、体系结构、理论发展等多维结构上构建多主体、深层次、全方位的教育体系，树立教、学、管的新理念，实施新手段、新方法，将学生作为价值观教育的主体，构建我国大学生价值观立体教育新模式。第五章是中英大学生价值观教育的现实考量，通过在中英两国不同高等院校开展调研，对当代大学生价值观教育的现状进行统计分析，归纳和总结影响价值观教育的主客观因素，为深化价值观教育研究提供参考；从比较教育学的视角，对价值观的相关概念及价值观教育的不同理念进行系统梳理，分析英国大学生价值观教育的现状与不足，推进我国大学生价值观教育研究的发展。第六章是我国大学生价值观教育的经验及建议，总结了我国大学生价值观教育已取得的实践经验与成绩，坚持我国大学生价值观教育的正确发展方向，以提升价值观教育实效性为目的，从教育主体、教育环境、教育方法、教育内容等方面提出对策建议，以更好地完善和发展我国大学生价值观教育。

本书提出了创新观点，如大学生价值观教育从浅层次的培养目的、培养任务，到深层次的国家社会制度和意识形态，不同国家之间存在巨大的差异，但是应秉承扬弃态度，积极学习借鉴别国在大学生价值观教育中的有益做法，如专业课程教学中价值观教育的渗透、大学生社团活动中价值观教育的渗透、大学生服务中价值观教育的渗透、校风建设中价值观教育的渗透等。在借鉴的过程中应注意实现本土转化，同时消除弊端，对教育的缺陷加以警惕。不同国家的价值观都各有其民族特色，各个国家在价值观教育上都重视从本民族优秀文化中凝练核心价值观，强调德法一致、理论与实践相统一。我国正处于改革深化的关键时期，政治、经济、文化等方面都发生着深刻的变化，理论研究需要以一种问题意识和人民情怀来思考这些重要的社会问题。高校需要在社会转型的过程中，从知行和德行两个方面，凭借高等教育的专业立场和素养来应对社会转型过程中可能会遇到的问题与困境，务实地肩负起当代青年大学生价值观教育的重任。例如，家校合作在我国中小学阶段的价值观教育过程中受到较高的重视，而到了大学阶段，由于受地域条件、学生数量等各种因素的限制，家校之间往往疏于就学生价值观与行为的现状和教育策略保持常态化沟通。因此，国内高等院校可以采取可行性较强的方式凝聚教育合力，逐步探索科学有效的价值观家校合作培育模式。例如，我国大学生价值观教育除了要实现理论研究的深入性、施教主体的广泛性、教育方法的丰富性外，还应当注重提升教师的综合素质和学生的主体地位。教师的价值观会对学生价值观的形成产生直接或间接的影响，因此在加强大学生价值观教育的过程中应该注重提升高校教师团队的责任感、敬业精神等素养。

本书是在 2019 年教育部人文社会科学研究一般项目终期成果的基础上，由项目组成员合作并分工整理完成的。其中，笔者负责项目研究的整体性工作，包括制订研究计划，确定研究思路和研究内容，拟定项目整体框架并撰写实施计划，协调项目组成员的分工；梁慧星、谢莹负责对书稿进行统稿；张成联、曹爱凤、朱碧玲、蔡云晨、姚源等对书稿进行了审阅与修改。

大学生的价值观教育在任何国家都是国民教育的重中之重，也是值得研究的重要课题。囿于我们的认识和水平，本书不足之处在所难免，希望本书的出版能起到抛砖引玉的作用，让更多专家和学者加入青年大学生价值观教育的研究与实践中，为提升我国社会主义核心价值观教育的成效贡献力量。

包雅玮

2021 年 6 月

目　录

第一章　导　　论

大学生的价值观教育在任何国家都是国民教育的重中之重，其目的在于培养大学生的价值理性和价值共识，全面促进社会和谐。核心价值观教育作为思想政治教育中的核心问题，是“主流意识形态掌握社会生活的基础性、根本性手段”①。我国大学生价值观教育在本质属性、内容、方法、途径等方面各有特点，在新的历史时期，总结历史经验、坚定文化自信、明确发展方向，有助于提升我国社会主义核心价值观教育的成效。在世界经济全球化这一不可阻挡的历史洪流中，政治全球化、文化全球化、科学技术全球化的速度也逐渐加快，教育国际化程度不断提升，重视价值观教育的发展成为构建“人类命运共同体”的题中之义。

一、选题依据和研究意义

（一）选题依据

价值观教育是思想政治教育中的核心内容，也是高校意识形态领域工作的重要抓手，对社会精神文明建设、意识形态发展等起着主导作用。核心价值观是社会主流价值观的凝练与总结，有着较强的辐射力和影响力，是一个国家文化软实力的体现，其力量“看似柔，实为刚”，对于提升国家治理水平、增强国家综合实力而言都是重要的价值工具。习近平总书记在党的十九大报告中强调，“必须坚持马克思主义，牢固树立共产主义远大理想和中国特色社会主义共同理想，培育和践行社会主义核心

① 胡琦．我国大学生核心价值观教育现状及西方经验之启示［C］//安国启，刘震．中国特色社会主义事业与青少年发展研究报告：第八届中国青少年发展论坛暨中国青少年研究会优秀论文集（2012）．天津：天津社会科学院出版社，2013.

价值观”①。目前，我国对价值观教育的研究十分重视，但部分学者对价值观教育的比较研究偏向于中美研究，其次是中日研究，在阐述中偏向于肯定美国或者日本的价值观教育模式，忽视了近年来中国在价值观教育各个方面取得的成果以及呈现的变化与特色。本书在阐述我国大学生价值观教育发展成果的同时，重点对比高校层面中英价值观教育的发展历程，阐述分析中英大学生价值观教育的背景、目标、内容、特征、路径等，在此基础上把主流价值观的定位、核心价值观的概括、大学生价值观教育的模式作为研究的主要内容，明确具体的研究指向，分析中国模式，最后从实施效果的视角，提出我国大学生价值观教育实效性提升的对策建议。

（二）研究意义

当前，研究价值观教育不仅是社会主义核心价值观教育的现实需要，也是社会主义文化强国建设的必然要求。

从理论价值来看，一是深化和丰富大学生思想政治教育理论的研究。在阐释我国大学生的时代境遇和群体特征的基础上，分析大学生价值观教育的时代背景及演进过程，把握大学生价值观教育的内容、方法及目标等，进而从社会主义核心价值观的角度深化我国大学生思想政治教育理论的研究。二是深化和丰富社会主义核心价值观教育的研究。运用辩证唯物主义和历史唯物主义的立场、观点和方法，对我国大学生价值观教育的历史演进、内容、目标和方法等进行梳理，有利于深化和丰富我国大学生价值观教育的研究。三是丰富和发展马克思主义教育理论。马克思主义的教育史是马克思主义理论的重要组成部分，其发展对马克思主义的传播有着举足轻重的作用。社会主义核心价值观是思想政治教育创新的思想基础和理论资源，深入系统地研究价值观教育，不仅能为我国高校思想政治教育理论与实践发展提供方法论指导，而且能进一步丰富和发展马克思主义教育理论。

从现实意义来看，一是为我国学术界提供价值观教育研究的多国视角，加深我国教育者对国际价值观教育的认识和了解，推动国内价值观

---

① 习近平．决胜全面建成小康社会 夺取新时代中国特色社会主义伟大胜利：在中国共产党第十九次全国代表大会上的报告［N］．人民日报，2017-10-28（5）．

教育理论研究向纵深发展。二是在比较的基础上有选择地吸收和借鉴，让国际价值观教育中有益的教育方法在中国大地上生根发芽。三是为高校思想政治教育工作提供决策参考。从大学生视角探究该群体价值观教育的具体内容和有效路径，为国内本科及大中专院校提供教育决策参考。

二、研究现状

（一）国内研究综述

自党的十八大以来，党和政府高度重视社会主义核心价值观的培育和践行，习近平总书记更是多次作出重要讲话，提出了明确要求，为新时代大学生社会主义核心价值观的培育和践行提供了重要遵循，指明了努力前进的方向。在国内研究中，关于青年大学生价值观教育的研究主要围绕社会主义核心价值观教育的内化展开，研究内容以价值观教育的现状、存在的问题和对策建议为主；关于中外价值观教育的比较研究较多为中美比较，其次为中日比较，研究内容以教育内容、目标、方法、途径的比较以及对中国的借鉴启示为主。其中，比较集中和有代表性的研究如下。

1. 关于社会主义核心价值观教育的内化研究

韩震在《社会主义核心价值观的话语构建与传播》一书中指出："面对网络和新媒体时代的挑战，要改变价值观传播与话语策略，完善和重构我们的概念术语。"① 邓纯余在《社会主义核心价值观的人内传播：定位、存在问题及策略分析》中阐述："社会主义核心价值观的人内传播，要聚焦核心价值观培育和践行的主体性发挥，强调价值观认同的内在机理，抓住核心价值观建设的主要矛盾，加强社会主义核心价值观的人内传播，把握核心价值观培育与践行的事实逻辑，增强受众的价值观话语权意识，创设核心价值观传播的场景，重视调节受众的价值观认知图式，增强人们对核心价值观的记忆认同。"② 2021 年 5 月 8 日，"社会主义核

① 韩震. 社会主义核心价值观的话语构建与传播［M］. 北京：中国人民大学出版社，2019.

② 邓纯余. 社会主义核心价值观的人内传播：定位、存在问题及策略分析［J］. 当代中国价值观研究，2019（3）：28-36.

心价值观协同创新郑州峰会”在郑州大学召开。清华大学马克思主义学院院长艾四林表示，社会主义核心价值观研究能够始终保持旺盛生命力并取得丰硕研究成果，在于其内在包含了开放性、前沿性、实践性三种特质。开放性使我们随着实践的需要不断拓展社会主义核心价值观的内涵和外延；前沿性使我们在思想与价值体系的交锋中坚定“四个自信”；实践性使我们深入贯彻落实“为党育人、为国育才”的价值取向，从而为我国一流大学建设提供价值引领和根本遵循。郑州大学党委副书记李兴成认为，培育和践行社会主义核心价值观要做好以下几个方面：一是加强理论阐释，搞清楚为什么要用、用什么、怎样用核心价值观凝魂聚力；二是创新培育举措，从立足中华优秀传统文化、加强舆论宣传和教育引导、注重道德引领和文化熏陶、强化行为实践和制度保障等方面入手进行创新；三是注重践行效果，把增强全社会的价值判断力、提高全民族的道德责任感、提升中国文化软实力作为重要评价标准，汇聚实现中华民族伟大复兴的凝聚力、向心力和战斗力。清华大学社会主义核心价值观协同创新中心主任吴潜涛表示，价值观研究应从五个着力点入手：一要着力研究社会主义核心价值观教育的初心与当代使命；二要着力研究抗疫精神融入社会主义核心价值观的学理基础；三要着力研究社会主义核心价值观在高校立德树人根本任务中的重要作用；四要着力探索党史维度下社会主义核心价值观建设的历史规律；五要着力开拓社会主义核心价值观领域中的基础理论研究与交叉学科研究。①

2. 关于中外价值观教育的比较研究

一是中美价值观教育比较相关研究。李由、杨昕在《中美高校大学生人文素养教育培养模式比较研究》中指出，人文素养是当代青年大学生综合素质的重要组成部分，中国与美国的高校大学生人文素养教育培养模式、理念存在一定的差异。文章通过简要分析中美两国高校大学生人文素养教育培养模式及其实践现状，基于教育体系与指导思想、课程设计与实施途径、校园文化等维度对中美高校教育培养差异性进行比较，旨在促进中国高校大学生人文素养教育培养模式的创新发展，进一步完

① 曾江，胡树飞．践行社会主义核心价值观［N］．中国社会科学报，2021-06-04.

善并落实到课程中去。① 文雯在《借鉴与超越：中美高等教育比较研究的审思》中指出，中国高等教育逐渐由世界边缘走向中心，中美两国高等教育关系逐渐变为平起平坐。中国高等教育对美国高等教育要从仰视转变为平视、从借鉴转变为超越，最终取决于中华文明在世界发挥影响力的抱负和雄心，取决于党中央优先发展和支持教育科学进步、促进社会公平、增进人民福祉的决心和能力，取决于全社会对高等教育作为一种公共利益的广泛而深刻的共识。② 杨吉措在《比较视域下的中美青少年品格教育》中提出，教育的核心是品格教育，在青少年的生活学习中融入品格教育、传递正确的价值观是帮助青少年发展道德、成为合格公民的良好途径。美国品格教育在道德教育实施过程中所积累的成功经验、方法模式有其独特的优势，科学审视美国品格教育的突出特点，能为我国青少年品格教育的发展提供重要借鉴。③ 赖乌云在《中美高校思想政治教育比较研究》中，分析研究中美高校思想政治教育的培养目标、内容和实现方式，结合新形势下面临的问题和挑战，总结创新发展的可借鉴之处，深化对思想政治教育普遍规律的认识和理解，拓宽思想政治教育的全球视野，开创中国高校思想政治教育新局面。④ 张冰冰在《中美高校大学生思想政治教育比较研究》中揭示思想政治教育的普遍规律，进而为我国大学生思想政治教育的改革与创新提供启示，强化显性教育与隐性教育相结合、整合各种教育资源是中国高校思想政治教育改革与创新需要进一步考量的要素。⑤ 陈思在《经济制度环境对大学生群体价值观的影响研究：基于中美高校在校中国学生的比较分析》中指出，大学生群体对于我国经济体制的认识和评价都比较接近主流价值导向，但在美留学生较国内大学生在经济问题上的态度更为自由。⑥ 冯雅萍在《中美高校思

① 李由，杨昕．中美高校大学生人文素养教育培养模式比较研究［J］．绥化学院学报，2021，41（9）：113-115.

② 文雯．借鉴与超越：中美高等教育比较研究的审思［J］．中国高教研究，2021（6）：57-64.

③ 杨吉措．比较视域下的中美青少年品格教育［J］．山东青年政治学院学报，2021，37（S1）：31-35.

④ 赖乌云．中美高校思想政治教育比较研究［D］．通辽：内蒙古民族大学，2020.

⑤ 张冰冰．中美高校大学生思想政治教育比较研究［D］．沈阳：沈阳工业大学，2019.

⑥ 陈思．经济制度环境对大学生群体价值观的影响研究：基于中美高校在校中国学生的比较分析［J］．济南大学学报（社会科学版），2019，29（5）：143-148，160.

想政治教育比较研究》中将中美两国大学生作为研究对象，对中国与美国高校的相关问题展开了探究和分析，对中国和美国高校思想政治教育的目标、内容、实施方法进行了详细的阐述，并总结出两国高校在发展方面的异同点，有助于我国得到有效启示，进而完善我国高校思想政治教育体系，提高教育实效性。① 顾莉在《美国家庭教育对青少年主流价值观的培育及启示》中提出，在美国家庭教育中，最值得借鉴的是大力发挥学术研究和社会服务机构的协同推动力量，为家庭教育提供坚实的理论基础和具体的实践指导。② 聂迎娉在《中美高校核心价值观教育比较研究》中着重分析了中美高校在核心价值观教育目标、基本原则、教育途径和课程设置上的差异，总结了普遍的教育实践活动，以及两国核心价值观教育在基本途径、课外拓展等方面的相似性。③ 吕雪梅在《中美大学新生教育中的思想政治教育比较研究》中指出，我国大学应批判性地借鉴美国大学生思想政治教育经验，为我国培养中国特色社会主义的合格建设者和可靠接班人所用。大学第一课是大学生思政教育的重要环节之一，提升其吸引力和实效性，使其多样化，对提高我国高等教育办学水平具有重要的意义和价值。④ 艾政文在《中美大学生核心价值观教育方法比较研究》中，通过比较中美大学生核心价值观教育方法得出如下启示：高校要善于运用多学科渗透教育法开展核心价值观教育；要通过改善社会环境营造良好的价值观教育环境；要着力构建核心价值观教育生活化和大众化的长效机制；各级政府要为高校核心价值观教育的常态化和实践化提供有力的制度保障；等等。⑤ 雷鸣在《中美两国核心价值观教育比较研究》中概括了美国核心价值观教育的原则，提出完善我国社会主义核心价值观教育的五种有效方法：多主体互动、政府+市场、新闻媒介、

---

① 冯雅萍. 中美高校思想政治教育比较研究［D］. 太原：山西财经大学，2018.

② 顾莉. 美国家庭教育对青少年主流价值观的培育及启示［J］. 当代青年研究，2018（2）：102-108.

③ 聂迎娉. 中美高校核心价值观教育比较研究［J］. 现代教育科学，2017（6）：137-141.

④ 吕雪梅. 中美大学新生教育中的思想政治教育比较研究［D］. 成都：西南交通大学，2017.

⑤ 艾政文. 中美大学生核心价值观教育方法比较研究［J］. 内蒙古财经大学学报，2017，15（1）：86-89.

先进典型引领、对外传播。[①]

二是中英价值观教育比较相关研究。李文在《中英法学本科教育差异比较研究》中提出，中英两国高校在法学本科教育与人才培养方面存在较大差异。以中英两国法学院的本科教育为对象进行研究，可以发现，两国学生在培养模式、学习方法、研究方法、研究能力、就业取向等方面存在显著差异。从第一手的亲身经验和第一线的教育教学实践出发进行探究，有助于加深对本科阶段法学教育的规律性认识。[②] 曾欢在《中英价值观教育比较与启示》中运用马克思唯物史观系统梳理了中英两国价值观教育的内容、背景、目标和途径。研究发现，中英两国的价值观教育在内容上虽然都是基于两国历史和文化背景确立起来的，但英国所推行的“普世价值观”并不能在全人类范围内适用，其所谓的“自由、平等、人权”并没有真正地保证所有公民的自由、平等和人权。相比之下，我国的社会主义核心价值观在国家、社会和个人三个层面提出的倡导和追求，更能全面地体现每个人发展的需求，保证每个人的需求真正得到满足。在价值观教育的实施方面，英国做得较好的地方包括其良好的隐性教育方式、心理辅导配套系统和注重实际体验的传统等。[③] 蔡文茜在《中英思想政治教育途径和方法比较》中指出，英国作为世界上第一个开始工业革命和工业化的资本主义国家，有着深厚的历史积淀。思想教育、政治教育、道德教育和宗教教育在英国社会中是无处不在的。英国作为老牌的资本主义国家，与我国在政治制度方面有着本质差别，思想政治教育的途径与方法也不同。将两国思想政治教育的途径与方法进行对比，分析其异同，对提高我国思想政治教育实效性具有积极的意义。[④] 史毅然在《21 世纪中英学生思想政治教育比较研究》中阐明了中国与英国思想教育的目标、内容和方法，归纳了两者的异同。我国应明确“立德树人”的目标与培养“社会主义接班人与建设者”的任务，在此前提下开展思

---

① 雷鸣. 中美两国核心价值观教育比较研究［D］. 南京：东南大学，2015.

② 李文. 中英法学本科教育差异比较研究［J］. 黑龙江省政法管理干部学院学报，2021（5）：148-151.

③ 曾欢. 中英价值观教育比较与启示［D］. 成都：西华大学，2021.

④ 蔡文茜. 中英思想政治教育途径和方法比较［J］. 山东青年政治学院学报，2021，37（S1）：36-39.

政教育，“多管齐下”提升思政教育的实效性与针对性，时刻以生为本，构筑思政教育新模式。① 朱继光在《中英大学生思想政治教育的路径选择的差异比较》中提出，中英大学生思想政治教育在主导性与多样化的侧重、情感与理性的支配、隐性与显性的协调、内化与外化的依赖、层次性与统一性的区分等方面存在着差异。②

三是中国与其他国家价值观教育比较研究。蔡旻恩在《中日高校学生价值观教育比较研究：以北京大学和大阪大学为例》中指出，高校是践行社会主义核心价值观的重要阵地，如何使高校价值观教育更具时代性，是高校当前的迫切任务与重要课题。文章从中日高校价值观教育的培养目标、培养内容、培养途径等方面进行对比和探讨。③ 葛晟和梁君在《中外合作办学中大学生社会主义核心价值观教育路径探究》中虽然强调社会主义的办学方向和立德树人的根本任务，但是认为社会主义核心价值观教育存在重视程度不够、理念落后、内容空洞、形式单一等问题。文章从理念、形式、内容、评估等方面提出建议，以提升社会主义核心价值观教育的效率。④ 关于对美国的学校价值观教育的研究，武汉大学马克思主义学院杨威教授从伦理学的角度对美国价值观教育进行探讨，主要讨论了 20 世纪以来活跃在美国的三种伦理学范式对学校价值观教育的影响。他认为，规范伦理学、美德伦理学、元伦理学虽然都从一定程度上对学校价值观教育起到了推动作用，但是均有不可忽视的问题，应对这些问题需要不同伦理学范式的精细化发展以及范式之间的融通综合。关于对日本教育思想的研究，云南大学蒋红教授从三个方面对池田大作的价值教育思想进行了阐述。她认为，池田大作价值教育的出发点是以人为本、目标是维护世界和平、主要内容是德育，但池田大作的教育思想存在抽象性、普世性、宗教性等不足的现象和局限。关于对法国的价值哲学的研究，俄罗斯高等经济大学人文科学系亚斯特列采娃・阿纳斯

---

① 史毅然. 21 世纪中英学生思想政治教育比较研究［D］. 北京：北京外国语大学，2020.

② 朱继光. 中英大学生思想政治教育的路径选择的差异比较［J］. 湖北社会科学，2009（3）：183-185.

③ 蔡旻恩. 中日高校学生价值观教育比较研究：以北京大学和大阪大学为例［J］. 北京教育（高教版），2020（8）：78-80.

④ 葛晟，梁君. 中外合作办学中大学生社会主义核心价值观教育路径探究［J］. 长春教育学院学报，2019，35（10）：8-10.

塔西娅·瓦利里耶夫纳副教授介绍了 20 世纪分析性元伦理学与法国道德哲学对抗的历史。她指出，“中立的价值”概念应服务于完善个体道德生活，在“个体的福利是否是价值中立”这一问题上，分析性元伦理学的回答是肯定的，而法国道德哲学则给出了否定的回答，显示出法国道德哲学对实用伦理学发展的妥协。①贾仕林在《美、日、韩三国学校的核心价值观教育比较研究及其启示》中提出，应根植于我国的优良文化传统，走“以本土化为主体，国际化与现代化相融合”的后现代学校核心价值观教育之路。② 张忠跃在《中西价值观教育比较研究》中提出，英国的价值观教育是注重宗教知识和传统的教育，培养具有理性和自治的人的教育、个人品行的养成教育、有责任心和关爱之心的公民教育。③

（二）国外研究综述

在国外，学者普遍认为青年大学生价值观对于社会发展意义重大，如果这一群体的价值观出现问题，必将导致社会发展进入无序混乱的不良状态。党政、企事业单位是开展价值观教育的主体，承担着社会核心价值观教育的主要职责。

大学阶段对于青年大学生来说至关重要，这是他们价值观培育、发展、完善的关键期。因此，在高校开展价值观教育对于青年大学生而言有着举足轻重的引导作用。在国外高校，开展大学生价值观教育要求注重教育的实效性，把价值观教育贯穿于教育教学的各个环节，并且在校期间实行全程教育与指导，当大学生的价值观教育出现偏差时及时纠正，以防出现违反政党价值观认同的方向性错误。另外，国外高校价值观教育与学校的教学、服务等紧密联系，保障其实效性能够为教学理论、学校环境等服务。国外高校的教育教学环节中要求体现学生作为主要接受对象，保障主体环节上价值观教育的落实力度，确保价值观教育为执政党长久执政服务。国外高校开设的品格教育、素质教育等课程，是具有引导作用的价值观教育课程，可防止青年大学生思想混乱。国外高校价

① 倪素香，张瑜．道德与价值观教育比较研究的新发展：“社会与道德价值观教育”中俄学术研讨会综述［J］．学校党建与思想教育，2017（7）：94-96.

② 贾仕林．美、日、韩三国学校的核心价值观教育比较研究及其启示［J］．教学与管理（理论版），2014（10）：153-156.

③ 张忠跃．中西价值观教育比较研究［J］．长春师范学院学报（人文社会科学版），2013，32（1）：93-94.

值观教育的重中之重是核心价值观的教育，时刻强调核心价值观教育对整个价值观教育的统领作用，如果高校没有紧紧围绕核心价值观开展价值观的教育，那么其就偏离了主旨。核心价值观是青年大学生指导自身按照本国教育体系发展的风向标，国外价值观教育的目标是使个人言行举止与政党的价值观、基本纲领、行为准则和要求相符合，最终引导青年大学生认同政党的基本价值观。2005 年，英国工党修订党章，提出要从选区和支部层面对工党的文化结构进行变革，通过加强青年党员的培训和政治教育，强化青年一代对工党执政理念和价值观的认同。

国外研究不同国家大学生价值观教育的相关理论很多。例如：价值澄清理论，其代表著作为美国路易斯·拉思斯的《价值与教学》；以培养“正义”价值观为目标的道德认知发展理论，其代表著作为《道德教育的哲学》；美国的培养爱与责任等核心价值观的新品格教育，其代表著作为美国托马斯·里克纳的《美式课堂：品质教育学校方略》；代表当代价值观教育综合化发展趋势的教育理论，如加拿大克里夫·贝克的《学会过美好生活：人的价值世界》等。学校教育是加拿大核心价值观培育的首要途径。比克莫尔将加拿大各省的规定性课程指导文件作为研究对象，提出学校授课的目的是进行“和谐建构”，核心内容包括培养个体解决文化价值冲突的能力。这些成果之间具有一定的继承性与批判性，有些还具有一定的参考价值。国外针对中国与其他国家价值观教育比较的研究著作及文献较少，与此相关的研究大致有两种角度：一是以本国为立足点研究他国价值观教育；二是以教育理论为突破口进行国外价值观教育的研究。另外，他们在中国道德文化如何向实践转化方面也有所研究，探讨其原则、方向、途径等。意识形态具有鲜明的阶级性，不同的社会集团和阶级因其利益的差异而有不同的意识形态。① 国外一些学者在学术研究中的表述不够客观，对西方资本主义制度表现出强烈的优越感和自豪感，对社会主义制度优势则表现出冷淡和漠然，甚至做出不切实际的否定。

纵观现阶段国内外研究成果，我国学者较为深入地研究了中国大学生的价值观教育，不但在剖析角度上体现出多维度、丰富性，而且在内

① 马克思，恩格斯. 德意志意识形态（节选本）[M]. 北京：人民出版社，2018.

容上体现出饱满性。也有一些学者对国外大学生价值观教育比较感兴趣，他们主要从教育内容、方式、路径等方面展开研究，但对国外大学生价值观教育的深入研究成果还不够丰富，尤其是以比较研究为研究方式对中外大学生价值观教育的背景、目标、内容、特征、路径进行系统剖析的成果少见。目前，中外大学生价值观教育比较研究的理论成果，集中以期刊论文和硕士学位论文方面体现，与此相关的博士论文和专著较少。另外，对于中外教育比较研究，美国在世界上的独特地位及高等教育的成效，使国内许多学者更加重视中美两国的比较研究，对于与其他国家的比较研究涉及甚少。综合来看，相关研究主要存在三个方面的问题：一是研究视角和研究领域有待拓展。从整体研究趋势来看，国内关于中外价值观教育的比较研究经历了从区域研究到专题研究的过程，但缺乏从社会制度文化、思想政治教育自身规律及政治社会化理论等多元化视角对产生异同的原因进行的深入探究。二是研究的深度有待挖掘。现有中外教育比较相关研究成果主要停留在对国外传统价值观及价值观教育的研究方面，对于国家价值观教育的历史、现状、方法等细节的问题则较少涉及，对国外高校价值观教育的研究成果不多。三是研究的针对性和应用性有待提高。目前的教育比较研究大多数从宏观层面论述国外大学生价值观教育经验与教训的分析与借鉴，缺乏与我国现阶段大学的实际情况的结合，在教育理念、培养目标、教育内容、实施途径、教育方法、管理体制、课程设置、主导性等方面缺乏更有针对性的分析。

三、研究思路和主要内容

（一）研究的基本思路

本书在价值观教育的理念源泉和发展历程的基础上，梳理我国当代大学生所处的时代背景、成长环境、社会阅历、角色设定等主要因素对大学生价值观教育的影响，分析当代大学生价值观教育的发展特点，从背景、目标、内容、特征、路径等方面，全方面、分层次地深入剖析我国大学生价值观教育，尤其厘清了核心或者主导价值观的定位和多元理念的取舍，在知识目标、体系结构、理论发展等多维结构上构建多主体、深层次、全方位的教学体系，树立教、学、管的新理念，实施新手段、新方法，构建我国价值观立体教育新模式。在厘清基本概念和比较原则的基础上，梳理中英价值观教育的发展演变过程，充分掌握每个历史阶段的时代环境与发展特点；分析中英价值观教育冲突的表现、原因及特点；通过全方位、多维度、系统化地比较中英大学生价值观教育的异同，总结我国大学生价值观教育已取得的实践经验与有效成绩，把握我国大学生价值观教育的发展方向，以提升价值观教育实效性为目的，从教育主体、教育环境、教育方法、教育内容等方面提出对策建议，以更好地完善和发展我国大学生价值观教育。

（二）研究的主要内容

本书在理论逻辑的基础上，根据现状调查的基本事实，安排和布局研究框架。在阐释我国大学生的时代境遇和群体特征的基础上，分析当代大学生价值观教育的时代背景及演进过程，以及青年大学生价值观教育的目标、内容、特征及路径，从而从价值观教育的角度深化大学生思想政治教育理论的研究。

1. 导论

本书导论部分主要阐述国内外研究现状、研究意义、研究思路、主要内容、研究目的及方法。

2. 我国大学生价值观教育概述

我国大学生价值观教育概述部分首先从价值观教育的理念源泉和发展历程的角度，充分梳理我国当代大学生所处的时代背景、成长环境、社会阅历、角色设定等具体因素。中国大学生价值观教育的特色在于以一种核心价值观来规范和引导多元的文化与思想。

3. 我国大学生价值观教育的体系

本部分剖析我国大学生价值观教育的各个层面，扩展研究视野，明确我国大学生价值观教育的体系，从背景、目标、内容、特征、路径等因素出发，全方位、分层次地深入剖析我国大学生价值观教育，尤其是厘清了核心或者主导价值观的定位和多元理念的取舍。

4. 我国大学生价值观的立体教育模式

本部分在知识目标、体系结构、理论发展等多维结构上构建多主体、深层次、全方位的教育体系，树立教、学、管的新理念，实施新手段、新方法，明确学生为价值观教育的主体，构建我国大学生价值观立体教育新模式。

5. 中英大学生价值观教育的现实考量

本部分从比较教育学视角，对价值观相关的概念及价值观教育的不同理念进行系统梳理，分析英国大学生价值观教育的现状与不足，推进我国大学生价值观教育研究的发展。通过对中英两国高等院校开展问卷调研，对当代大学生价值观教育的现状进行统计分析。调研范围为国内7所高校及英国6所高校，调查问卷设计了34道问题，数据采用SPSS 26.0软件进行统计分析。另外，联系到13位访谈对象进行半结构式访谈。通过量化和质性研究，归纳、总结影响两国价值观教育的主客观原因，为深化教育研究提供参考。

6. 我国大学生价值观教育的经验及建议

本部分总结我国大学生价值观教育已取得的实践经验与有效成绩，把握我国大学生价值观教育的发展方向，以提升价值观教育实效性为目的，从教育主体、教育环境、教育方法、教育内容等方面提出对策建议，以更好地完善和发展我国大学生价值观教育。我国大学生价值观教育必须既保持民族特色又重视方法和体制创新，在价值观教育上用法治建设提升价值观教育的有效性，发挥文化产品对社会主义核心价值观教育潜移默化的作用，用系统思维思考当代大学生价值观教育问题。

四、研究目标和重难点

（一）研究目标

本书立足中华传统文化和当代中国实际，面向中国和人类的未来研究价值观教育的发展。具体要达到以下目标：一是在厘清基本概念的基础上，梳理我国价值观教育的发展演变过程，充分了解每个时代环境和不同历史阶段的发展特点。二是从哲学基础、价值目标及实现方式三方面分析我国价值观教育的表现、成因及特点。三是通过全方位、多维度、系统化地研究我国大学生价值观教育，建构我国价值观教育的立体模式。四是在新的历史时期，总结历史经验，坚定文化自信，明确发展方向，通过有效策略提升我国社会主义核心价值观教育的成效。

（二）研究重难点

本书的研究重点是揭示大学生价值观教育的特征与一般规律，为我国社会主义核心价值观教育夯实深层次的理论基础，提出可操作的实践指导。研究难点是构建我国大学生价值观教育立体模式，从教育主体、教育环境、教育方法、教育内容等方面提出对策建议，以更好地完善和发展我国大学生价值观教育。

五、研究方法和创新之处

（一）研究的主要方法

本书主要运用马克思主义哲学、伦理学及比较教育学三门学科相结合的方法进行青年大学生价值观教育发展研究。这种多学科的交叉研究方法，有利于研究的精细化与多角度深入开展。特别是在文字描述的基础上，利用调查问卷的数据加以规范化整理分析后，形成图表，更加直观地展示调研结果，再结合文字分析，将调研结果阐述清楚。研究过程中具体采用了以下四种方法。一是文献研究法。通过广泛收集、阅读、整理丰富的文献资料，在国内外学者研究的基础上加以分析与归纳，了解青年大学生价值观教育发展研究的历史和现状，并从中探索个人的研究方向，特别是提炼出针对中国大学生价值观教育的对策，挖掘研究空间，为本书研究提供理论支持与保障。同时，积极运用互联网信息资源，通过国内外相关网站查阅关于国外德育、价值观教育的第一手和第二手资料，并加以筛选，去粗取精、去伪存真，甄别整理后形成对我国大学生价值观教育的总结与梳理。二是比较研究法。本书系统运用比较研究的方法，在尊重中英大学生价值观教育现状的客观基础上，对中英大学生价值观教育的历史发展、培养目标、教育内容、教育特征、实施途径等进行比较，对中英大学生价值观教育进行案例分析，归纳总结出适合我国大学生价值观教育的有效做法。三是问卷调查法。在国内 7 所高校及英国 6 所高校进行问卷调查，调查问卷设计了 34 道问题。笔者自编问卷，在问卷信度、效度可靠的情况下有针对性地对青年大学生群体进行问卷施测，对于问卷统计的数据和结果，利用统计分析软件 SPSS 26.0 进行分析。另外，联系到 13 位访谈对象进行半结构式访谈。通过量化和质性研究，归纳、总结影响价值观教育的主客观原因，为深化教育研究提供参考。四是系统研究法。把青年大学生价值观教育视作完整的系统，系统中多个要素是缺一不可、相辅相成的，如价值观教育的背景、目标、内容、特征、路径等，每一个要素在系统中都发挥着各自的作用。在对独立要素进行分析的基础上，统筹全局与整体进行综合分析，从局部到整体，在整体中把握局部，从而更加具体、深入地分析我国青年大学生价值观教育发展。

（二）研究的创新之处

本书在已有的中外大学生价值观教育比较研究成果的基础上，聚焦中国与英国的大学生价值观教育比较，从理论研究与实践成效两个维度进行研究，采用大规模的样本施测获得可靠的调研数据，使研究结果更有说服力，更能直观地表现出中英大学生价值观教育的异同。虽然在已有研究中也有对中英大学生价值观教育的比较研究，但是本书强调结合新时代中国特色社会主义高校的教育现状及中国社会主义核心价值观教育的独特优势，用马克思主义的观点分析和解决问题，不忽视中国高校思政教育、价值观教育取得的经验成果，从而走出比较研究中“外国的月亮比较圆”这一以国外研究为主的传统借鉴模式。

在本书的写作过程中，囿于笔者自身的局限性，如对国内外政治、经济、宗教等宏观背景的掌握不够深入，对文献资料的梳理不够全面，因此不足之处在所难免。另外，受疫情全球化的影响，在问卷施测过程中对国外被试对象的选取不够广泛，施测途径略显单一。在今后的研究中，要克服困难，更加广泛深入地收集资料，选取被试，不断开拓研究的国际化视野，得到更多有价值的结论。

第二章　我国大学生价值观教育概述

在历史的发展与时代的变迁过程中，存在着一脉相承、经久不衰的民族历史文化印记。中国的历史文化有着独特的渊源，是当代中国人尤其是大学生思想成长发展的沃土。大学生价值观教育对大学生道德观念的影响，既与社会发展要求相一致，又基于民族时代背景有着特定的坐标维度。核心价值观的主导作用是目前中国大学生价值观教育中所强调的。核心价值观是民族历史文化的精华，同时也是当代发展路径方向的具体反映，了解并内化它有着根本性的意义。恰如马克思所说，"支配着物质生产资料的阶级，同时也支配着精神生产资料"①。当代教育倡导用核心价值观引导和规范大学生的思想认识，追求爱国主义、集体主义，达到"一"与"多"的和谐统一。正确价值观的培育和形成不仅影响着大学生自身道德品行、思想素质的发展，也关系着国家事业的建设与发展。

一、我国价值观教育的理念源泉

"论从史出"，中国价值观教育经历了漫长的历史发展过程，要深层探究我国大学生价值观教育，就必须加深对其起点的认识，全面认识与理解我国大学生价值观教育的发展过程。

（一）我国的历史文化发展渊源

任何价值观都蕴含着文化的传承与延续，每个民族的传统文化和价值观都有共性，这些共性使各种文化的和谐共生成为可能。但每个民族

---

① 中共中央马克思恩格斯列宁斯大林著作编译局. 马克思恩格斯选集：第 1 卷 [M]. 3 版. 北京：人民出版社，2012.

的传统文化与价值观又有着巨大的差异，这些差异构成了丰富多彩的人类文明。在碰撞交融、接纳批驳中，文化实现了长足的进步。个人的价值观在形成过程中会受到很多因素的影响，如时代背景、文化环境、成长环境、社会阅历、角色认定等。其中，国家与民族在发展过程中形成的文化环境，构成了国人日常生活中的衣食住行、民俗习惯的规范，影响并塑造了国人的思维范式，在国人价值观的形成与完善中起关键作用，对个人的影响长久深远，贯穿一生甚至代代相传。文化是民族延绵存在的根基、成长发展的沃土，优秀的民族文化可以促进一个民族的崛起，一个民族的覆灭也必然是以民族文化的衰败为前兆的。因此，我们对价值观教育的研究必定是与历史文化相关联的。

作为人类文明四大源头之一的中国，其文明是诸多文明中唯一绵延数千载而未曾中断的，其文化至今保存相对完整，并随着时间的推移逐渐演变成独具特色的东方文化，具有顽强的生命力与包容发展的无限潜力。世界公认的中国文明历史自公元前 1600 年商朝建立开始，至今已有 3600 多年。在这悠久的历史长河中，历代先民砥砺前行，以汗水和智慧创造了无与伦比的中华文化。商朝事鬼敬神，将政权与神权相结合，在祭祀中衍生出甲骨文，最终创造了中华文明最早的文字。周朝确立了中华民族慎终追远的宗族传承、长幼君臣的伦理秩序，根植血脉传承观念，使后世永远铭记本民族过往之历史。秦朝结束了战国乱局，一统天下，宣告青铜时代的没落与奴隶制社会的崩塌，建立了中国第一个大一统的封建政权。汉朝结束秦王朝暴政，使儒家思想登上政治舞台，三纲五常、“天人感应”唱响未来千年。李唐王室以完善科举制度确立文脉高度，世界主义的包容开放态度使中华文明达到巅峰，享誉世界。宋朝偏安一隅，却是世界上鲜见的富有国家，以程朱理学涵养的士大夫精神影响后人。朱元璋建立了明朝，使中国成为世界上强大的国家，郑和七下西洋展现雄厚国力，朱棣迁都北京建造紫禁城，首次以一种无畏的态度直面游牧民族，促进了民族融合。努尔哈赤率清兵入关，建立清朝，几代之后将农业社会与封建集权主义发展到顶峰，将一切文艺推到高潮，开创了康乾盛世。从古至今，中华文明在农业文明的道路上创造了无数的辉煌成就，绵延千载，成为世界史上的奇迹。其中蕴含的民族智慧与优秀传统文化是民族顽强生命力的内核。东方传统文化中的哲学与宗教、思想、文字、语言都促使中国人形成了其独特的价值观。儒家强调仁和礼，借此构建一种和谐稳定的社会秩序；道家强调顺应自然、无为而治，为小农经济的发展提供了切实可行的道路；佛家强调慈悲为怀、因果循环、善恶有报。这三家主流文化高扬道德旗帜，讲仁爱、重民本、守诚信、崇正义、尚和合、求大同的价值观念为中国人提供了立身处世的典范和终极精神归宿。

20 世纪初的中国内忧外患。正因为如此，纷繁复杂的西方社会思潮在这个时候涌入中国，国民受到多元的西方社会思潮的影响。中国也迎来了马克思主义，并通过马克思主义中国化理论成果进行社会主义改造，对国民进行社会主义教育。改革开放至今，中国摸索出了一条适合自己的中国特色社会主义道路，经济、政治、文化得到充分的发展，在价值观教育方面更多考量对个体潜力的挖掘、个性的塑造等发展性能力的培养。高校道德教育要求学生在学习专业知识的同时，建立健全道德观，树立正确的价值观，进一步形成理性的判断能力。中国大学生的价值观教育正是源于中国几千年积淀下来的优秀传统文化，是对中华优秀传统文化的传承与创新。中华优秀传统文化和美德中蕴含着丰富的思想道德教育理论素材，习近平总书记指出：“中华文明绵延数千年，有其独特的价值体系。中华优秀传统文化已经成为中华民族的基因，植根在中国人内心，潜移默化影响着中国人的思想方式和行为方式。”① 中华民族传统文化在封建社会服务于封建专制制度，维护社会秩序和稳定统治作用突出，对社会道德伦理观念的形成起到了至关重要的作用。社会主义核心价值观中的爱国、和谐、友善、诚信等，本质上就是对中华优秀传统文化的继承与发扬。因此，我们应立足中华优秀传统文化，结合新时期的时代背景和发展，通过不断吸收中华优秀传统文化的精髓，精准地把握时代新特征，寻找中华优秀传统文化中与当代中国特色社会主义核心价值观体系建设契合的价值观，总结中华优秀传统文化中与当代社会发展相适应的价值观，进一步发展和完善社会主义核心价值观教育路径，最终构建以社会主义核心价值观为主要内容的大学生价值观教育体系。

---

① 习近平．习近平谈治国理政（第一卷）［M］．北京：外文出版社，2014.

（二）历史文化对我国价值观形成的影响

中国最初的价值观教育源于周公制定的“周礼”，但那时“礼”只存在于上层社会，下层民众仍处于蒙昧状态。春秋时期孔子主张“有教无类”，将“仁”和“礼”推广到各个阶层，但是对于广大民众来说能接受“仁”“礼”教育的仍只占少数。直到汉代董仲舒提出“罢黜百家，独尊儒术”，官学私学在中国发展，“举孝廉”成为入仕的唯一途径，自此儒家文化从上而下、自内而外溶于先祖的血液中，代代相传，最终成为中华民族传统美德的基石，成为一代代中华儿女潜意识里自觉遵守的道德观念和日常行为准则，也奠定了我国价值观教育的根基。儒家最重视的是教育问题，开创人孔子亦被称为“万世师表”。儒家的教育以塑造人格为首要目的，其起点与底蕴则是“修身”。《礼记·大学》中指出，“自天子以至于庶人，壹是皆以修身为本”，即不管是天子还是庶人都应该以“修身”为根本。修身又分为小学与大学，“古者八岁入小学”学习“洒扫、应对、进退”，十二岁入大学，“大学之道，在明明德，在亲民，在止于至善”，宣扬光明正大的德行，树立“修齐治平”兼济天下的宏大目标和“敢为天下先”的积极进取态度，个人的人生目标是修身、齐家、治国和平天下，将博大的胸怀和忧患意识作为人生理想是一种积极入世的人生观。“天下为天下人之天下”，每个人都应当关注社会的命运和国家的前途，坚持国家和社会利益至上的原则。可见，儒家思想强调个人价值与社会价值的统一，具有家国一体的意识和毁小家纾国难的自觉，集体主义的精神自古而存。“仁义礼智信”这五个核心思想理念是中国传统道德精神最基本和最重要的范畴之一。从孔子的“仁、义、礼”到孟子的“仁、义、礼、智”，再到董仲舒的“仁、义、礼、智、信”，儒家伦理文化思想逐渐发展为“五常”。“五常”贯穿于中华伦理文化的发展过程并成为中国价值体系中的核心要素，是中国传统文化中个人思想道德修养最主要的内容。①

“仁”所宣扬的人本主义精神与仁政说的治理方式为达到社会的和谐稳定打下了坚实的基础。在中国传统文化中，“和谐”是核心理念，表现

① 包雅玮. 儒家伦理文化的现代阐释及其对青年价值认同的意义［J］. 中国青年研究，2017（1）：113-118.

出的是一种状态，即其中的各种事物都处于有条不紊和均衡协调的状态。"和谐"最早来源于中国传统文化典籍《易经》中"天人合一"的观点，表达的是"人物交融，主客浑一，人与自然融合"的基本含义，在中国传统文化的最高伦理中把宇宙看作一个和谐的整体，重"和"的思维方式是和谐、持中价值原则的秉承。在儒家经典《礼记·礼运》中描绘了通过大道之行而实现天下为公的"大同"思想。从孔子的"大同"思想到孟子的"人和"社会构想，"大同社会"描绘了广大人民群众对未来社会的美好愿景，传统的"等贵贱、均贫富"的思想则表达了人民群众对于平等、公平与和谐理想社会的向往。建设社会主义和谐社会是对这种愿景和向往的继承与发展，既体现了人们对美好社会追求的一脉相承，也体现了中国特色社会主义的本质要求，这与社会主义核心价值观国家层面的"和谐"一脉相承。

中国传统文化把人的本质归结于社会性，包含不以贫富、长幼和贵贱区分的思想，体现了人际平等交往的理念。在儒家伦理文化中，"义"作为立身之本和基本道德规范成为人的根本价值追求，"礼"是人的基本行为规范，是每个人作为社会成员应达到的道德要求。"义"与"礼"彰显了公平法治的内核，与社会主义核心价值观社会层面的"公平""法治"存在契合。而"公平""法治"的实现，依赖于倡导以集体主义为核心内容的价值观的教育。集体主义教育促进当代青年把国家和集体利益放在首位，树立集体主义思想，克服个人主义思想，努力遵循个人服从集体、小局服从大局、局部服从整体。在儒家伦理文化中，"智"被上升到自然天道、社会公道正义和人生价值认识境界的高度。而"信"通常与"忠""诚"连为"忠信"和"诚信"。

中国儒家伦理文化与社会主义核心价值观具有内在的关联。作为社会主义主导价值观理论体系的社会主义核心价值观，关于国家、社会、个人层面的"三个倡导"蕴含了中华优秀传统文化的精髓，是对中国传统文化的创新与升华。在当今时代，社会主义核心价值观集中体现的理想信念是全社会成员奋发进取的原动力和团结向上的凝聚力。

二、我国价值观教育的发展历程

马克思主义成为近现代中国价值观教育的启蒙思想后，又逐步成为我国高校价值观教育的理论基础。马克思主义中国化和时代化演进伴随着对我国优秀传统文化的继承和发展，将现代中国人的价值追求和传统文化融合，形成了独具中国特色的社会主义核心价值观。

（一）价值观教育的传统内涵

影响我国价值观教育基本内涵的因素主要有三个。第一，地理位置和自然环境因素。中国位于亚洲东部、太平洋西岸，国土广阔，大部分民众聚居在占国土大半的季风气候区，冬冷夏热。冬天气候干燥寒冷，存在少量降雪，可除去大量病虫灾害，因而民间有“瑞雪兆丰年”之说。夏季为农作物生长的主要季节，天气炎热，光照充足，还有大量降雨，可给予农作物足够的阳光和水分，有利于农业发展。同时，以秦岭—淮河 800 毫米降水等位线为分界的南北方，都有着适宜不同农作物生长的天然环境，从黄河上游冲下来的大量细软泥沙便于开垦种植农作物。中国古人借此构成了自给自足的封建农业社会，这种以家庭为单位、相对独立的经济体制，难以让人们构建自由开放的价值体系。第二，宗教信仰因素。中国是一个多宗教共存的国家，儒、释、道三教在魏晋时期彼此融合，成为后世统治者管理天下的思想智慧。第三，思维方式因素。价值观是思维方式的灵魂①，中国人的思维方式强调整体与过程，擅长将抽象事物具体化，用事物发展的普遍规律解决问题。在这种思维模式下，中国以书本教育为主，注重加强知识储备和培养学生的专业素养，强调规范和统一。

近代以来，中国高校一直重视对大学生进行价值观教育。1919 年五四运动爆发，在李大钊等人的带领下，全国各地高校都掀起了学习马克思主义的热潮，马克思主义以其特有的科学性和包容性得到了青年学生的普遍认可，使大学生的思想政治觉悟得到了一定程度的提高。1978 年

① 周文彰. 价值观是思维方式的灵魂［EB/OL］.（2017-08-22）［2020-03-12］. http://theory. gmw. cn/2017-08/22/content_ 25775096. htm.

改革开放以来，中国青年学生价值观教育得到了进一步发展，社会主义精神文明建设也被党和国家放在了至关重要的位置。这一时期的价值观教育紧随国家政治战略的发展方向，形成了以集体主义价值观为核心的培养目标和以社会主义思想政治教育为核心的教育内容，形成了具有中国特色的大学生价值观教育模式。党的十八大以来，习近平总书记多次就社会主义核心价值体系进行深刻阐释，全社会对社会主义核心价值体系的认识不断深化。2018 年 3 月，十三届全国人大一次会议将社会主义核心价值观写入宪法总纲，提出“国家倡导社会主义核心价值观”，将其上升为国家层面的价值追求。2018 年 5 月，中共中央印发《社会主义核心价值观融入法治建设立法修法规划》，充分体现了社会主义核心价值观由“软性要求”转化为“刚性规范”的法治导向。

（二）我国价值观教育的历史演进

正如马克思与恩格斯在《共产党宣言》中强调的那样，“人们的意识，随着人们的生活条件、人们的社会关系、人们的社会存在的改变而改变”①。不同的时代会催生不同的价值观，价值观教育自然也会伴随社会的改造与发展同步发生变革。② 随着中国社会的变迁，中国青年学生的思想政治教育也不断发生变化，其价值观教育主要分为四个阶段。

我国高等教育的起步以 1898 年 7 月京师大学堂的成立为标志，当时虽然没有清晰明确的价值观教育的概念，但为挽救清朝统治而提出的“中学为体、西学为用”的主张也可以视作高等教育的理论依据，这一主张沿袭了中国传统灌输式说教为主的教育模式。随着时代的不断发展，蔡元培在成为北京大学校长后，也成为现代大学理念和精神的缔造者。他认为，教育之于社会有两大基本功能，其中之一就是引领，同时提出了“思想自由、兼容并包”的教育理论，强调学生要“抱定宗旨、砥砺德行、敬爱师长”，在这种启发式的教育理念引领下，当时各大高校纷纷展现出自由宽松活跃的良好校风。新民主主义革命时期，思想政治教育成为中国价值观教育的主要内容，这一阶段价值观教育的主要目的在于提高大学生的思想政治觉悟，为新民主主义革命输送人才。中国共产党

① 中共中央马克思恩格斯列宁斯大林著作编译局. 马克思恩格斯选集：第 1 卷［M］. 3 版. 北京：人民出版社，2012.

② 陆璐. 北欧青少年核心价值观教育研究［D］. 南京：东南大学，2019.

在价值观教育中的导向作用开始显现，同时马克思主义在中国高等教育中崭露头角。例如，北京大学开设了“工人的国际运动”“唯物史观”等马克思主义教育理论课和专业讲座，此举开辟了中国大学用教学方式传播马克思主义理论的先河。这一阶段也是中国价值观教育发展史上的重要阶段。1921 年，中国共产党成立，对青年价值观教育开始了更加深入和全面的引导，至此，马克思主义的价值追求在中国落地生根。此外，中国共产党通过在国内各大高校创办社团，宣传马克思主义，在此影响下，一批批优秀的青年涌现出来。总而言之，从 1921 年至 1949 年，中国共产党坚持了以马克思主义为指导思想的价值观教育，为新中国成立以后的价值观教育奠定了坚实的理论和实践基础。

1949 年至 1956 年，是中国完成新民主主义社会并向社会主义过渡的时期。当时的中国生产力水平仍然很低，针对全体国民的价值观教育主要集中在如何改善社会生产上。这一时期的价值观教育主题是加强马克思主义的指导地位，增强社会主义理想、爱国主义、集体主义等信念；价值观教育背景是面向全社会宣传贯彻落实“为人民服务”的宗旨；教育重点是加强对工人和农民的教育，主要是确立马克思主义在社会意识形态领域的指导地位，并根据此阶段的社会主义建设方向，确立起了爱国主义、集体主义和艰苦奋斗等价值理念。1949 年 9 月，中国人民政治协商会议第一届全体会议通过的《中国人民政治协商会议共同纲领》规定：“中华人民共和国的文化教育为新民主主义的，即民族的、科学的、大众的文化教育。”这一规定明确了价值观教育的性质和方向，将价值观教育上升到法律高度，也标志着我国价值观教育进入一个崭新的阶段。通过对青年进行价值观教育，中国彻底肃清了帝国主义、封建主义及官僚资本主义的反动思想，破除了陈旧的价值观，如小农意识残余的封建观念等。当时各大高校依然采取宣讲马克思主义政治理论课的方式来加强大学生的认同感教育。1956 年，随着三大改造的完成，国家政治、经济、文化发生了翻天覆地的变化。毛泽东在《关于正确处理人民内部矛盾的问题》的讲话中，阐述了解决人民内部矛盾的原则、方针和方法，这也为我国当时各大高校开展大学生价值观教育提供了理论依据和指导方法。这一时期高校以马克思列宁主义、毛泽东思想为指导，贯彻“三育两有”的教育方针，通过“培养共产主义道德，抵制资产阶级腐朽思想侵蚀”等实践活动进行价值观教育，通过培育“三好”青年，提高学生的思想文化素质，树立学生全心全意为人民服务的价值观念，进而培养有社会主义觉悟和文化，德、智、体全面发展的又红又专的人才。

1978 年至 1999 年，中国共产党带领全国人民探索“什么是社会主义”“怎样建设社会主义”等重大命题，找到了中国特色社会主义的发展道路，确立了“一个中心，两个基本点”的社会发展方向。中国的经济发展开始加速，人民的生活水平得到提高，文化教育水平也达到了前所未有的高度。改革开放以来，中国进入新的历史阶段，社会政治、经济发生了翻天覆地的变化，中国价值观教育从“显”至“热”。国家在总结前期价值观教育经验的基础上，不断创新价值观教育的理念、内容、途径和方法，使价值观教育日益科学化和规范化，逐步形成具有中国特色的价值观教育体系。高考制度恢复以后，大学生重新燃起学习的热情，大学生的价值观在这段时期表现为纯粹、无功利性，以“解放思想、实事求是”为主的思想内容与马克思主义的世界观、人生观和价值观成为大学生思想政治教育的主要内容。改革开放初期，我国高校对大学生价值观的教育相对薄弱，大学生对世界观、人生观、价值观缺乏系统全面的理解。1981 年，教育部召开全国学校思想政治教育工作会议，要求全国高校重视大学生价值观教育，并在教育的过程中总结先进经验，思想政治教育逐步成为一门学科。1982 年，教育部要求全国各地高校组织学生学习思想政治教育理论。这个阶段虽然价值观教育深入高校，但是单一的教育内容、填鸭式的教育方式让许多学生难以接受甚至出现思想上的偏差，价值观教育的实际效果大打折扣。20 世纪 80 年代末，我国价值观教育进入自由发展阶段。在经济变革浪潮和资产阶级自由化思潮的双重冲击下，大学生思想呈现自由发展趋势，多元价值文化开始涌现，在此情况下部分大学生感到迷茫和困惑，价值观偏离正确轨道。20 世纪 90 年代，经过对价值观教育的重新审视和调整，我国的价值观教育进入稳步发展的阶段，在总结新中国成立以来价值观教育的经验和教训的基础上，结合中国特色社会主义政治、经济、文化发展的实际情况，不断探索和完善大学生价值观教育的内容和方式，将大学生价值观教育与中国特色社会主义现代化建设紧密结合。①

进入21世纪后，我国价值观教育迎来了新的发展机遇和挑战。《公民道德建设实施纲要》（2001）、《关于进一步加强和改进大学生思想政治教育的意见》（2004）、《中共中央宣传部 教育部关于进一步加强和改进高等学校思想政治理论课的意见》（教社政〔2005〕5号）等文件的颁布和实施，都为大学生价值观教育提供了科学有效的依据。2006年，十六届六中全会明确提出社会主义核心价值体系建设，我国高校价值观教育开始围绕社会主义核心价值体系进行，引导在校学生将个人理想和追求融入中国特色社会主义建设和实现中华民族伟大复兴的核心价值体系。2008年，党的十七大提出，“切实把社会主义核心价值体系融入国民教育和精神文明建设全过程，转化为人民的自觉追求”。2012年，党的十八大报告中明确要求，“要深入开展社会主义核心价值体系学习教育，用社会主义核心价值体系引领社会思潮、凝聚社会共识”。大学生群体正处于世界观、人生观、价值观逐渐形成并确立的关键时期，任何一种不完整、不全面的价值观念都会对他们产生一定的负面影响。社会主义核心价值观凝练了社会主义核心价值体系的核心理念，用社会主义核心价值观引领大学生价值观教育意蕴深远。② 中国特色社会主义进入新时代，我们需要面对传统与现代、东方与西方、社会主义与其他主义的价值冲突。十九届四中全会、五中全会、六中全会擘画价值观教育的新蓝图，要强化社会主义核心价值观在各领域的指导地位，通过优化价值观教育体系使社会主义核心价值观更加深入人心。

三、我国价值观教育的发展特点

当前，我国的价值观教育立足中国社会历史文化背景，是以社会主义核心价值观为主导的教育。在教育过程中，应弘扬伟大的中华民族精神，将中华优秀传统文化与新时代中国社会的文明成果有机结合。

---

① 黄英．改革开放40年青年价值观变迁轨迹及特征［J］．中国青年研究，2019（12）：44-50.

② 韩同友，包雅玮．以社会主义核心价值观匡正大学生创业认知误区［J］．中国高等教育，2017（15）：60-62.

（一）价值观教育发展方式的特点

一是由上而下的稳定性。自中华文明开创以来，价值观教育一直都掌握在上层统治阶级手中。如周朝周公制定周礼，以宗法制与分封制推而施行天下，靠步步下沉的诸侯分封将他的思想观念、价值体系通过制度一步步向下传递。周氏子孙以及他们的后代继承周公创造的礼乐秩序的价值理念并不断延续。同时，周朝成立最早的贵族学校，使周氏的贵族子孙能够在学校里学习礼乐形式，塑造家天下共享共建的价值观。直到孔子开创私学，上层独有的教育才传到下层，从而使价值观教育进入每个社会阶层。然而，孔子所信奉的价值理念体系仍然是师从周朝上层社会所制定的礼仪宗法制度，没有改变自上而下的特点。汉朝时儒学进一步推而行之，在中华大地上四处开花。但仍然是上层统治阶级通过三纲五常的思想价值体系来维系自己的封建统治。东汉刘秀为了巩固自己的统治，进一步推广天人感应，使下层民众信奉自己的统治是天命所归。

二是陈陈相因的延续性。自从夏朝出于对鬼神的敬畏而制定了一些祭祀的基本礼仪之后，礼法便成为中华民族价值观的重要内容。周朝周公进一步完善礼法礼仪制度，创造了较为完善的周礼。直到礼崩乐坏的春秋时期，孔子再次扛起礼的大旗，同时加入仁的观念，形成儒学。经过秦末战火的纷争，汉初统治者信奉道家的无为而治，但儒家礼法有利于维系社会稳定，使其不久便成为官方教育价值体系，再度登上历史舞台，也成为汉武帝统治天下的利器。此后，儒学不断发展繁荣。到了宋朝，程朱理学进一步完善儒学的礼法，使其深入人心并巩固上层统治阶级的利益。明朝阳明心学融入佛学、道学等诸多思想，但是仍然不改儒家学说本质价值观的内容。即便到了清朝，统治者依然接受传统儒学的价值观，以儒学为根本内容，通过科举来选拔人才。

三是有教无类的包容性。“有教无类”的教育观念最早由孔子提出。在中国传统教育的发展过程中，起初教育是上层贵族阶级的特权，随着时代的发展，孔子提出了学在民间，使教育不再由上层阶级垄断。这是教育与价值体系的包容性在民族内部不同阶级的体现。它的包容性还体现在对其他民族优秀文化的吸收、有教无类地输出，以及对其他民族的教化。至今，韩国、朝鲜、日本等国家仍保留了部分儒家价值观念。

（二）价值观教育发展内容的特点

一是兼收并蓄的丰富性。孔子创立儒学后，孟子在政治思想上进一步完善了儒学的内容，使儒学成为先秦两大显学之一。然而，儒学却遭到秦朝统治者的排斥。直到汉朝，董仲舒在《天人三策》中陈述了以儒家思想为基础，结合阴阳家、法家等诸家学说的新儒学思想，使儒学的实用性、功能性和政治性得以体现，从而成为汉朝统治阶级的官方教育思想，实现了儒家一直以来追求和谐秩序的目标。儒家思想的兼收并蓄，使其获得强大的生命力，在后世流传。此后，儒学和佛道两家思想部分融合，从而在佛道盛行的魏晋时期仍然保有一席之地，不至于湮灭在历史的潮流中。宋代的儒学形态——程朱理学，在吸收道家思想的基础上形成，并成为统治阶级维护自身阶级利益与稳固政权的思想基础。

二是一脉相承的稳定性。孔子被誉为“至圣”，万世师表。他的思想经过孟子、董仲舒等人的完善在不同时代具有不同的形式，但始终没有改变其创立之初的内核，仁与礼的观念影响千秋万代。儒家思想的载体——“四书五经”，在不同时代作为政治工具得到不同的解读，但其思想本质未曾发生改变，孔子创立儒家的初心——修身齐家治国平天下的政治最高理想，激励着一代又一代的儒家士子维护中国的社会秩序稳定。

（三）价值观教育发展过程的特点

一是常变常新的发展性。孔子首先提出了仁与礼，曾子在《大学》中又提出了中庸的思想作为补充。其后，孟子提出了儒家的政治观念及政治理想目标。到了汉朝，董仲舒为了适应政治新形势的需要，开创了统治千年的政治教育思想。东汉，刘秀为了巩固自身的天子地位，证明自己的皇位是上天赐予的，进一步推广天人合一的学说。宋朝，儒学思想吸收道家清规戒律发展成了程朱理学。明朝，王阳明又吸收禅宗顿悟思想，开创出儒学新形态——心学。当代，儒家思想作为中国传统文化的标志之一广泛传播。

二是跨越时空的延展性。作为传统价值观教育代表的中国儒学，经过数千年的发展，仍然没有改变由孔子提出的仁与礼的内核。在新时代的背景下，作为传统文化的儒学再一次复兴。从空间上来说，中国传统儒学起初只是在鲁国兴起，后经由孔子周游列国逐渐传播开来。孟子对儒家学说的改编，使其进一步适应当时形势，但仍不能满足统治者的需求，致使儒学仍只是少部分人认识的学说。直到汉武帝推广乡学，儒家价值观教育作为一种政治工具，从上而下在汉朝全境推广。想要成为汉朝的官员必须经过举孝廉，孝廉的思想要求便是符合传统儒家三纲五常的价值观。随着隋唐科举制度的确立，儒学进一步在封建社会推广，但仍受到物理条件的限制。直到北宋毕昇发明了活字印刷术，以及当时朝廷进一步增加科举取士的名额，儒学才在更大范围内产生影响。明清之际，儒学已经深入乡里村间，成为普通民众改变命运、跨越阶层的唯一途径。这种跨越时空的延展性，不止体现在国内，同时还体现在对东南亚诸多国家的影响上，即便今日，韩国、朝鲜、日本等国家依然有着儒家文化的诸多表征。

三是坎坷多变的曲折性。孔子起初开创儒学周游列国寻求出路，却多次遭到拒绝。作为继承人的孟子，同样一生困顿。之后，秦始皇为建立中央集权的大一统国家，直接实行了焚书坑儒的文化专制活动，大量儒家弟子遭到迫害，诸多儒家典籍遭受焚毁。汉朝董仲舒推动了儒家思想的发展，使其成为统治阶级的价值观教育工具。随着神学色彩不断加深，在东汉谶纬之说兴起后，儒学遭到了严重的异化，变成了神秘迷信的学说。即便如此，依然有人挺身而出，坚持儒家思想最初的纯粹性。宋朝，程朱理学排斥佛道，推动了思想与社会的进步。明清之际，程朱理学逐渐僵化，开始钳制人们的思想，阻碍文明的进步与发展。1919 年，五四青年高喊“打倒孔家店”，儒学遭到巨大的破坏。在新时代增强文化自信的理念下，经典儒学又作为一种文化自信、文化强大的代表远渡重洋。目前，我国与许多国家合作建立孔子学院，宣传中华优秀传统文化，展现了“礼义仁爱”的无穷魅力。

第三章　我国大学生价值观教育的体系

国家的希望在青年，民族的未来在青年。据统计，2020 年全国共有普通高校 2738 所，其中本科院校 1270 所，高职院校 1468 所。各种形式的高等院校在校学生有 4183 万人，毛入学率为 54.4%，高等教育进入普及化阶段。大学生一直是党和人民寄予厚望与着力培养的重要群体，价值观是其立身处世、成就事业、完满人生的擎天柱。2014 年 5 月 4 日，习近平总书记在北京大学师生座谈会上指出："青年的价值取向决定了未来整个社会的价值取向，而青年又处在价值观形成和确立的时期，抓好这一时期的价值观养成十分重要。"今天，新时代中国青年大学生处在中华民族发展的最好时期，既面临着难得的建功立业的人生际遇，也面临着"天将降大任于斯人"的时代使命，可谓青春正当时，奋进新时代。

一、价值观教育

价值观是个人在一定的社会环境中，在长期的社会实践中形成的认定事物或判定是非的看法和观点，是个人对世界的根本看法，包括价值判断及价值标准两个方面，是个人对客观世界及行为结果认识和评价时所持有的内部标准，支配和制约着人们的行为动机、行为模式和思维方式，引导人们产生自觉的行为，是人们进行实践活动的一种自觉的内在价值动力。价值观教育是指在阶级组织和领导下，以社会的核心思想为指导，依据一定的教育方针政策等要求，有目的、有组织、有计划地通过政府支持、社会宣传、学校教育、家庭培育等途径进行的一项教育活动，旨在引导国民评判社会现象及个人行为时，采用正确的价值判断标准。合理的道德判断以正确的价值观为前提。因此，通过价值观教育培养符合社会和个人发展需要的价值观就显得尤为重要。

（一）价值观教育的背景

背景是指对事态的发生、变化、发展起重要作用的客观情况。教育的背景是指在长期的教育教学活动中，对教育政策、育人目标、教学内容、教学手段等的形成、变化、发展起重要作用的客观情况，包括教育是如何产生的，教育为何会经过长时间的变化而不断发展。价值观教育的背景是指在价值观教育的整个过程中，影响其形成、变化、发展的客观因素，包括价值观教育产生的时代背景、历史发展阶段，价值观教育变化发展过程中的政治、文化、社会、经济背景等。价值观具有历史性和时代性。一种价值观的提出和弘扬，必然伴随着时代要求，当政治、文化、社会、经济发展面临新的形势和挑战时，社会成员的道德水平就可能出现下滑，甚至信仰崩塌。因此，在进行大学生价值观教育研究时，大学生所处的社会环境、时代背景都是重要的考虑因素。价值观教育的背景对一个国家的价值观教育至关重要，国家和社会的需求决定了在较长一段时期内与之相适应的价值观教育的普及与发展。一个国家的价值观教育的背景，在一定程度上是其当代社会文化及国民思想发展状况的反映。实际上，这也折射出当前阶段社会各界对价值观及国民道德品质、思想观念等的关注。

（二）价值观教育的目标

目标是对活动结果的一种主观设想，既是对该活动前进方向的指引，也体现了该活动目的性的追求。教育目标是教育对象应达到的标准，包括培养人的方向和规格等。价值观教育的目标是指教育期待在认知、情感和动作技能等领域实现的目标，根据具体教育对象的不同需求，价值观教育的目标呈现出高低变化。因此，要想深刻领会价值观教育的内容，就必须精确把握价值观教育的目标，同时结合目标的要求，掌握价值观教育的科学内涵及发展方向。价值观教育的目标是让国民通过接受社会、学校、家庭等各方面的教育，树立正确的理想信念、价值观念和高尚的道德品质，符合国民道德素质发展水平的根本要求。社会群体存在多样性，因此，价值观教育的目标存在阶段性和差异性。不同的社会群体对价值观教育的接受程度各不相同，同一社会群体内部对价值观教育接受的程度也不尽相同。例如：由于能力和接受水平等方面的差异，针对未成年人所设定的价值观教育目标和针对成年人的目标有所区别；对于学生而言，在小学、中学、大学等不同阶段，所设定的价值观教育目标也存在分层分类的阶段性特征。为了适应时代发展的需要，要积极围绕国家建设需要、政府方针政策，明确国家对教育提出的新要求、新标准，回顾社会历史发展并紧密结合当下的时代背景，为不同的社会群体制定符合其发展的价值观教育目标，进而实现价值观教育的深化，使教育达到最优的状态。

（三）价值观教育的内容

价值观教育将价值观念、道德品格的养成与教育实践活动相融合，不仅融入学习、生活、实践等各个环节，还贯穿于人们成长与发展的各个阶段。价值观教育的主要内容涉及系统知识教育和思想理论教育，其中思想理论教育涵盖道德品格、爱国主义教育等。受生理、心理发育机制的影响，青少年时期是个人价值观形成的关键时期，同时也是个人接受系统学校教育的主要时期。因此，学校是价值观教育的重要场所，而高校自然成为大学生价值观教育的主要阵地。高校对价值观教育的重视程度极大地影响了大学生正确价值观的形成和发展。培养专门人才和发展科学知识是高校的主要职能。因此，高校在进行价值观教育时应将价值观教育与学科教育相融合，教育青年大学生在掌握科学文化知识的同时，拥有良好的思想素质、正确的价值观念，使学生在实现个人价值的同时，努力为人民服务、为社会做贡献。人民是历史的创造者，但人民创造历史离不开一定的生产关系，并受生产力发展水平的限制。因此，价值观教育的内容也需要从社会历史发展的角度探究，从生产力和生产关系的角度进行理解。价值观具有历史性和选择性，阶级社会中的任何教育都具有一定的阶级性，社会中占统治地位的阶级会通过各种途径将本阶级的政治倾向、理想信仰、思想观念、道德情操等传播给社会大众，让社会大众认同并内化，实现培养和造就阶级发展所需要的人才的目标。以国家元首或执政党领袖为代表的政治精英往往是国家意识形态、社会核心价值观的发起者、倡导者、宣传者和引导者。① 对于他们而言，就职典礼的演说、重要场合的讲话、节日宴会的致辞，无一不是向社会大众传

① 潘玉腾．欧美国家推进核心价值观大众化的经验及启示［J］．思想理论教育（上半月综合版），2011（2）：46-53.

递社会核心价值观的关键时机。所以，在学校中进行什么样的价值观教育，宣传何种价值思想，也是由阶级性质决定的。

价值观教育不仅包含德育中政治思想、理想信念、道德品质等全部信息，还包含教育的全部信息。价值观教育的内容是对社会历史改革和现实发展需求的凝练，在实际的践行过程中受价值标准的制约和影响。价值观教育对知识、道德、身心发展、美感、爱国主义等方面教育都有一定的规范和导向作用，各类教育内容在价值观教育中相互协作、相互作用，从而最大限度地发挥价值观教育的整体育人功能。

（四）价值观教育的特征

特征是指一种事物区别于其他事物的特性，任何一种或一组事物都具有众多特性，人们根据事物所共有的特性抽象出的概念便称为特征。价值观教育的特征就是价值观教育区别于其他形式教育的特殊性，由价值观教育的目标和内容决定。价值观教育是一种全民性教育，而不是仅仅依靠单一力量就可以完成的教育，也不是可以一蹴而就的教育，需要依托国家、学校、社会、家庭等多方面力量对个人进行全方位、长时间的教育，是通过价值观念点滴的渗透所形成的。价值观教育贯穿于个体发展过程的始终，存在于个体工作、学习、生活等方面，其目标和内容受时代的影响而随着文化的变迁和社会的发展不断革新，因此，价值观教育不仅是一种终身教育，还是一种动态的持续性教育。就大学生而言，他们虽然已经在课堂上获得了理论性的价值观教育，但在社会实践的过程中不断接触新事物，面对新事物的冲击和影响，新的价值观念可能会与已有的价值观念相碰撞。此时，青年大学生就会面临价值观的甄别与选择，是直接采用新的价值观念舍弃原有的价值观念，还是将新的价值观念融入原有的价值观念，经过吸收借鉴发展从而构建新的价值观体系？青年大学生应学会做出正确的价值判断和选择。因此，价值观教育是在新旧各种价值观念碰撞与冲击之下持续不断地进行的。此外，价值观教育具有差异性，是一种个性化教育。由于价值观教育对象的生理阶段、心理发展、家庭背景、教育背景等不同，因此价值观教育要针对不同的受教育对象、同一受教育对象不同的发展阶段，制定具有差异性和个性化的教育方案，不可千篇一律。

（五）价值观教育的路径

路径是指人们在生产生活中，为了实现某一目的而采取的方法和途径。价值观教育的路径是指在整个价值观教育实施的过程中，为了实现价值观教育的预设目标，将人们培养成为促进国家社会发展的人才而采取的一系列方法和途径。价值观教育的内容和特征不同，其路径选择也不同。针对价值观教育的具体内容和特征，可以选择灌输式、参与式、陶冶式等路径。针对同样的价值观教育内容，教育路径的选择也不是唯一的。在具体的探索实践过程中，这些路径既有直通终点顺利达成目标的，也有跌跌撞撞，在实践的检验中不尽如人意的，因此，价值观教育路径是多元的。价值观教育的路径，是价值观教育的目标由“应然”向“实然”转化的桥梁和中介。① 在价值观教育过程中采用何种方式，选择何种手段、何种形式等都直接影响价值观教育的目标和预期效果的实现。价值观教育的背景、目标、内容、特征、路径之间是紧密联系和互相影响的，价值观教育内容的宽泛性决定了价值观教育路径的宽泛性，价值观教育在特定的时代背景下由具备不同特征的教育主体进行，价值观教育在路径的实施中始终与时代的发展保持一致，因此，价值观教育的路径具有时代性和主动性。价值观教育采用新颖的方式引起教育对象的关注，最大限度地发挥教育对象的主体性，为科学传播价值观思想指明方向，是价值观教育目标实现的关键。

二、我国大学生价值观教育

2021 年 7 月，在中国共产党成立 100 周年之际，中共中央、国务院印发的《关于新时代加强和改进思想政治工作的意见》中指出，实施时代新人培育工程，完善青少年理想信念教育齐抓共管机制，培养德智体美劳全面发展的社会主义建设者和接班人。高校作为意识形态工作的前沿阵地，要紧紧围绕立德树人根本任务，把思想政治教育摆在突出位置，积极构建“大思政”育人格局，推动新时代高校思想政治工作创新发展，努力培养更多能担当民族复兴大任的时代新人。青年是建设

---

① 胡杨．英国大学生核心价值观教育探究［D］．南昌：南昌航空大学，2016.

祖国的生力军，是未来事业的接班人。在广大青年中培育践行社会主义核心价值观，对于彰显价值观“最大公约数”、在全国各族人民中统一思想、凝聚力量，对于党和国家事业的长远发展具有重大而深远的意义。实现中国梦，需要依靠青年，也能成就青年。圆梦要靠奋斗，而奋斗需要价值观指引。

（一）我国大学生价值观教育的背景

中国特色社会主义进入新时代，这是我国全新的历史定位。在2021年全国两会中，习近平总书记指出，“现在这一代年轻人，也在变化之中，他们的心态、思想也在改变”。在当代中国思想文化多元、多层和多变的开放氛围下，各类社会思潮交锋虽然有助于促进社会文明的多元发展，但是对社会主义核心价值体系的引领有所冲击，对当代青年确立正确的世界观、人生观和价值观也会产生影响。社会的发展、时代的变迁及社会环境的变化，使当代青年对社会思潮的接受方式随之变化。

当代青年对新媒体和网络的普遍运用，使得人与人之间交流的时间和空间因素被弱化，网络成为他们表达自我、传递信息、交流情感的重要手段。受政治、经济、文化等因素影响，不同时期的个体价值观具有不同的特点和表现形式。中华人民共和国成立初期，相对封闭的社会环境使我国高校价值观教育较为沉闷。改革开放以来，高考政策的恢复使社会上出现了一批又一批青年大学生，他们接受新兴的科学技术知识和先进的教学理念。随着信息时代的到来，新媒体技术得到了发展，大学生群体乐于也善于接受新鲜事物，视野变得更开阔，思想也变得更开放。由于接触到各种社会思潮，他们的价值观也由原来的单一变得多元。网络媒介技术的运用，使语言、表情、影像等符号能够更为鲜明直接地传递信息。媒介的虚拟性和隐匿性，使当代青年能够轻松克服现实世界的物质限制与心理障碍，增强交流与表达的轻松自由感。在某些活跃的网络聚居地，他们创造出独特的文化价值和语言系统，获得归属感。

同时，我国高校价值观教育不断面临新的挑战。随着改革开放的不断深化和我国国际地位的逐渐提高，国家更加开放包容。2019年，习近平总书记在纪念五四运动100周年大会上指出，“青年是整个社会力量中最积极、最有生气的力量，国家的希望在青年，民族的未来在青年。”新时代，中国青年大学生通过互联网等媒介接触到西方新事物，并且将中华民族优秀的传统文化和伟大的民族精神传播到世界各国。如今，世界经济全球化正以稳定的速度不断发展，在这一国际形势下，我国高校价值观教育应更加注重引导大学生以从容开放的态度接受外来先进事物。随着社会主义市场经济的快速发展，人们的生活条件不断改善，同时也出现追求物质享受的现象，少数人的思想价值导向出现了偏差，部分大学生的价值观受到了不良思想影响，这也成为高校价值观教育面临的新挑战。在社会思潮多元化的形势下，各种文化良莠不齐，对大学生的认知造成了思想解放和思想侵蚀的双重影响。大学生价值观教育可以切实有效地提高大学生的政治敏锐性和是非辨别力，帮助大学生抵制不良文化的腐蚀。

十八大以来，党中央强调要坚定中国特色社会主义“道路自信、理论自信、制度自信、文化自信”。“四个自信”的提出对新时代做好大学生价值观教育工作、开展相关的深化研究和探索，具有非常重要的意义，这也要求我国价值观教育的开展必须根据大学生的认知结构和心理特点给予教育内容上的重视和教育方式上的创新，以顺应社会发展和时代前进的步伐。

（二）我国大学生价值观教育的目标

习近平总书记在庆祝中国共产党成立 100 周年大会上的讲话中指出：“新时代的中国青年要以实现中华民族伟大复兴为己任，增强做中国人的志气、骨气、底气，不负时代，不负韶华，不负党和人民的殷切期望!”青年大学生是与新时代同向同行、共同前进的一代，生逢盛世，既面临着建功立业的人生际遇，也肩负着实现中华民族伟大复兴的时代使命。当前，青年大学生的主流价值观是积极向上的，但部分人还存在着焦虑迷惘、孤僻冷漠、任性冲动、自私自利、急于求成等不良表现，进而影响他们与自我、他人、社会、自然之间的关系。我国思想政治教育以青年大学生为重要对象，高校影响着大学生价值观的培育、社会实践能力的提升、创新思维的锻炼等。具体来看，虽然在不同时间点上社会主义核心价值观的教育目标发生着细微的变化，但围绕着“培养什么人、怎样培养人、为谁培养人”这个问题确立的教育目标一直未变。寻找和探索到这个问题的答案，就能达到我国价值观教育的最终目标。

首先，价值观教育是培养建设中国特色社会主义国家需要的合格公民的教育，其主要目的是培养公民的政治认同，这也是我国开展价值观教育的本质要求。因此，我国大学生价值观教育的目的始终是围绕着社会主义建设者和接班人培养的。价值观教育重视道德规范、道德养成教育。道德比法律更有韧性地渗透到人们生活的方方面面。我国高校以思想政治课程为主要手段开展价值观教育，传播社会主流价值观，把经过社会凝练并得到人们普遍认可的道德行为准则传递给青年大学生，并让这些准则代代相传，使他们认可并践行之。我国的价值观教育重视社会规范的传递，国家在政治、经济、思想文化等方面制定了诸多宏观政策，需要在具体开展价值观教育的过程中细化落实，接地气地向学生传递社会生活准则，使学生既能顺利地参加现有社会的正常生活，又能在行使权利与履行义务中自觉维护社会秩序。2019 年，习近平总书记在纪念五四运动 100 周年大会上的讲话中指出："新时代中国青年要继续发扬五四精神，以实现中华民族伟大复兴为己任，不辜负党的期望、人民期待、民族重托，不辜负我们这个伟大时代。"此外，习近平总书记在多次重要讲话中强调核心价值观对于国家和民族发展的重大意义，要求高校把立德树人作为根本任务，为党育人，为国育才，全力培养担当民族复兴大任的时代新人。在新的时代，我们要为社会主义伟大事业培养建设者，为中华民族的伟大复兴培养有用人才，在此目的的指导下做好社会主义核心价值观教育工作，确保青年大学生拥护党的领导，树立社会主义信仰，为社会主义事业不懈奋斗，成长过程不偏离中国特色社会主义的发展方向。

其次，我国大学生价值观教育旨在推进青年的可持续发展。近年来，我国就业形势日益严峻，青年大学生就业压力不断增大，大学生就业问题已然成为全社会普遍关注的热点问题。在多元化思潮的影响下，一些大学生的就业观念出现了偏差：过度追求个人舒适，缺乏奉献精神；缺乏诚信，随意签订协议和毁约等；对自己的能力缺乏正确认知，或者悲观消沉、自暴自弃，或者观望盲从、随波逐流。这些问题不仅影响大学生的个人成长，也对整个社会的长治久安和经济发展造成了负面影响。通过正确的价值观引领大学生的就业观，可以将青年学生的个人追求、职业目标和社会共同理想紧密结合在一起，引导学生在发展自我的同时奉献社会。价值观对大学生创新创业的实践具有引领和指导作用，影响大学生对创新创业活动的认知和选择。高校将价值观教育融入大学生创新创业教育，利用价值观教育的激发功能、载体意义和制约作用，构建价值观教育和创新创业教育的良性互动机制，激发大学生创新创业热情，调动大学生创新创业实践的主观能动性，将创新创业追求内化为大学生自我实现的需求，培育出符合国家社会需求的创新创业人才。① 另外，大学生价值观教育的实践环节，可以使青年大学生更直观地感受最真实的社会，学会用所学专业知识解决社会问题。解决问题的过程也是大学生责任心、耐挫力不断提升的过程，可以为大学生求职积累正能量。总之，大学生价值观教育目标的明确，有利于青年大学生开阔眼界、提高自身综合能力，进而为大学生就业乃至毕业后的可持续发展奠定良好的基础。

再其次，我国大学生的价值观教育旨在增强青年政治意识认同，提高青年担当意识。无论在哪个时代，我们的价值观教育都始终“坚持教育为人民服务、为中国共产党治国理政服务、为巩固和发展中国特色社会主义制度服务、为改革开放和社会主义现代化建设服务”。自改革开放以来，社会主义精神文明建设的伟大成就是现阶段价值观教育最有力的活教材。大力宣传我国改革开放以来精神文明建设的伟大成就，增强人们贯彻社会主义初级阶段路线、方针、政策的能动性和自觉性，可以激发人民群众对社会主义现代化建设的信心和民族自豪感、荣誉感。当代大学生是社会成员的重要代表力量，对新鲜事物的接受能力较强，也易受到社会转型阶段各类思潮的影响。高校价值观教育的意义在于帮助大学生形成正确的价值观、修正偏差的价值观和升华已有的价值观，进而帮助大学生对社会形成正确的认知，不断调整他们的个体行为。对大学生进行正确的价值观教育，可引导大学生正确认识当前中国社会及经济在转型发展中遇到的一系列问题，对于促进社会生产力发展和增强社会凝聚力具有重要作用。

最后，我国大学生价值观教育的目的还包括通过爱国主义情感教育激发学生的爱国热情。2018 年 9 月 10 日，习近平总书记在全国教育大会上谈到著名教育家张伯苓在南开大学开学典礼上的三个问题：你是中国

① 包雅玮．价值观教育引领下的大学生创新创业教育实践［J］．湖州职业技术学院学报，2018，16（4）：10-13，91．

人吗？你爱中国吗？你愿意中国好吗？他强调，“这三个问题是历史之问，更是时代之问、未来之问，我们要一代一代问下去、答下去！”社会主义制度是我国的根本制度，中国特色社会主义道路是我国坚持的正确道路，通过爱国主义情感教育实现价值认同，使当代青年积极阻止资产阶级自由化思潮在社会上蔓延，应对西方资本主义国家“西化”“分化”的挑战。价值认同对青年信仰教育提出了明确的实践要求，展现了中国特色社会主义的价值信念和理想信仰，建构了当代中国社会发展的价值坐标和评判尺度，是信仰教育的时代主题。由此可见，价值认同既引导青年树立正确的信仰和价值观，又推动中国特色社会主义建设，既着眼于价值观教育的必要性，又兼顾青年价值认同的可能性。在当代青年中，将价值观教育与信仰教育有机结合起来，可以促使青年更好地实现人生价值。中国梦是关于实现中华民族伟大复兴的战略思想，凝聚了中华民族实现伟大复兴的信仰。青年仰望星空，脚踏实地，他们的“个人梦”与“国家梦”紧密相连。对青年进行价值观教育，使他们认同社会主义制度，毫不动摇坚持中国共产党的领导，坚定不移走中国特色社会主义道路。

（三）我国大学生价值观教育的内容

当今世界处于“百年未有之大变局”，形形色色的社会思潮不可避免地给青年带来了冲击，加之大多数青年的价值观念尚未成熟，他们也渴望正确的价值观引导。对大学生进行价值观教育，帮助大学生树立科学的价值观，不仅可引导其建立符合社会主义核心价值观的世界观和人生观，而且能促进大学生迅速成才，进而规范自我行为，有效抵御诱惑，对于实现大学生自我价值具有重要作用，同时可有效推动实现中华民族伟大复兴和建设社会主义现代化强国的进程。

对于现阶段的中国而言，大学生价值观教育的首要内容为培育和践行社会主义核心价值观。习近平总书记以“理想、本领、担当”三个简明扼要的关键词，概括了当下青年成长成才的基本条件。理想、本领、担当，都与青年的价值观塑造密切相关。大学生成长成才目标的实现与中国梦的实现相统一，不仅是对大学生自身发展的要求，更是党和国家、全社会普遍对大学生寄予的殷切希望。社会主义核心价值观是凝聚社会共识的最大“价值公约数”，是人生奋斗的梦想之舵、中华民族的精神之钙、当代中国的兴国之魂。我国应高举中国特色社会主义伟大旗帜，脚踏实地开展社会主义核心价值观教育。大学生是中国特色社会主义事业的建设者和接班人，对他们进行核心价值观教育至关重要。当然，核心价值观教育是一个系统工程，要实现“内化于心、外化于行、固化于制”的目标绝非一日之功。青年大学生肩负着中华民族伟大复兴的崇高使命，对他们深入开展社会主义核心价值观教育，弘扬和培育爱国主义精神，使他们牢固树立科学的世界观、人生观、价值观意义重大。当代青年应通过价值观教育升华马克思主义信仰追求，确定更高的奋斗目标，实现人生价值的升华，达到求真和至善的人生理想境界。

社会主义核心价值观作为当前中国社会意识形态及价值观念的核心，是中国价值观教育的核心内容，对人们的精神需求、行为举止、生活方式等产生重要影响。社会主义核心价值观的形成过程，也是我国大学生价值观教育走向成熟、不断深化的过程。“价值观念在一定社会的文化中是起中轴作用的，文化的影响力首先是价值观念的影响力。”① 社会主义核心价值观作为当代中国特有的价值观体系，浸染着中国色彩，充分发挥着文化影响力。一是坚持“以学生为本”的教育理念。中国高校注重坚持在我国大地上形成和发展起来的道德价值②，把大学生的思想、学习和生活问题作为价值观教育的切入点，引导学生理论联系实际，利用正确的价值观解决现实问题。二是在自觉遵守学校校规和社会公德的基础上不断规范个人行为。依法治国是党领导人民治理国家的基本方略，我国高校通过制定校规校纪规范学生的行为举止。除此之外，中国高校价值观教育特别重视对青年大学生进行爱国主义教育和思想政治教育，激发青年大学生建设社会主义现代化国家的坚定信念。青年强，则国强。将每一位大学生定位为祖国未来的建设者，让他们了解国家的发展历史，认清国际局势，用科学文化和先进思想不断武装自己。中国特色社会主义进入了新时代，中国高校大学生价值观教育也迈入了新的阶段。社会主义核心价值观从个人、社会、国家三个层面具体阐述了新形势下中国

① 中共中央文献研究室．习近平关于社会主义文化建设论述摘编［M］．北京：中央文献出版社，2017.

② 中共中央文献研究室．习近平关于全面深化改革论述摘编［M］．北京：中央文献出版社，2014.

高校进行价值观教育的主要内容。

中国高校主要从坚定理想信念、弘扬爱国主义精神和继承中华民族传统美德三个方面对大学生进行价值观教育，提高他们的思想政治水平。首先，理想信念代表了一个人的目标和追求，体现了自我价值实现需求，是中国大学生价值观教育中最为重要的一项内容。高校在大学生价值观教育中，将坚持中国特色社会主义道路、实现共产主义和“中国梦”的目标传递到大学生群体中，提倡大学生树立崇高的理想信念并实现人生价值。大学生是中华民族未来发展的中坚力量，只有将个人抱负与国家发展相融合，才能为实现国家富强、民族复兴和人民幸福做出应有的贡献。其次，爱国主义精神彰显了人民群众对国家的热爱、认同和期待。中国作为文明型国家，其“爱国主义”有自己的特点。其一，与西方社会不同，中国社会以家庭为中心的文化衍生出一整套思维和生活方式，例如“舍己为家”“保家卫国”“修身齐家治国平天下”等，都体现了中国人特有的“家国同构”的政治文化传统。其二，中国人的“爱国主义”是一个文明型国家的“爱国主义”，即中国人不仅爱一个普通的国家，也爱一项伟大的文明。中国人的爱国主义是一种包容性极大的，既有个人意志、志趣，又有人类情怀的爱国主义。① 随着国际形势的变化，中国高校越来越重视爱国主义教育在大学生价值观教育中的地位和作用，不仅注重大学生对国家主权和意识形态等问题的认知，还强调各国之间的合作、各民族之间的友好关系以及中华民族的悠久历史等，让大学生感受到中国作为负责任大国的价值所在，增强责任感与使命感。最后，中华民族传统美德教育也包含在大学生价值观教育中，“仁、义、礼、智、信”等传统思想经过几千年的传承和提炼，仍然流传于中国大地并让中华儿女受益匪浅。高校通过传统美德教育引导大学生遵守法律、团结友爱、诚实守信、互帮互助、尊重他人，有集体意识，与他人和睦相处。

（四）我国大学生价值观教育的特征

社会主义核心价值观是马克思主义与中国实际相结合的产物，大学生价值观教育的发展方向应始终与社会主义核心价值观保持一致，坚持以马克思列宁主义、毛泽东思想、邓小平理论、“三个代表”重要思想、

---

① 这段话引自思想政论节目《这就是中国》第 21 期.

科学发展观、习近平新时代中国特色社会主义思想为指导思想，巩固和发展高校价值观教育，坚持把立德树人作为高校教育工作的根本任务，将社会主义核心价值观教育全面贯穿高校教育的始终。我国大学生价值观教育在不断深化的过程中呈现出的特征也是不一样的。

一是立足世界和中国发展大势的时代性。21 世纪以来，世界上大多数国家不同程度地遭遇了全球化和新一轮科技革命带来的环境问题、人口问题、能源问题和青年发展问题的困扰，世界政治经济格局的变化和深刻调整给价值观领域带来巨大的震荡。以习近平同志为核心的党中央围绕“两个一百年”奋斗目标，统筹推进“五位一体”总体布局、协调推进“四个全面”战略布局，用社会主义核心价值观和“中国梦”凝心聚力，向中华民族伟大复兴和国家民主、文明、富强的目标迈进，将中国特色社会主义事业稳步推向新的历史阶段。习近平总书记坚持从中国的国情和时代特点出发，认识到“青年是标志时代的最灵敏的晴雨表，时代的责任赋予青年，时代的光荣属于青年”。他将青年的价值观教育放置在当今世界发生深刻变革的时代背景之下，将青年的价值观教育与党和国家的发展紧密联系在一起，提出价值观问题是青年成长和青年发展的核心问题，价值观问题是意识形态领域的关键问题。如何提高学生的思想水平、教育引导学生正确认识世界和中国发展大势，是我国大学生价值观教育的重要任务。为此，我国价值观教育一直在引导学生从中国特色社会主义的伟大实践中，认识和把握人类社会发展的历史必然性，认识和把握中国特色社会主义的历史必然性，不断树立为共产主义远大理想和中国特色社会主义共同理想而奋斗的信念和信心；引导学生全面客观认识当代中国，冷静理性看待外部世界；引导学生正确认识时代责任和历史使命，用中国梦激扬青春梦，为学生点亮理想的灯、照亮前行的路，激励学生自觉把个人的理想追求融入国家和民族的事业中，勇做走在时代前列的奋进者、开拓者；引导学生正确认识远大抱负和脚踏实地，珍惜韶华，把远大抱负落实到实际行动中，让勤奋学习成为青春飞扬的动力，让增长本领成为青春搏击的能量。

二是基于青年成长规律的科学性。“物有本末，事有始终”，学生的成长与发展，也具有阶段性的特征，需要遵循其内在规律。不同于其他思政教育对象，学生在不同的成长发展阶段，其心理活动、认知能力和道德判断能力是不同的。因而，新时代大中小学思政教育方法一体化建构应遵循学生的成长规律，充分把握学生在不同学段的身心、思想和行为特点，建构出适应并促进学生成长发展的思政教育方法体系。在青年大学生价值观教育中，只有充分了解大学生成长发展规律，才能顺利地将国家和社会要求的思想道德转化成为学生的思想品德。这是新时代大学生思政教育方法一体化建构不可忽视的基本要求，也是直接关系到一体化建构能否达到良好育人效果的实践要求。青年成才的关键在于立德，这是由青年成长的特点与规律决定的。在2018年北京大学师生座谈会上，习近平总书记说："培养社会发展所需要的人，说具体了，就是培养社会发展、知识积累、文化传承、国家存续、制度运行所要求的人。"人才培养一定是育人和育才相统一的过程，且育人是本。育人的根本在于立德。因此，当代青年要"德才兼备，方堪重任"。立德是青年成长成才的先决条件，是青年挑起未来民族复兴和社会主义建设事业重担的试金石，立德为先的思想反映了正确的价值观对青年成才的导向和引领作用。

三是继承和发展了马克思主义理论的人民性。马克思认为，"每个人的自由发展是一切人的自由发展的条件"。人的解放、自由和全面发展是马克思主义理论体系的根本思想、真正主题和始终如一的目标。人民性是马克思主义最鲜明的品格，始终同人民在一起，为人民利益而奋斗，是马克思主义政党同其他政党的根本区别。党的十九届六中全会审议通过的《中共中央关于党的百年奋斗重大成就和历史经验的决议》总结概括了中国共产党百年奋斗的历史经验，其中很重要的一条就是"坚持人民至上"，并且强调"只要我们始终坚持全心全意为人民服务的根本宗旨，坚持党的群众路线，始终牢记江山就是人民、人民就是江山，坚持一切为了人民、一切依靠人民，坚持为人民执政、靠人民执政，坚持发展为了人民、发展依靠人民、发展成果由人民共享，坚定不移走全体人民共同富裕道路，就一定能够领导人民夺取中国特色社会主义新的更大胜利，任何想把中国共产党同中国人民分割开来、对立起来的企图就永远不会得逞"。中国共产党继承和发展了马克思主义理论的人民性，将全心全意为人民服务确定为党的根本宗旨。中国共产党一经诞生，就把"为中国人民谋幸福、为中华民族谋复兴"确立为自己的初心使命。从毛泽东思想到习近平新时代中国特色社会主义思想，贯穿其中的就是"立党为公、执政为民”的执政理念。新时代的历史条件下，大学生价值观教育必须继续牢牢把握社会主义办学方向，在确保全体人民平等享有高等教育权利的基础上，教育青年大学生一切依靠人民，一切为了人民，要有亲民、爱民、为民的人民情怀，把促进学生全面发展和适应社会需要作为衡量人才培养水平的根本标准。

（五）我国大学生价值观教育的路径

随着国家对价值观教育的不断重视，中国高校思想政治教育的师资力量也在不断加强。2014 年以来，我国不断深化高校课堂教学在育人中的主渠道作用，将思想政治教育全面贯穿于学校教育教学始终，落实高校教师育人职责，发掘所有课程的思想政治理论教育资源，增强各类课程的育人功能。近年来，课程思政深入人心，其理念在于构建全员、全程、全方位教育格局，确保各类课程与思想政治理论课行驶于同一轨道，触发协同效应。“三全育人”和“十大”育人体系体现的都是协同育人的理念，强调把“立德树人”作为教育的根本任务。根据党的教育方针和高校的共同使命，衡量学校教育成功与否的重要指标，就在于其能否为中国特色社会主义事业培养合格建设者和可靠接班人，在于其能否为实现中华民族伟大复兴的中国梦凝聚人才、培育人才、输送人才。世界一流高校都是在服务其所在国家发展的过程中不断成长的，“只要我们在培养社会主义建设者和接班人上有作为、有成效，我们的大学就能在世界上有地位、有话语权”①。为了提升价值观教育质量，中国高校不断加强教师队伍建设，提高教师的思想素质，充分发挥教师的价值导向作用。在这一过程中，价值观教育也离不开学校管理，因此，加强学校管理有利于价值观教育的改善。一是提高教育管理者对教育本质观、教育功能观、教育目的观、教育人才观等教育与社会之间价值关系的认识程度。二是提高教育管理者对教育者与受教育者之间的教育内容观、方法观、师生观、管理观、资源观、管理效能观等价值关系的认识程度，教育者与受教育者是价值观教育中的两个主体，二者相辅相成。

关于价值观教育的方法途径，习近平总书记指出，要注意把社会主

---

① 王学俭，石岩．新时代课程思政的内涵、特点、难点及应对策略［J］．新疆师范大学学报（哲学社会科学版），2020，41（2）：50-58.

义核心价值观日常化、具体化、形象化、生活化。让青年认同科学社会主义，帮助青年树立正确的理想信念，不能靠单向灌输和强行植入，而是要引导学生从社会主义思想源头和历史演进中，从我们党探索中国特色社会主义历史发展和伟大实践中，认识和把握人类社会发展的历史必然性，认识和把握中国特色社会主义的历史必然性。我国各级党组织、教育主管部门、高校都十分重视与当代青年大学生社会主义核心价值观教育相关的实践活动，这些活动充分发挥了主导及主体作用，相关主题教育的顶层设计、政策制定也都是非常有效的。相对于其他国家和地区的教育而言，这些都是中国独具特色的组织优势，为此我们应有充分的制度自信。当前，我国大学生价值观教育的路径主要有以下几方面。

一是通过理论教育实施大学生价值观教育。要充分发挥课堂教学这一主阵地的核心功能，带领青年大学生全面深刻地理解和掌握社会主义核心价值观的意义和内容，确保“社会主义核心价值体系进教材、进课堂、进学生头脑”①。为了提高高校社会主义核心价值观教育的吸引力，需要不断深化马克思主义理论的教育学习；为了增强高校大学生的凝聚力，需要不断深化中国特色社会主义共同理想的教育学习；为了激发高校大学生的创造力，需要不断深化民族精神和时代精神的教育学习；为了培养高校大学生的和谐力，需要不断深化爱国主义、集体主义、社会主义教育，同时充分发挥大学生践行社会主义核心价值观的榜样力量，进一步强化大学生群体的理想信念，把国家富强、民族复兴、社会进步同大学生的历史使命、时代责任、个人发展紧密联系在一起。在我国国际影响力与日俱增、制度优势更加凸显的背景下，青年大学生越发爱国是必然的，但也要警惕民族主义的出现。理性爱国并非简简单单的情感倾诉，而是一种不同于情绪化、极端化、狭隘化的成熟、宽容、客观的思想观念，通过具体化的行为选择、行为实践来增强对国家的情感认同，从而实现个体行为价值与国家意志目标的有机统一。

二是通过实践创新实施大学生价值观教育。习近平总书记指出：“要坚持不懈培育和弘扬社会主义核心价值观，引导广大师生做社会主义核心价值观的坚定信仰者、积极传播者、模范践行者。”每一位青年只有在

① 李卫红．坚持用党的创新理论武装当代大学生［N］．光明日报，2009-06-02（9）．

青春时期博观约取，扣好理想信念这个“人生的第一粒扣子”，才能不走歪路邪路，在人生旅程中厚积薄发。社会主义核心价值观教育归根结底应落脚于实践。杜威主张根据社会实际进行核心价值观教育，教育的开展应结合课程教学和实践活动，遵循学生德行发展的规律。大学生群体通过各种实践活动“经风雨、见世面、长才干、做贡献”。在可行范围内，高校应尽量把必修课转为选修课，压缩讲授型课程的空间，压缩考试课的空间，拓宽考查课的空间，让大学生把更多的时间和精力投入社会实践，学以致用；鼓励和引导大学生走出校园，走进社区、农村、企业，参加各类社会实践和公益活动，如专业实训实习、社会调查研究、实地生产劳动、志愿服务、“三下乡”、学雷锋等，弘扬美德、扎根公益，培养青年大学生的社会意识和奉献精神。同时，引导大学生拥有正确的政治立场，弘扬科学的态度，明辨良莠，看清是非，认识客观事物，把握自然规律，在实践中掌握知识，深化理论，锐意创新。让青年大学生在理论宣讲中深刻感悟马克思主义的理论精髓；在劳动调研中深刻领会民族精神和时代精神；在志愿服务中进一步内化“坚持人民至上”。大学生群体应当在实践中实现自己的人生价值，坚持做社会主义核心价值观的倡导者、践行者和传播者。

三是通过文化辐射实施大学生价值观教育。高等教育是优秀文化传承的重要载体和思想文化创新的重要源泉，高校是社会主义先进文化建设中的排头兵。社会主义核心价值观是社会主义先进文化的精髓，要大力弘扬一切有利于国家富强、民族振兴、人民幸福、社会和谐的思想和精神，要用好各类资源，使高校成为弘扬、培育民族精神和时代精神的重要阵地。在高校校园文化建设中推进社会主义核心价值观教育，潜移默化地使大学生自觉领会和践行社会主义核心价值观。高校的文化活动丰富多彩，将社会主义核心价值观教育渗透其中，有利于构建体现时代特征、社会主义特点、地方特色和学校特色的校园文化。

四是通过校园网络文化建设实施大学生价值观教育。毫无疑问，“互联网+”已经成为当下热词。2015 年，“互联网+”首次被写入《政府工作报告》。2015 年 7 月，《国务院关于积极推进“互联网+”行动的指导意见》对“互联网+”做了官方解释，即“把互联网的创新成果与经济社会各领域深度融合，推动技术进步、效率提升和组织变革，提升实体经济创新力和生产力，形成更广泛的以互联网为基础设施和创新要素的经济社会发展新形态”。目前我国大学生价值观教育在网络宣传中主要有以下两个途径：首先是营造网络宣传社会主义核心价值观的良好氛围。根据网络的广泛性、互动性、参与性等特点，利用好校内网站、QQ、微信、微博等媒介，构建学校、社会、家庭“三位一体”的宣传教育网络体系，引导好、管理好、利用好网络平台，开展网上学生工作，在网络互动中提高理论和实践的结合度。其次是扩大宣传教育队伍，为社会主义核心价值观建设提供人力支持；建立宣传教育反馈平台，为社会主义核心价值观教育服务；组编相关读物和教材，为推进社会主义核心价值观教育服务。通过接受先进文化的熏陶和文明风尚的洗礼，大学生可以全面提高综合素质。①

① 刘爱莲，彭恩胜．科学无神论在构建社会主义核心价值体系中的作用机制［J］．河海大学学报（哲学社会科学版），2010（3）：1-5.

第四章　我国大学生价值观的立体教育模式

在信息化时代，中国高校都以培养创新型、应用型人才为目标。将大学生放在价值观教育的主体地位，在知识目标、理论发展、体系结构等多维结构上构建深层次、全方位、多主体的教育模式和体系，通过科学理念指导，树立教、学、管相结合的新理念，实施新手段、新方法，构建价值观立体教育新模式十分必要。立体教育打破以教师为主体的传统教育模式，始终以学生为主体，教育载体多样化，符合主流的网络信息化教学，提升了教与学的互动性，有助于实现信息共享。

一、立体教育模式概述

随着社会信息化的发展，知识高度科技化，信息量巨大，这些变化都影响着青年大学生的价值观。采取立体化、多元化的教育模式，可以根据学生的需求来制订教学计划，更好地促进学生的全面发展。

（一）立体教育模式的含义

立体教育模式是以学生为教育主体，在教育载体、教育环境、教育方法、教育内容上采用多方位结合的方式，通过构建多角度、深层次的教学模式，实现培养创新型、应用型人才的目标。具体来说，立体教育模式会根据不同学生个体的需求，结合社会环境、家庭教育、学校特色及教育风格，采用网络手段、多媒体技术等提高教育主体的学习热情及学习效率。

（二）立体教育模式的特点

随着新媒体网络时代的加速发展，以教材为主、通过教师的讲解传输知识的传统课堂教学模式已经无法满足当代大学生的学习需求，因此，多角度、深层次的立体教学模式成为教学模式发展的必然结果。与传统教学模式相比，立体教学模式有以下特点。

1. 教育内容更丰富

传统的教学模式强调以教师为课堂的中心进行理论教学，以教材的知识作为教育教学的内容。这虽然能让学生较快掌握所学内容，但是形式单一、内容枯燥，无法引起学生的深度思考。立体教学模式在传统教学模式和理论教学内容的基础上增加了网络教学与实践教学的内容，在理论教学中强调以学生为中心开展课堂教育，在理论教育中增加有趣、新颖的教学内容，与学生分享生活中的案例以增强学生的课堂参与感。同时，网络教学和实践教学的内容能够弥补理论教学内容枯燥乏味的不足：网络媒体的新闻资讯包罗万象，可以帮助学生了解最新的热点信息与研究动向；实践活动可以让学生面向自然、面向社会，探索能力得到提升，帮助学生更加直观主动地学习。理论内容、网络媒体及实践活动的结合，再加上丰富的教育资源，充分激发了学生的学习热情和深度思考。立体教育模式的教育内容超越了书本，超越了封闭的课堂，更加新颖、丰富。

2. 教育形式更多样

在传统教学模式中，教师通过“填鸭式”的教育将教材内容灌输给学生，忽视了学生在学习过程中对知识的掌握程度的差异性，造成学生的知识接受水平不统一，甚至出现两极分化的现象。与传统“填鸭式”的教育方式相比，立体教学模式的教育形式更加多样，不再拘泥于传统的“师讲生听”，包含理论教育、实践教育、学校教育、家庭教育、社会教育、网络教育等。立体教学模式从学生角度出发，认为“生活即教育”“社会即学校”，提倡“教学做相统一”，反对脱离生活的教育，提倡根据学生的不同特点及需求采取不同的教育形式。如针对已经充分掌握理论知识的学生开展实践活动，以增强实践能力；针对基础的理论知识掌握还不够充分的学生加强理论教育，以夯实基础。立体教学模式打破了传统教学模式单一的教育形式，特别强调家庭教育及社会教育的重要作用。通过多样的教育形式强化学生的教学主体地位，让学生更好地投入学习，拓展学生的知识面，增强学生的综合能力。

3. 教育成效更显著

传统教学模式的教学内容枯燥、教学模式单一，容易让学生对学习产生抵触情绪。与传统教学模式相比，立体教学模式所带来的教育成效更加显著。多角度、深层次的教学模式实现了教学方法和教学内容上的创新，运用丰富的教学内容及多样的教学形式提高了教学的实效性，增强了师生之间的互动交流。课堂内，教师运用多方位结合的教学方法，增强学生学习的自主性，让学生成为学习的主人；学生立足学习过程，积极深入地思考，同时加强与教师在课堂上的有效互动。课堂外，学生能够投身到实践活动中，亲近自然、接触社会，深入观察身边的人和事，真正把教育的内容吸收。通过理论与实践相结合，学生将价值观内化于心，外化于行，提高自身的学习主动性和积极性，取得更好的学习效果。

4. 教育资源更广泛

大学生价值观教育系统涉及价值观教育与各层级环境之间的关系。大学生价值观教育立体模式的基本结构由课程、社会、信息文化、情感资源组成。因此，应建立多维度、多渠道、多角度、全方位的资源结构并不断更新，实现资源的优化配置，从而使价值观教育不受限制，成效显著地覆盖大学生的学习和生活。这一立体化资源结构体系可以充分发挥多维教育的影响作用。从宏观层面来看，该体系更加注重大学生价值观教育与整个社会大系统之间的关系，从而能够有效开发和利用社会生活资源并拓展网络信息资源。从微观层面来看，该体系更加注重大学生价值观教育与高等教育中的专业教育及通识教育、校园文化建设之间的关系。建设多样化、丰富性的文化教育环境，更能充分发挥校园环境中软硬件的思想政治教育功能，通过对价值观教育的课程内容、方法进行创新，充分高效地实现显性教育与隐性教育的有机结合。另外，也要重视大学生的心理认知环境，充分运用生活资源对大学生进行人文关怀，关注大学生的心理健康，不断增强大学生对价值观教育内容的心理认同。

（三）立体教育模式的路径选择

单一封闭、刻板平面的传统教育模式早已无法满足受教育主体——大学生的需求。教育模式需要从简单的封闭性、单向型转化成开放性、多向型。摆脱传统教育的困境、提高教育实效性的根本出路是构建立体化模式下的大学生价值观教育新路径。通过对立体化模式下建构的资源体系和资源整合机理进行分析，得出以下五条路径。第一，立体教育要以问题为核心，结合案例不断地讨论和对话，以擦出思想的火花、发生灵魂的碰撞，从而实现立体教育下教学方法和资源的优化配置。以创设情境、提出问题为“凤头”，分析问题、探究解决问题为过程，成果汇总、反馈评价为“豹尾”，合理充分地运用课程资源实现高效配置。第二，社会资源是立体教育模式构建的重要养分。社会服务性的学习模式必不可缺，要将社会服务与高校思想教育有效结合，从而建立多种服务学习的方法。第三，充分利用网络学习路径，实现信息资源的有效配置。在当今“互联网+”迅速发展的条件下，可利用网络平台、通信技术等，开展高校思想政治教育网络公开课，利用微博、微信、抖音、快手等新型网络媒介，构建现代化数字平台，从而进行立体教育网络资源的有效整合。① 这一新路径更突出了立体教育所承载的意识形态、马克思主义理论的思想性和社会主义核心价值体系的文化性。在此基础上，吸收国外网络学习模式的成熟经验并借鉴其有效措施，使立体教育在当下网络学习的热潮中发光发热，充分发挥其教育影响力。第四，大学生在心理、人格成熟关键时期，难免存在认知、心理问题，因此，心理疏导路径是解决思想、道德问题的前提。通过构建心理疏导的常态化、个性化服务模式及心理互助机制，建立心理咨询服务中心，提供常态化的心理支持。第五，大学生的知行合一是在思想道德行为的基础上展开的实践逻辑，可以促进大学生人生观、价值观的稳定。其主要行为与校园文化资源路径有着深层的联系。以大学精神、管理制度、校园物质环境为载体进行校园文化建设，使高校校园文化蕴含的精神因素、信念因素、传统习惯、道德风尚内化为大学生的人格追求、行为准则，也是重要的教育模式和路径。

（四）立体教育模式的最终走向

大学生价值观教育立体化模式是新形势下促进大学生价值观教育发展的一种模式创新，但创新道路需要配备体现战略发展眼光的制度框架设计并得到国家政策体系的积极扶持。由此可见，在立体教育模式的发展中前进性与曲折性并存。在此背景下，首先，通过国家和社区服务，建立有效合理的制度保障，把抓建设与抓治理结合起来，集中力量对人

---

① 黄平．网络媒体视野下大学生社会主义核心价值观教育［J］．继续教育研究，2016（11）：47-49.

民群众反映强烈的道德领域突出问题进行专项整治，激发全社会崇德向善的正能量。结合全面深化改革的进程，做好有关政策、法规的制定和修订工作。其次，定期召开大学生价值观教育工作会议，交流、检查和督促大学生思想政治教育的实施情况，形成强大的思想政治教育合力。最后，完善大学生价值观教育组织管理、评价监督制度，增强高校对大学生价值观教育的重视程度。建设全方位的立体教育制度体系，有效规范大学生的实践行为，更充分地完善各个阶段的教育体制，避免大学生立体教育工作开展的盲目性和随意性，为大学生价值观教育立体化模式构建创造良好的政策、制度环境，保障大学生价值观教育立体化模式实施的有序性、有效性和长效性。

二、新时代大学生价值观的教育模式分析

大学生价值观的形成受社会环境的影响，同时也影响着社会环境。当下，国内外社会环境的差异、社会环境的变化、各种思想潮流的碰撞都影响着大学生价值观的形成。我国非常重视在社会、家庭、学校乃至网络层面培育大学生的社会主义核心价值观与爱国情怀。目前，我国大学生价值观教育以国家为主导，高校主要负责对大学生进行分层分类价值观教育。

（一）社会层面的价值观教育分析

当代青年大学生肩负着特殊的历史使命，是国家的未来、民族的希望。他们能否认同和践行社会主义核心价值观，不仅关系中国未来的发展走向好坏，而且直接影响中华民族伟大复兴中国梦能否实现。

1. 社会教育的重要性

社会教育是家庭教育和学校教育的有效补充，良好的社会教育有利于对学生进行思想品德教育，有利于增长学生的知识、发展学生的能力，有利于丰富学生的精神生活，有利于发展学生的兴趣、爱好和特长。当代青年大学生的生活成长环境较之以往更加纷繁复杂，经济全球化、文化多样化、思想多元化，特别是信息网络化，让广大青年有更多的机会接触外部知识和信息。由于人生经验不足、思想不够成熟、社会实践缺乏，一些青年大学生对错误思潮和信息的甄别能力较弱，很容易受到外

界不良因素的影响，导致思想困惑或价值迷失。在这一时期，不加强思想道德教育，不强化价值观引导，青年大学生就难以明事理、辨是非，将来也难担大任。从社会层面来讲，我国社会对青年大学生价值观教育以宣传和示范为主，通过对典型事件的宣传、身边榜样的树立，影响大学生的价值观。2019 年 9 月 29 日，习近平总书记在国家勋章和国家荣誉称号颁授仪式上强调，“崇尚英雄才会产生英雄，争做英雄才能英雄辈出”。于敏、袁隆平、屠呦呦、张富清、黄文秀等先进人物代表，以及近年来各行各业的先进典型，都对青年大学生具有深刻的教育意义，产生深远的影响。我国正处于自媒体高速发展的时代，微信朋友圈、微信公众号推文、微博热搜等都在向当代大学生传播国家的发展成就，宣传国家高速发展背后默默奉献的平凡人。应将榜样学习与价值观教育结合起来，使原本抽象的社会主义核心价值观变得具象化、鲜活化。

2. 社会教育的主要内容

2019 年 10 月，中共中央、国务院印发了《新时代公民道德建设实施纲要》，提出要“着眼构筑中国精神、中国价值、中国力量”，“在全民族牢固树立中国特色社会主义共同理想”。在道德观上要“坚持马克思主义道德观、社会主义道德观，倡导共产主义道德，以为人民服务为核心，以集体主义为原则，以爱祖国、爱人民、爱劳动、爱科学、爱社会主义为基本要求，始终保持公民道德建设的社会主义方向”，要求学校“把思想品德作为学生核心素养、纳入学业质量标准”，“把公民道德建设的内容和要求体现到各学科教育中”，把社会教育与学校教育、家庭教育之间模糊的边界日益消解。这就要求我们树立大教育观，发动全社会各领域尽其所能，更好地贯彻落实党的教育方针，培养担当民族复兴大任、实现伟大梦想的合格公民。

2019 年 11 月，中共中央、国务院印发《新时代爱国主义教育实施纲要》，指出要“着力培养爱国之情、砥砺强国之志、实践报国之行”，坚持把实现中华民族伟大复兴的中国梦作为鲜明主题，坚持爱党、爱国、爱社会主义相统一，坚持以维护祖国统一和民族团结为着力点，坚持以立为本、重在建设，坚持立足中国又面向世界，把“坚持用习近平新时代中国特色社会主义思想武装全党、教育人民”“深入开展中国特色社会主义和中国梦教育”“广泛开展党史、国史、改革开放史教育”“强化祖国统一和民族团结进步教育”等作为基本内容，体现了鲜明的时代特征。此外，文件中还明确要面向全体人民、重点关注青少年，把爱国主义教育的重中之重放在青少年身上。

2020 年 3 月，《中共中央 国务院关于全面加强新时代大中小学劳动教育的意见》中提出：“以习近平新时代中国特色社会主义思想为指导，全面贯彻党的教育方针，落实全国教育大会精神，坚持立德树人，坚持培育和践行社会主义核心价值观，把劳动教育纳入人才培养全过程，贯通大中小学各学段，贯穿家庭、学校、社会各方面，与德育、智育、体育、美育相融合，紧密结合经济社会发展变化和学生生活实际，积极探索具有中国特色的劳动教育模式，创新体制机制，注重教育实效，实现知行合一，促进学生形成正确的世界观、人生观、价值观。”劳动教育应把握育人导向、遵循教学规律、体现时代特征、强化综合实施、坚持因地制宜等原则，在此基础上全面构建彰显国家特色、时代特征的劳动教育体系。根据大中小学学段的不同特点，在其中设立不同的劳动教育必修课程，系统加强劳动教育。

2021 年 9 月，中央宣传部、中央政法委、全国人大常委会办公厅、司法部印发《关于建立社会主义核心价值观入法入规协调机制的意见（试行）》，对于社会主义核心价值观融入法治建设，成为全体人民的共同价值追求进行了法治安排和部署。党的十九届五中全会审议通过的《中共中央关于制定国民经济和社会发展第十四个五年规划和二〇三五年远景目标的建议》中提出，建立社会主义核心价值观践行的规范机制。把社会主义核心价值观的践行要求融入市民公约、乡规民约、学生守则等行为准则之中，把社会主义核心价值观的要求贯穿到依法治国的实践中，用法律的硬约束推动社会主义核心价值观转化为公民的自觉追求和行动。我国大学生价值观教育制度已成为构建和完善高校价值观教育体系强有力的支柱，是规范和引导大学生学习和践行社会主义核心价值观的根本遵循。

3. 社会教育的实施路径

一是落实和强化思想理论教育及价值观引导。文化自信是对中华优秀传统文化的传承与自我信念精神的捍卫，坚定文化自信是新媒体环境下青年爱国情怀表达的根。对于任何人来说，爱国都是一生的事业。需要指出的是，爱国情怀的表达并非没有边界。因此，对于社会主义制度下的高校而言，需确立理想信念教育的首要地位，抓细抓实马克思列宁主义、毛泽东思想的教育学习，同时系统性地开展中国特色社会主义理论体系的教育学习，在此过程中深刻领会习近平总书记系列重要讲话精神，引领高校师生深入学习党中央治国理政的新思想、新战略、新方针，坚定中国特色社会主义的道路自信、理论自信、制度自信、文化自信。

二是传承和弘扬中华民族优秀传统文化、革命文化、社会主义先进文化，推动优秀传统文化进一步融入日常生活，加强革命文化及社会主义先进文化的学习。在此过程中尤其要注重在全社会开展党史、新中国史、改革开放史和社会主义发展史教育，利用我国历史进程中的伟大成就展播、国家公祭仪式、重大历史事件纪念活动等，在红色教育基地、爱国主义教育基地等平台开展各类主题教育，不断弘扬以爱国主义为核心的民族精神和以改革创新为核心的时代精神。

三是加强高校马克思主义学院建设。构建马克思主义理论研究、宣传、教学和人才培养的坚实阵地，要支持有条件的高校开设马克思主义理论相关专业，实施马克思主义理论研究、建设和宣传工程。同时，进一步发挥哲学社会科学的育人功能，完善哲学社会科学学科体系建设，强化马克思主义理论学科的引领作用，构建中国特色哲学社会科学学科体系。在此过程中，还要加强对课堂教学和其他思想文化阵地的建设及管理，注重校园网络安全管理，营造积极正面、风清气正的网络环境。

四是建立健全地方党委抓高校思想政治工作落实的制度。切实加强地方党委的组织领导和工作指导，坚持和完善地方党委定期调研、领导干部联系高校等规范和制度，建立各级部门协同合作常态机制，形成党委统一领导、党政齐抓共管、职能部门协调落实、社会各方积极参与的工作格局。高度重视中外合作办学中党的建设和思想政治工作，不断探索党组织发挥政治领导核心作用的有效途径，完善政策保障、战略引导和经费支持，为不断提升高校思想政治工作实效创造有利条件。

（二）家庭层面的价值观教育分析

高楼万丈，关键在地基；树高千尺，营养在根部。家庭是社会的基本细胞，家庭的前途命运同国家和民族的命运紧密相连。党的十八大以来，习近平总书记站在培养担当民族复兴大任的时代新人、确保党和国家事业后继有人的高度，就家庭教育作出一系列重要论述，党的十九大和十九届四中、五中全会对家庭教育提出明确要求，为通过立法引导全社会注重家庭、家教、家风，使千千万万个家庭成为国家发展、民族进步、社会和谐的重要基点指明了方向。

1. 家庭教育的重要性

家庭教育有广义和狭义之分。广义的家庭教育是指家庭成员之间的相互教育；狭义的家庭教育是指父母或者其他监护人对未成年人进行的道德品质、身体素质、生活技能、文化修养、行为习惯等方面的培育、引导和影响。家庭教育是一切教育的基础，父母是孩子的第一任老师，承担着教育孩子的第一责任。家庭对一个人的成长有着巨大的影响，称得上最早的学校。一个人对客观现实的认识，往往是从家庭环境和家长的言行举止开始的。孩子出生后，从小到大，有很长的时间生活在家庭之中，接受着家长的教育。这种教育是在有意和无意、有计划和无计划、自觉和不自觉之中进行的，不管以什么方式、在什么时间进行教育，家长都以其自身的言行、随时随地的教育影响着孩子。这种教育对孩子的生活习惯、道德品行、谈吐举止的影响和示范作用相当大，且伴随着人的一生，因此有些教育家又把家长称为终身教师。我国自古以来就有重视家庭教育的优良传统。如今受应试教育的影响，家长们对学龄前教育和基础教育十分重视，有些甚至不惜一切代价让孩子进重点小学、中学。可是当孩子考入大学后，不少家长认为孩子被送进了“保险箱”，并且他们已经长大成人了，家庭教育就不那么重要了，对孩子的家庭教育也就不那么重视了，结果导致大学生家庭教育弱化趋势明显，影响了我国高等教育总体质量的提高。家庭教育问题自古以来就受到人们的关注，但被作为一种学科进行研究，在我国是近年来的事情。千千万万个家庭在教育方面的成效可以影响整个国家和社会的稳定与发展，可以说这是时代的发展、人才的需求及国民整体素质提高所必须关注和重视的问题。因此，家庭教育对于治国安邦具有重要的价值和作用。

2. 家庭教育的主要内容

思想品德教育是大学生家庭教育最重要的内容，对于培养社会主义可靠接班人具有重要的作用。思想品德教育包括正确的世界观、人生观、价值观、政治观、道德观的培养。世界观决定人们观察问题、处理事情的根本立场和态度，世界观教育主要包括辩证唯物主义、历史唯物主义和马克思主义认识论教育。人生观对于人们认清人生目的和意义，保持正确的人生方向，战胜困难、抵制不良思想的侵袭，获得事业的成功和生活的幸福具有重要的意义。人生观教育主要包括人生理想教育、人生价值观教育、人生态度教育。价值观是引导人们行为的价值和尺度，价值观教育就是要引导和教育大学生形成集体主义观念，坚持集体主义原则，正确处理好个人与集体的关系。政治观教育就是要对大学生进行党的基本路线教育、形势与政策教育和社会主义爱国主义教育。道德观教育主要包括集体主义原则教育、社会主义人道主义教育、社会公德教育、家庭道德教育、职业道德教育。

大学生家庭教育的基本内容主要有以下三个：一是社会适应能力教育。在飞速发展的现代社会，大学生必须具备适应社会发展的能力。社会适应能力教育主要包括独立生活能力和人际沟通能力的培养。独立生活能力的培养包括良好的生活习惯、健康的生活方式、自我教育和管理能力的培养。人际沟通能力的培养主要是让大学生掌握人际沟通的原则和技巧，学会处理人际沟通中经常遇到的问题。二是身心健康教育。身心健康是现代人才的必备条件和对其的基本要求，然而，当前大学生身心素质不容乐观是一个不争的事实。教育部曾对 12 万名大学生的身心健康进行了一项抽样调查。调查显示，28%的大学生因心理压力而患心理疾病。身心健康教育就是培养大学生的健康意识，让大学生懂得身心健康的意义，了解身心健康的标准，积极进行必要的体育锻炼，养成健康的生活方式，完善自身的心理防御机制，确保身心健康发展。三是审美情趣教育。审美情趣教育是大学生家庭教育的基本内容。随着物质文明的发展和大学生精神需求的提升，大学生审美情趣教育显得尤其重要。审美情趣教育就是要引导大学生树立正确的审美观，培养健康的审美意识，提高分辨美丑的能力和艺术鉴赏水平，抵制不良文化的侵袭，发现美并创造美，实现内在美与外在美的统一，做到心灵美、语言美、行为美和环境美。

此外，生命教育也是家庭教育不可或缺的一部分。人是一种生命的存在，人最宝贵的是生命，生命是智慧、力量和一切美好情感的唯一载体。然而，在以往的教育过程中，无论是社会教育、家庭教育还是学校教育，对生命教育都涉及较少，这不能不说是一种遗憾。家庭是生命的诞生地，是与大学生的生命连接最为密切的地方，因此家庭教育在实施生命教育上具有独特的优势。

3. 家庭教育的实施路径

2021年10月23日，第十三届全国人大常委会会议表决通过了《中华人民共和国家庭教育促进法》（以下简称《家庭教育促进法》），这是我国首次就家庭教育进行专门立法，为家校社和谐育人提供了遵循。《家庭教育促进法》把贯彻科学的家庭教育理念和方法等内容以法律条文的形式做出了明确的规定，要求从“根部”做起。此法明确了家庭教育的责任和行为，改变了以往家校边界模糊、责任不清的教育窘境，开启了家校社育人的新时代。教育是“家事”也是“国事”，《家庭教育促进法》有助于形成家校社共育的教育格局，有助于学生德智体美劳全面发展。家庭教育不是学校教育的附庸和延伸，家庭、学校、社会应形成一个“闭合链”，合力推动教育的发展。只有全社会形成重视家庭教育的良好氛围，家庭教育才能不断发展。《家庭教育促进法》的出台，让家庭教育向着以法治为引领和驱动、以社会主义核心价值观为主要内容、以立德树人为根本任务的新模式转变成为可能。

新时代家庭教育的实施，要求我们必须站在实现中华民族伟大复兴战略全局的高度，正确理解《家庭教育促进法》，强化责任担当，把这部法律的学习宣传和贯彻实施抓紧抓实、抓出成效。一是突出“以德为先”的鲜明导向。当前，无论是国家、社会、学校，还是家庭，都需要家庭教育和家庭文化的创新和重塑。新时代家庭教育的关键是德育，核心内容是教育未成年人爱党、爱国、爱社会主义；教育未成年人崇德向善，培养良好的社会公德、家庭美德、个人品德意识和法治意识，培育和践行社会主义核心价值观，根本目标是培养担当民族复兴大任的时代新人。因此，要坚持用习近平新时代中国特色社会主义思想铸魂育人，厚植社会主义、爱国主义情怀，用好红色文化资源，加强党的优良传统和作风教育，把立德树人贯穿到家庭教育的全过程、各方面，重点研究立德树人在家庭教育中的具体内容、衡量标准和践行要求。二是把德育作为基本内容和核心要素，研发制作一批导向正确、科学规范、内容健康、向上向善的大学生思想道德建设家长读本和实用手册，切实把立德树人的要求落细落实、落到家庭；坚持问题导向，凝聚各方智慧，充分发挥专家学者队伍的智库作用，积极回应广大家长对家庭教育的新期待、新需求、新展望，创新家庭教育指导服务的方式、方法，运用好“互联网+家庭教育”的新技术平台，着力推动研究解决家庭教育发展中的新情况、新问题，共同做好家庭教育支持服务工作。三是充分调动各方面的积极性，特别是做好家校配合，形成社会协同、共同发力、全链条的工作机制。《家庭教育促进法》明确规定，教育行政部门、妇女联合会统筹协调社会资源，协同推进覆盖城乡的家庭教育指导服务体系建设，并按照职责分工承担家庭教育工作的日常事务。妇女联合会发挥妇女在弘扬中华民族家庭美德、树立良好家风等方面的独特作用，宣传普及家庭教育知识，通过家庭教育指导机构、社区家长学校、文明家庭建设等多种渠道组织开展家庭教育实践活动，提供家庭教育指导服务。

（三）学校层面的价值观教育分析

与社会教育和家庭教育比较而言，学校教育的独特性首先体现在它的专业性上。学校环境作为一种育人的隐性课堂，是学校育人体系的一个重要组成部分，反映着教育者的现代教育理念和育人构想，在学校教育活动中发挥着特殊的作用。

1. 学校教育的重要性

学校教育事关广大青年学生的健康成长、事关国家和民族的前途与命运，影响深远，意义重大。从学校层面来看，大学生的心理和生理特征决定了大学阶段是人的价值观形成的关键时期。高校作为意识形态工作的前沿阵地，承担着培育大学生价值观的重要任务。良好的学校氛围可极大地促进大学生正确价值观的形成。党的十八大报告从国家、社会、个人三个层面明确了社会主义核心价值观的具体内容，同时提出了我国高等教育必须坚持立德树人的根本任务。2021 年 7 月 12 日，中共中央、国务院印发的《关于新时代加强和改进思想政治工作的意见》中要求，加强学校思想政治工作，加快构建学校思想政治工作体系，实施时代新人培育工程，完善青少年理想信念教育齐抓共管机制，培养德智体美劳全面发展的社会主义建设者和接班人。因此，在新时代下高校要紧紧围绕立德树人的根本任务，把思想政治教育摆在突出位置，积极构建“大思政”育人格局，推动新时代高校思想政治工作创新发展；“要坚持不懈培育和弘扬社会主义核心价值观，引导广大师生做社会主义核心价值观的坚定信仰者、积极传播者、模范践行者”①。

2. 学校教育的主要内容

大学生价值观教育制度，是将所涉及的教育活动、教育课程、教育内容等加以规范，形成可供高校参照和实施的标准化、系统化的规章制度。大学生价值观教育制度的制定和实施，可确保大学生价值观教育的针对性和实效性，让高校在明确价值观教育的具体内容、教学方法、考核方式等各项方案以及解决价值观教育中突发问题时更加有章可循、有据可依，是建立健全大学生价值观教育体系的有效保障。党的十九大提出了建设教育强国是中华民族伟大复兴基础工程的观点，做出了优先发展教育事业、加快教育现代化、建设教育强国的重大部署。在建设社会主义现代化强国、实现中华民族伟大复兴的中国梦、满足人民对美好生活向往的进程中，我们更加可以看出教育的基础性、先导性、全局性地位和作用。由此可见，加快推进教育现代化必须即刻提上议程。2019 年 2 月，中共中央、国务院印发的《中国教育现代化 2035》绘制了教育强国的目标蓝图，是贯彻落实党的十九大精神和全国教育大会精神、加快教育现代化进程的重要举措，具有重大的战略意义。《中国教育现代化 2035》具有全局性、战略性、指导性，是我国第一个以教育现代化为主题的中长期战略规划，是新时代建设教育强国、推进教育现代化的重要纲领性文件。2035 年对我国来说是基本实现社会主义现代化的重要时间节点。教育现代化是教育高水平发展的表现，是一种整体提升，涉及普及、公平、结构、质量等方面。《中国教育现代化 2035》提出，推进教育现代化的总体目标是，到 2035 年总体实现教育现代化，迈入教育强国行列。这一提法充分彰显了我国的战略方针为教育优先发展，战略意义在于面向世界、面向未来、立足当前。由此可见，该规划立足世情国情，发挥前瞻引领作用，注重实施落地，力求改革创新，注重服务国家、服务人民，回答了一个重大理论和实践问题，即什么是中国教育现代化。

《中国教育现代化 2035》第一次绘制了中国教育现代化的全景，提出

---

① 习近平. 把思想政治工作贯穿教育教学全过程 开创我国高等教育事业发展新局面[N]. 人民日报，2016-12-09（1）.

了 2035 年的八个主要发展目标，即建成服务全民终身学习的现代教育体系、普及有质量的学前教育、实现优质均衡的义务教育、全面普及高中阶段教育、职业教育服务能力显著提升、高等教育竞争力明显提升、残疾儿童少年享有适合的教育、形成全社会共同参与的教育治理新格局。这八个主要发展目标具体形象、真实可感，全面勾勒出到 2035 年，我国教育发展的美好蓝图和教育强国的良好风貌，为我国教育的持续性高质量发展指明了努力的方向。推进中国教育现代化，必须厘清中国教育现代化与国外教育现代化的本质区别，并回答如何处理和平衡以下几种关系：传统与现代的关系、当下与未来的关系、理论与行动的关系。《中国教育现代化 2035》明确提出了推进教育现代化的指导思想，提出了中国教育现代化的八大基本理念，重点部署了面向教育现代化的十大战略任务，为实现规划中的蓝图绘制了路线图，制定了时间表。

3. 学校教育的实施路径

当前，中国大学生价值观教育主要以理论课程和实践活动两种模式协同进行。思想政治理论课程是中国在校大学生的必修课，应严格落实学分制。以本科生为例，“马克思主义基本原理概论”课 3 学分、“毛泽东思想和中国特色社会主义理论体系概论”课 5 学分、“中国近现代史纲要”课 3 学分、“思想道德修养与法律基础”课 3 学分、“形势与政策”课 2 学分。通过思想政治理论课对大学生进行马克思主义理论全面性、系统性的教育，一方面有助于巩固马克思主义在我国高校意识形态领域的指导地位，另一方面也可彰显我国高校坚持社会主义办学方向的成效。高校思想政治理论课是全面贯彻党的教育方针、落实立德树人根本任务的重要渠道和灵魂课程，是巩固和提升高校思想政治工作，实现高等教育内涵式、跨越式发展的核心课程。通过课程的建设和完善，全面、系统地推动习近平新时代中国特色社会主义思想进教材进课堂进学生头脑，培养担当民族复兴大任的时代新人。高校的思想政治理论课程对大学生进行马克思主义理论知识的教育，要求大学生了解历史、铭记历史，时刻关注与自身紧密相连的国家经济、政治、文化、教育等领域，扎实推进大学生思想政治教育工作发展，从而提高我国大学生的道德素养、人文修养和专业素质。实践是检验真理的唯一标准，可提高大学生的创新能力和实践能力，我国高校在进行价值观教育时应注重理论和实践相结合，引导大学生通过参与社会实践加深对课堂理论知识的理解和掌握。2018 年 4 月 12 日，教育部印发的《新时代高校思想政治理论课教学工作基本要求》中明确规定：从本科思想政治理论课的现有学分中划出 2 个学分、从专科思想政治理论课现有学分中划出 1 个学分，开展本专科思想政治理论课实践教学。学生既可通过参加教师组织的实践教学获得学分，也可通过申请的方式，即提交与该课程学习相关的实践成果获得学分。一方面，实践教育打破传统的灌输式教育方式，避免学生对价值观教育和思想政治教育产生抵触情绪，激发学生的学习热情和兴趣，利用实践活动可加深大学生对价值观教育的理解与感悟，提升价值观教育的实效性。另一方面，理论与实践相结合的培养模式，促使学生在实践中积累更多的经验，在解决问题的过程中不断提升个人的思维能力和创新能力。

此外，高校也在不断发挥思政课育人主渠道作用，推动课程思政走深走实。2019 年 3 月 18 日，习近平总书记主持召开学校思想政治理论课教师座谈会并发表重要讲话，以鲜明的问题导向与目标导向，深刻阐述了讲好思政课的重大意义，对提高思政课教师素养、推动思政课改革创新、加强党对思政课建设的领导等方面作出全面部署。2021 年全国两会期间，习近平总书记指出，“思政课不仅应该在课堂上讲，也应该在社会生活中来讲”“‘大思政课’我们要善用之，一定要跟现实结合起来”。这些重要论述为做好新时代思政教育工作、进一步创新教学改革指明了方向。思想政治理论课是落实立德树人根本任务的关键课程，高校要理直气壮开好思政课，增强思政课的针对性、思想性和亲和力，让思政课成为使大学生终身受益的课程。同时，要解决好各类课程与思政课相互配合的问题，发挥所有课程的育人功能，使各门课都“守好一段渠、种好责任田”。要善于在通识课和专业课中挖掘思政资源，找准课程思政教育的抓手和着力点，让思政教育贯穿教学全过程，将各门课程中蕴含的政治认同、家国情怀、文化素养等思政元素与专业知识有机融合，达到润物无声的育人效果。

（四）网络层面的价值观教育分析

2014 年 10 月，习近平总书记在古田全军政治工作会议上强调，政治工作过不了网络关就过不了时代关。2016 年全国高校思想政治工作会议上，习近平总书记进一步指出，要运用新媒体新技术使工作活起来，推动思想政治工作传统优势同信息技术高度融合，增强时代感和吸引力。当前，新媒体新技术发展带来的变革性影响愈发明显和突出，信息网络正成为影响社会各个方面的重要因素。推进信息网络时代思想政治教育提质增效，已成为摆在大学生思想政治教育工作者面前的时代课题。

1. 网络教育的重要性

环境的育人作用一直备受重视。马克思主义哲学认为，物质决定意识，意识反作用于物质，人受环境的规定，环境影响人的成长。1845 年，马克思在《关于费尔巴哈的提纲》中提出了“人的本质在其现实性上是一切社会关系的总和”的著名论断，指出人的思想、行为等是在周围的经济、政治、思想、道德等多方面因素的相互作用下形成的。青年大学生是与新时代共同成长前进的一代，肩负时代赋予的使命与责任。新时代大学生要树立法治意识。网络并非法外之地，表达爱国情怀也不能攻击谩骂别人，更不能违法犯罪。针对青年聚集度很高的网络平台，新媒体要承担起引导青年树立正确价值观的社会责任，引导用户遵守网络道德法规。相关职能部门要不断完善网络监管体系，努力建设风清气正、健康向上的网络空间。① 在互联网时代，高校要充分认识到网络文化建设在全面提高大学生素质中所起的重要作用。网络思政育人可以实现教育载体的有效延伸，提高学生的主体参与度，强化思政话语的传播力，提升思政教育的亲和力和针对性，是时代发展所需，是青年成长成才所需。构建网络思政育人格局是思想政治教育改革创新的重要路径，是落实立德树人根本任务的重要举措，是把互联网这个最大变量变成教育事业发展最大增量的关键一环。

2. 网络教育的主要内容

作为互联网的“原住民”，青少年网民具有“与生俱来”的使用网络的习惯、更加全面的网络技能、多元的世界观、自主的学习能力以及建设者的角色心态。高校不应把网络视为洪水猛兽，与青少年的成长对立起来。虽然青少年的网络行为面临一些安全问题，但网络也是重要的放

① 包雅玮. 新媒体环境下青年爱国表达的新特征：以“B 站”弹幕文化为例［J］. 中国青年研究，2021（7）：96-101，109.

松身心、学习成长的途径。正确看待青少年网络行为是实现合理、有效的教育引导的前提。在建立保护体系的同时，培养青少年正确的网络观念和认识才是重中之重的。因此，高校要不断加强安全技术和管理的创新，净化网络空间；通过完善的技术手段和管理规程，坚决打击网络中传播不良信息、窃取个人信息等行为，维护网络空间清朗，从客观上减少青少年受到各类侵害的可能性。

自 2010 年以来，北京大学青年研究中心率先启动“网络育人系统工程”。该中心以北大未名 BBS 为例，分别探讨了北大未名 BBS 校园定位、高校网络舆情综合引导，以及校园网络文化的制度建设和组织管理。该中心于 2013 年提出各高校要高度重视网络素养教育，并于 2014 年开始对高校网络育人工作进行系统思考与实践探索。2015 年，中心主任蒋广学提出了“全环境育人”的理念，同时提供了几种探寻全环境育人视角下网络思想政治教育实践路径的观点。2016 年 5 月，广州高校针对新媒体加速崛起的新态势，在广东省教育厅的倡导下，建立了广东高校新媒体联盟，联盟聚合全省高校新媒体力量，建立高校新媒体矩阵，开展高校舆情联动。2017 年 12 月，教育部发布《高校思想政治工作质量提升工程实施纲要》，明确要求高校“创新推动网络育人”。网络育人是高校思想政治教育顺应时代潮流，在工作方法上坚持“因势而化、因时而进、因势而新”的结果，对激发高校思想政治教育活力、拓宽高校思想政治教育渠道、整合高校思想政治教育资源具有重要意义。

当前，我国高校针对网络影响时时处处事事存在的现状，积极搭建网络育人平台，通过指导学生用好校内外网络平台，各类主题网站、微信公众号、互联网社区、QQ 空间等网络思政平台，致力于网络空间思想政治工作话语能力培养，遵循时代发展趋势和学生成长成才规律，促进“课内课外、网上网下、校内校外”多维互动，运用互联网理念和思维打造指尖上的教育平台，营造良好的立德树人网络生态。

3. 网络教育的实施路径

一是建立“显”“隐”结合的网络教育体系。当前，互联网已经成为大学生生活、学习的新空间，也是高校教学和管理的重要平台。信息网络时代，思想文化信息传播方式正在发生革命性的变化，以单向、线性、延时传播为主的传统传播方式，正在向多维、立体、瞬时的新传播方式演变，这既为每个人自由获取信息、传播话语创造了前所未有的条件，也给思想政治工作者掌控意识形态主导权、话语权带来前所未有的挑战。习近平总书记对思政课改革创新提出坚持八个“相统一”的要求，其中之一就是“坚持显性教育和隐性教育相统一”。落实这一要求，就必须探索建立“显”“隐”结合的网络教育体系，既坚持旗帜鲜明的立场，理直气壮运用新媒体新技术讲好大道理，发挥思想政治教育明道、信道的政治引领功能，又注重润物无声的育人效果，积极适应青年的思想行为新特点，善于运用视频、图片、动漫等技术载体丰富教育表达形式，使教育形式更为青年所喜闻乐见，真正实现寓教于网、寓教于乐。

二是建立专业化的网络队伍，守住网络育人阵地。在互联网这个战场上，我们能否顶得住、打得赢，直接关系到我国的意识形态安全和政权安全。在国际形势复杂多变、社会思想文化频繁交锋、意识形态领域斗争激烈的今天，思想政治工作者必须坚持党对思想政治教育的领导，肩负起筑牢“网上长城”、打赢网上意识形态领域斗争主动仗的重要责任。一方面，组建一支由辅导员、思政教师、党务工作者等为主要力量的网络思想政治教育队伍，通过建立师生互动社区、贴吧等，把互联网建设成为培育和弘扬社会主义核心价值观的重要阵地，守护好网络精神家园；另一方面，从专业课教师队伍里选聘在网络上和学生中有影响力的教师，组建一支政治素养高、业务能力强、掌握校情民意、知网懂网且善于用网的网络评论员、新闻通讯员、网络信息员队伍，鼓励他们把立德树人的作用扩展至网络空间。这就要求高校教育工作者充分把握信息网络时代思想政治教育出现的新情况新变化新规律，探索运用青年喜闻乐见的网络化沉浸式交互性教育方式，利用互联网、大数据等新媒体新技术开办网上课堂、微课教育等，切实强化青年大学生对马克思主义意识形态的认知认同。

第五章　中英大学生价值观教育的现实考量

中英两国的历史文化有各自独特的渊源，价值观教育既能促使大学生的道德观念与社会发展要求相一致，也有特定的坐标维度。当代大学生所处的时代背景、成长环境及其社会阅历、角色设定等都是影响其价值观教育的主要因素。正确价值观的培育和形成不仅影响着大学生自身道德品行、思想素质的发展，也关系着国家事业的建设与发展。

一、英国大学生价值观教育的基本情况

在英国，英格兰、苏格兰、威尔士和北爱尔兰的教育体制不尽相同，其中，英格兰与威尔士的教育体制相似，在理论研究中重点探讨英格兰的价值观教育，主要针对公办高校价值观教育情况展开调研及论述。作为实行君主立宪制的老牌资本主义工业化国家，英国拥有完善的资本主义制度、发达的宗教体系和多元的现代文明，这些因素共同作用形成了英国独具特色的大学生价值观教育。

（一）价值观教育的理念源泉

英国是一个四面临海的岛屿国，得天独厚的地理条件使得英国成为以对外贸易为主的国家，长期以来的对外贸易使英国产生了多元文化和平等、独立、开放的价值观思想。英国也确立了政教一体的政治格局，重点关注社会公正问题，并逐渐形成人道、民主的价值观。地域环境、宗教信仰和思维方式成为影响英国价值观的重要因素。英国价值观教育经历了漫长的历史发展过程，要深层探究其大学生价值观教育，就必须加深对其逻辑起点的认识，全面认识与理解英国大学生价值观教育的发展过程，通过梳理发展过程，发现英国大学生价值观教育存在的普遍现象并总结其基本规律。回顾英国大学生价值观教育的发展历史，针对英

国大学生价值观教育理念渊源开展研究，有助于厘清价值观教育特征形成的社会历史文化背景，把握大学生价值观教育的内在规律与发展趋势。

英国核心价值观源于群体意识被商品介入打破而建立起来的个人主义。个人主义以资产阶级思想意识形态体系和资产阶级抽象的人性论①为理论基础，追求个人本位、个人自由、个人权利、个人建树及个人享受，利己主义是其核心。作为英国核心价值观的思想基础，个人主义贯穿于英国价值观体系的方方面面，是英国核心价值观根本性质的体现。在多元文化背景下，英国新工党执政后探索走出困境、重新崛起的道路，提倡强化公民的国家荣誉感及归属感。因此，英国政府大力提倡发展公民教育，以公民教育带动英国价值观教育；通过高校价值观教育，帮助大学生理解个人的权利和义务、国家的法律体制及发展目标。此外，英国政府还注重融入宗教教育。两次世界大战对英国的经济、社会稳定造成了严重的打击，但是宗教信仰仍然是人们追求的价值观念，因宗教而形成的价值观念已经成为人们心灵的一种慰藉。2014 年伯明翰“特洛伊木马”事件使英国政府感受到威胁，从而进一步推行学校价值观教育，以此来增强社会凝聚力。受传统文化影响，英国核心价值观的推行中仍存在“帝国主义的优越感”②。英国在实施公民教育的同时，充分发挥个人作用，将传统文化与社会实际相融合，加强国民对国家、种族、文化的理解，从而增强价值观教育的实效性。

在英国，受到经济、政治、文化等因素的影响，19 世纪末的一段时期内传统思想仍根深蒂固。随后，经过一系列改革，独具英国特色的价值观教育体系形成了。英国的大学生思想政治教育比较注重个人的独立性和创造性的培养，尊重个性，包容多样化，采用开放式的教育，让学生经过自己的理智思考选择或者形成个人观点和价值标准。第二次世界大战后，世界发生了翻天覆地的变化。社会大环境不再稳定甚至危机四伏，同时出现了文化多元化的现象。20 世纪 60 年代，英国开始将公民道德教育不断引向正轨，在这一过程中社会道德委员会发挥了不可替代的

① 樊永刚，曹大文．中国社会主义核心价值观与英国核心价值观比较［J］．前沿，2008（12）：30-33．

② 刘香檀．身份的缺失：论英国核心价值观教育中民族问题的处理失当［J］．吉林省教育学院学报，2018，34（4）：31-34．

作用，它针对学校的道德教育制订了统一的教学计划，通过感性和理性相结合的方式，注重教育者和被教育者的双向交流。英国高校在对大学生进行价值观教育的过程中，重视从大学生主体的需要出发，营造情景氛围，激发大学生主体的主动参与热情，使教育者与被教育者产生心灵上的共鸣。另外，英国大学生思想政治教育实践重视学校、家庭、社会教育的一致性和协调性，并且充分利用宗教信仰和宗教信息中的有益部分对大学生进行教育。

英国的价值观教育起源于宗教信仰，在很长一段时间里，宗教信仰对人们的道德行为产生了深远的影响。英国基督教信徒们总是把自己的成功归因于上帝的赠予和恩宠，常怀一颗感恩的心辛勤劳作，推崇对社会和人类的博爱。这种被宗教信仰包围的社会认识，使英国大学生认为宗教神学的力量大于一切。因此，从英国历史发展来看，英国大学生价值观教育总与宗教教育有着千丝万缕的联系。第二次世界大战后，英国成为一个多种族混合、多文化碰撞的国家，资本主义文化与本土文化相结合，形成英国价值观教育独特的“绅士文化”，并在此基础上形成英国“核心价值观”教育体系，影响着英国大学生的价值观教育。

个人的价值观在形成过程中会受到很多因素的影响，如历史文化发展、时代背景、成长环境、社会阅历、角色认定等。其中，国家历史文化发展渊源在国人价值观的形成与完善中起关键作用，文化对个人的影响不仅长久深远，而且由内而外、由思想到行为。作为典型的西方国家，英国文化可追溯到古代的希腊文化、罗马文化和希伯来文化。第二次世界大战之前，英国的民族构成比较复杂，由日耳曼人、撒克逊人、盎格鲁人共同构成。第二次世界大战以后，百废待兴的英国急需开展国家的恢复重建工作，对劳动力的迫切需求使外来移民陆续涌入。英国在1948年开始实行自由移民政策，伴随着移民问题而产生的文化多元，成为英国政府需要面对的问题。移民众多、来源不同、信仰复杂造成他们文化底蕴的差异性。在这样的文化多元共存背景下，英国人自然而然地形成自由、独立、信仰宗教的价值观思想。西方文明的传统给英国带来了自由、民主、平等、理性，宗教文化给英国带来了感恩、责任和博爱，本土特色的“绅士文化”使英国人崇尚社会化的个人主义，追求人格独立和个性发展。①

（二）价值观教育的历史变迁

英国在价值观教育中重视核心价值观教育体系的构建，使公民的道德观念、政治素质符合本国政治经济发展的需要。

英国大学生价值观教育的发展历程，按时间段主要分为第二次世界大战之前的价值观教育、第二次世界大战至20世纪70年代的价值观教育和20世纪70年代至今的价值观教育三个阶段。

在英国《初等教育法》颁布之前，英国价值观教育重视绅士教育，道德教育以早期宗教教育和古典绅士教育为主，旨在培养古典绅士，即按照社会秩序并通过强制宗教教育的方式，以培养贵族的绅士品格为主；1870年《初等教育法》颁布之后，英国开始提倡教育的世俗化，但是依然摆脱不了宗教教育的影响，在道德教育的实施过程中，处处彰显以宗教教育为主的特色。1944年英国颁布《巴特勒教育法》，充分肯定了宗教教育的模式。随着英国社会政治、经济、文化的发展，实证主义、人本主义、经验主义等教育思潮兴起，英国引进美国社会学科教育，主张个性自由，旨在为新型工业社会培养合格的公民。在第二次世界大战以前，英国大学生价值观教育实行以民主自由、超民族、超阶级的普世价值观为主，这种普世价值观是在西方资本主义私有制的基础上建立起来的。这种价值观理念指导下的大学生价值观教育仅仅代表着一部分人的自由和价值观，因而存在一定的局限性和片面性。20世纪末，随着英国经济模式的转型，英国不再满足于传统的原产品加工和低端制造工业发展，开始转向服务经济高效能工业，促进了经济全球化的发展。在此背景下，英国逐渐形成多元化的社会格局，社会问题不断凸显。为解决社会矛盾，缓解多元价值冲突，英国政府空前重视道德教育，推广共享价值观，倡导以公平正义、维护法律法规、互相尊重等为主要内容的价值观。② 随后，价值观教育在英国迅速兴起。

在第二次世界大战至20世纪70年代，长期的战争给英国价值观教育带来了难以消除的影响。这一时期英国的价值观教育与宗教教育紧密联

① 马健生，孙珂．在传统与现代之间：英国大学生主流价值观教育探析［J］．外国教育研究，2011，38（10）：20-25.

② 吴亚林．价值与教育［M］．北京：北京师范大学出版社，2009.

系在一起，逐渐形成特色鲜明的西方价值观教育体系。宗教教育成为各大高校价值观教育的重要内容。在此背景下，英国将价值观教育的地位提升到关系国家民族盛衰兴亡的高度，实行公正、民主的公共教育制度，这为英国公民教育的推行和教育民主化改革的兴起打下了基础。

自20世纪70年代起，公民教育逐渐成为英国教育的主要内容。英国公民教育要求学生尊重差异，提高社会责任感和参与度，同时要求学生了解自己，了解国家，了解世界不同种族的文化和历史，以负责任的态度促进世界的和平与发展。① 多年来，英国教育界经常围绕公民教育是一种个人与社会的价值观教育这一特定问题进行讨论。英国希望大学生通过对个人、社会及健康教育的学习和实践，形成一套属于自己的价值观教育体系。这要求大学生不仅注重个人的发展，而且要充分了解自我的、正面的价值奉献精神，能成熟地运用所学的理论知识回馈社会。1998年，英国政府在《科瑞克报告》中再一次提出通过公民教育规范个体的道德行为。虽然在这一时期英国政府并没有明确提出价值观教育的概念，但已然为公民思想道德教育和英国核心价值观教育的开展打下了良好的基础。

2001年，时任首相布莱尔提出，“英国的历史和国情决定了我们必须珍视自由、宽容、开放、公正、公平、团结，权利和义务相结合，重视家庭和社会等英国核心价值观”，旨在在英国处于民族、宗教、经济、文化多元化的情况下，增强公民对国家的认同感及归属感，认识英国的核心价值观。2002年，为抵制伊斯兰极端主义的影响，增强社会凝聚力，英国政府在公民教育的基础上决定加强“英国核心价值观”教育。2007年，英国宣布在学校中大力开展“英国核心价值观”教育，时任英国教育大臣阿兰·约翰逊宣布，将在学校教育中加大价值观教育的推行力度。2011年，英国政府颁布的《防范策略书》中简要阐明了英国的核心价值观，即“民主、法治、个人自由，以及与持不同信仰和信念的人们（包括无信仰人士）之间的相互尊重和宽容”。2012年，英国政府将“所有教师不能忽视‘英国核心价值观’”纳入对新教师的要求，进一步提升

① 任菁菁. 英国国家公民教育课程实施研究：基于多元文化视角［D］. 哈尔滨：哈尔滨师范大学，2018.

了对“英国核心价值观”的重视程度，并强化了核心价值观的重要性。2013 年 11 月，伯明翰市议会收到了一封没有署名的信，信中揭露了一项被称为“特洛伊木马”的秘密计划，即控制一批伯明翰的学校并赶走校长，使学校按照严格的伊斯兰教义运行。①“特洛伊木马”事件引发了英国社会各界的广泛关注。从表面上来看，英国政府进行价值观的构建最直接的目的是对抗极端主义思想观念，应对恐怖袭击；从更深层次来说，英国需要通过构建价值观来摆脱困境，同时需要加强国家认同，增强国际影响力。在理论建构上，工党政府和卡梅伦联合政府对英国价值观的阐释围绕“自由、民主、法治”等展开。宏观方面，在社会上大力倡导宽容、责任、公平、平等，并提出回归本位，要在尊重英国历史、文化、制度、遗产等前提下开展价值观教育。微观方面，英国政府认为学校是价值观教育的主体，应该承担起教育的主要任务。但是，在推行价值观教育的过程中依然有难以解决的问题。例如，如何恰当地通过历史传统彰显英国特性，如何较好地保持价值观的融合统一与多样性之间的平衡。由于当时种族性等特殊原因，英国政府并没有采取实质性的措施。2014 年，英国教育部再次将价值观教育提升到更重要的地位，时任首相卡梅伦对价值观具体内容做出了“崇尚自由、宽容他人、责任担当、遵章守法”的解释，同时将核心价值观的教育纳入学生的思想、道德、社会及相关教学课程中，大力推动价值观教育在学校范围内普遍开展。2016 年，时任英国首相特蕾莎·梅在继续推行价值观教育的基础上，进一步提出希望英国成为“世界上最伟大的由精英统治的国家”；时任教育大臣尼基·摩根也多次表示在学校教育中应该加强价值观教育，要求英国教育标准局对所有学校的核心价值观教育推进情况展开监察，学校教育中要将价值观教育列为重中之重。②

（三）价值观教育的政策演进

自由主义起源于英国，这种个人权利极度扩大的政治理念让英国的经济、政治、文化迸发出前所未有的活力，英国也成为第一个工业化国

① Clark E P. Report into allegations concerning Birmingham schools arising from the “Trojan Horse” letter［M］. London：Home Office Publications，2014.

② Morgan N. Why knowledge matters［R/OL］.（2015-01-27）［2021-08-03］. http：//www. gov. uk/government/speeches/nicky-morgan-why-knowledge-matters.

家，引领着世界经济的发展。在这种个人权利泛滥的自由主义政治理念引领下，英国社会在盛极一时后出现了诸多问题，公民公共责任意识的缺失，势必让英国加强对公民的教育。英国价值观教育政策的背景可以从三个方面来分析。从经济全球化背景看，经济的发展侧重于引领人们朝向更好的价值追求，在经济增长中可以看到人类社会在思想上的进步，当人们的思想上升至一定的高度，就可能对于物质的追求表示淡漠，转而通过追求全人类的共同体目标而获得精神上的满足。从政治背景看，执政党的执政理念必然影响学校教育的政策与实践。英国新工党的社群主义公民观强调公民必须是积极的责任公民。面对保守党“消极公民”思想所导致的个人主义泛滥，新工党强调对责任的承担和义务的履行，主张身处社群中的个人要认识到社群的利益是第一位的。新工党认清当前英国所面临的问题，即国家中的部分公民不知道个人的责任担当，更没有意识到身处国家中其享有的权利也是国家赋予的，从而提出要让学生学习核心价值观。从文化背景看，全球化带来文化多元化，一度盛行的多元文化主义政策加剧了这一问题的严重性，国民出现信仰危机，接踵而至的还有信仰内容的世俗化，这是全球价值冲突和价值体系重建的突出表现。在以上种种因素的影响下，英国政府认识到核心价值观教育应该关注社会面临的冲突和矛盾。

英国价值观教育与道德教育、宗教教育紧密相连，政府相关部门通过建立完整的法律制度框架和行政管理体系，为政府部门、社会机构、社团与学校之间开展核心价值观教育方面的合作提供制度支持和法律保障。1988 年出台的《教育改革法》是英国价值教育思潮兴起的重要标志，将对价值教育的重视程度提到一个新的高度。① 随着社会的变迁，英国政府开始认识到在道德、思想等方面存在的问题会对社会产生危害。1990 年英国国家课程委员会发表《公民教育》，建议针对英国的多元文化、多民族、多信仰及多语言的社会状况，以及其他社会多样性问题、国际和全球问题进行公民教育。1998 年，《科瑞克报告》中将公民课作为必修课列入国家课程，首次将社群主义中责任公民的概念引入教育领域，对学生参与意识和归属感的形成都作出了规定。2002 年，英国提出“公民教

① 吴亚林. 价值与教育 [M]. 北京：北京师范大学出版社，2009.

育”政策，之后在其基础上进一步确定了“英国核心价值观”的教育计划。2007年，英国教育部规定将言论自由、遵守法规等英国核心价值观教育纳入全国中小学教学内容，开始培养学生的价值观意识。随着社会文化和人口结构的变化，英国逐渐意识到移民浪潮带来的多元文化对社会的冲击，这给原本的社会价值观念带来了极大的挑战。2011年，《防范策略书》对“英国核心价值观”进行了具体的界定，即“民主、法治、个人自由，以及与持不同信仰和信念的人们（包括无信仰人士）之间的相互尊重和宽容”。2012年，英国教育部将“所有教师都不能忽视‘英国核心价值观’”纳入新教师标准。2014年“特洛伊木马”事件的爆发让英国政府意识到，英国的年轻人在多元文化主义政策鼓励其发展的情况下背离了对英国核心价值观的认同，于是进一步声明应实施核心价值观教育。英国教育大臣迈克尔·戈夫对于在学校中教授英国核心价值观的计划也作出声明：学龄儿童都要在每年9月份接受英国价值观的教育。我们已要求公立学校、私立学校和专科院校遵守英国价值观，现在要进一步强化相关标准。① 2014年6月，时任英国首相卡梅伦发文将价值观教育的具体内容阐释为“崇尚自由、宽容他人、责任担当、遵章守法”，政府全力支持在各级各类学校中推动价值观教育。2014年9月，英国教育部发文要求英格兰中小学全面落实价值观教育相关提议，随着推行的深入，实施范围不断扩大，最终遍布整个英国。2014年11月，英国教育部出台《将促进英国核心价值观作为学校精神、道德、社会和文化教育的一部分——给公立学校的政策建议》，后又出台针对私立学校的文件。文件主要强调了学校在促进英国核心价值观的执行，并对学校具体应达成什么样的目标有所要求，学生能够在学校教育中接受关于英国核心价值观的教育，并由英国教育标准办公室制定相应的指标，以对其成效进行最终的检验。2014年，英国教育部明确指出，英国核心价值观教育是各层级学校教育内容不可或缺的一部分，要求学校采取有力举措加快把英国核心价值观教育融入学校教育课程。政府的重视与政策支持是英国价值观教育不断深入的首要条件。政府及相关政策的主要要求体现在以下

① Michael G. The secretary of state for education's oral statement to parliament on Birmingham schools [M]. London: Department for Education and The Rt Hon Michael Gove MP, 2014.

几个方面：

一是塑造积极健康的人格。英国政府认为，开展价值观教育不仅是英国公民成长的需要，而且是英国自身发展的要求。学校通过设立公民教育等相关课程，引导学生深入理解作为公民应有的权利与应尽的义务，获得参与社会事务的基本能力，磨炼融入社会的必备技能。同时，在校内外教育中，英国注重开展“尊重”价值观教育，开展人与自然、人与人平等和谐共处的可持续发展教育，传达分享空间的理念，塑造学生积极健康的人格。通过多种途径，如学校教育、社区实践、家庭引导，英国政府在潜移默化中推行价值观教育。

二是养成良好的行为习惯。注重权责意识的培养，要求学生明确公民应有的权利和应尽的义务，明确自由与纪律之间的关系，引导学生关注全球性问题、国家战略、社会现象，做世界公民、社会公民，拥有参与社会生活的主人翁意识。同时，让学生通过参加社会实践直观地体验个人对于国家、社会、学校、家庭的重要作用，从而增强社会责任感。

三是培养面向世界的可持续发展人才。随着全球化程度的不断加深，可持续发展教育也日益受到世界各国的重视，各国都逐步把价值观教育与可持续发展教育结合起来。英国鼓励各级各类学校努力成为可持续发展的学校，按地区划分并建立可持续发展联盟，引导和鼓励多方利益相关者献计献策、积极参与、通力合作。

四是坚持全方位、立体化、多学科的渗透。根据英国政府要求，应当使价值观教育进入所有学科的教学活动，如历史、地理、政治、哲学、文学、体育等课程，渗透核心价值观教育的相关内容。例如，教师在教授历史课程中英国工业革命的相关内容时，可引导学生探索英国的发展史，了解英国人民在这一重要历史进程中对人类社会的贡献，提升学生的民族自信心、自尊心和自豪感。

五是注重政府政策支持，强调社会实践。英国政府强调，学生只有不断实践，并在实践中不断体验、感悟和反思，才能最终成为国家和社会需要的合格公民。因此，英国教育部出台了一系列相关实践政策，如要求各级各类学校注重实践、推行实践，积极引导在校学生参与丰富多彩的社会服务活动、社会志愿活动和社会实践活动。

六是坚持优秀文化的传承。英国对自身的文化遗产传承高度重视，文化遗产传承教育在教育教学中全方位、多层级逐步渗透。如英国非常重视“绅士文化”的传承及对文艺复兴时期思想碰撞的研讨。通过传统文化的教育和熏陶，学生能够在文化、道德与精神层面不断体悟和升华，从而获得对国家传统文化认知的全面提升。

七是提高教师的专业水平和道德水准。在英国，教育部门定期开展教师培训项目，这些项目往往围绕可持续发展教育的主题，支持各级各类学校自我打造成为可持续发展教育的学校，注重价值观教育与可持续发展教育的有机结合，通过线上网络教育与线下课程相结合的立体化方式推进。由于互联网传播具有即时性和广泛性，师生可以通过网络平台实现更加积极有效的互动。

（四）价值观教育的基本体系

随着全球化进程的不断加快，在多元化社会格局下，英国政府空前重视大学生的道德教育，从而形成以正直、维护纪律和法律、关心尊重他人等为核心价值观主要内容的公民教育。英国价值观教育的核心即公民教育，其主要内容为在英国多宗教、多种族、多文化、价值多元化的背景下，使公民能够正确认识自己在国家政治和法律生活中的地位，形成遵守法律法规，明确公民权利和义务相统一，重视家庭和社会等英国核心价值观念。高校不仅负责学生的课堂教学，还组织开展健康、积极、有益的课外文化、科技体育、艺术等活动，使大学生的综合素质在丰富的校园文化生活中得到培养。不同于课堂教学，价值观教育不强调专业性、科学性，而是从学生个性发展本身出发，强调趣味性、多元化。英国公民教育旨在提高公民在国家政治和社会活动中的热情和参与度，注重个人的社会发展，加强培养大学生的公民意识，使他们成熟地运用所学的理论知识回馈社会。情感上则通过社会、学校、家庭不断教化来强化共同价值观、核心价值观的教育，凸显鲜明的个体化色彩，借助物质保障、法律保障、制度保障等手段来规范，以社会实践活动、宗教仪式、社会参与、公益服务为媒介，把价值观教育渗透到大学生行为举止的方方面面，全面有效、高质量地推进价值观教育长效机制的构建，增强大学生对国家的自豪感、认同感和归属感，从而使大学生在认识上深刻定位个体角色，剖析自身价值，逐渐成为英国国家建设的中流砥柱。英国以开放的教育方式对大学生进行思想教育，在注重公民教育主导性和平等性的同时，尊重价值观的多样性和学生的个性发展，让学生自主选择、自主思考进而形成个人道德观。英国价值观教育注重显性与隐性、感性与理性的统一，强调教育主体与客体的双向交流，从学生主体的需求出发，调动学生的主观能动性，激发大学生的创造性和实践能力，鼓励个体个性的体现及创造力的发挥，培养其价值共识，从认知层次及行为层次统筹兼顾，通过启发式教育模式，促进学生正确道德价值观的形成。

1. 价值观教育的背景

英国高校价值观教育不是偶然提出的，而是在若干事件的综合影响之下产生的必然结果。从历史文化背景来看，20 世纪 60 年代后期，英国公民就开始呼吁在全国进行宗教教育，利用宗教教育促进不同文化之间的理解和包容。到 20 世纪 80 年代中后期，宗教教育对英国公民的生活实践起着激励作用，并逐渐影响大学生群体，学生根据宗教教育的内涵评估自己的世界观。随着英国文化趋向多元，加上科技的发展、网络的普及，个人信仰遭受挑战，宗教教育的使命受到威胁，价值观教育的效果也大打折扣。从时代背景来看，英国的国家安全遭到威胁。21 世纪以来，英国屡次发生的恐怖袭击、宗教矛盾、种族冲突等问题无一不冲击着国家的安全。不管是 2005 年伦敦地铁大爆炸，还是 2014 年伯明翰“特洛伊木马”事件，它们的发生都不可避免地对大学生的价值观产生一定的负面影响。从社会背景来看，英国社会价值观教育也暴露出了一定的问题。第二次世界大战之后，英国重视经济的发展，而忽视了价值观教育的发展，同时由于青年大学生的判断能力有限，思想意识很容易受到外界因素的影响。如今正处于数字化信息时代，网络的迅速发展虽然能为学生的学习和生活带来一定的帮助，但是沉迷于网络容易使学生出现崇尚叛逆、暴力、我行我素等现象。英国家庭教育强调孩子个性的自由发展，忽视对其思想意识进行正确的引导，这一社会背景直接为英国大学生价值观教育出现的问题埋下隐患。因此，在特定的历史文化背景之下，为维护国家安全稳定，提高公民对国家民族的认同，同时顺应英国政府对价值观教育的重视，解决英国社会价值观教育中出现的问题，英国高校开始加强对大学生群体的价值观教育，从提高英国大学生群体的思想认识入手，最终提高整个社会公民的思想认识。从政治背景来看，英国政府对价值观教育的重视程度越来越高，"特洛伊木马"事件之后，英国教育部把价值观教育提升到更加重要的位置，再次强调要大力发展学校价值观教育。① 总之，英国大学生价值观教育的发展呈现出在世俗与宗教间平衡式发展、在多样与统一中整合式发展、在冲突与融合中渐进式发展的特性，英国价值观教育的目标、内容、形式、途径、主客体都随着英国政治经济社会的发展而不断地改进。② 然而，在推广英国核心价值观教育的过程中，争议也是在所难免的，如认为推行英国核心价值观教育忽视了宗教主义，对宗教性学校产生不公平性。同时，还有一些人质疑当时所推行的英国核心价值观具有普遍性，价值观教育内容缺少符合英国国情的特殊性规定。

2. 价值观教育的目标

英国是一个多民族、多种族、多文化、多元价值并存的国家，在高校推行大学生的价值观教育，引导大学生树立正确的价值观，是维护国家安全和社会稳定的关键。英国高校在日常教育教学活动中，注重培养大学生的开放性思维和批判性思维。因此，英国大学生长期接受个人主义与自由主义的熏陶，具有较强的独立思考和解决问题的能力。从大学生的长期发展来看，英国高校教育缺少共同的价值观教育，过分强调个人主义与自由主义，导致个人与社会脱节。鉴于此，英国高校的教育应引入核心价值观教育，引导学生在发展自我、实现自我远大理想的同时能够明辨是非，关心他人、集体和国家，并对自己的言行负责。第一，提高道德品质。系统全面的理论知识教育能让大学生更好地理解道德素质及价值观的本质特征、具体内容等，大学生的道德品质能体现国家的教育力度及精神面貌。国家通过开展价值观教育，让大学生群体明确自身的权利及义务，提升社会服务意识，开阔视野，将大学生的关注点吸引到社会问题中来。第二，提高政治意识。加强高校与社会的互动，让大学生从参与者的角度了解国家不同民族的文化，积极正确地面对种族问题，在客观认识各民族、种族、文化差异性的基础上理性分析。让大

① 王璐，王向旭. 从多元文化主义到国家认同和共同价值观：英国少数民族教育政策的转向［J］. 比较教育研究，2014，36（9）：19-24.

② 邱琳. 英国学校价值教育的发展模式和基本特征［J］. 比较教育研究，2013，35（1）：63-67.

学生与社会紧密相连，从国家的发展、社会的和谐中产生自信心与荣誉感，延续英国传统的平等、自由、博爱精神，将较高的道德品质运用到学习和生活中，实现高校人才的可持续发展。第三，提高综合素养。高校不仅要通过专业知识技能方面的教授拓展学生的知识面、加强学生对专业知识的把握，还要将价值观教育全面立体有效地融入教育全过程，从而培养出合格的可持续发展人才，使其既符合社会主流价值观，又符合社会发展需求。第四，实现个性发展。英国政府鼓励学校在人才培养过程中采用可持续发展教育模式。高校要鼓励大学生发挥创造力并挖掘潜能，培养更多的社会所需人才。大学生进入社会前，高校作为其与社会连接的最后一架桥梁，应教会大学生自强自立，使其更好更快地融入社会。

3. 价值观教育的内容

英国大学生价值观教育的内容以英国核心价值观为主，让大学生树立民主、法治、个人自由、尊重、宽容等意识。英国核心价值观作为指导学生教育学习的核心力量，对整个高校价值观教育起到统领作用。1855 年，英国《每日电讯报》中的社论《英国认同的核心价值观》把英国核心价值观分成 10 个方面，即法治、“王在议会中”之主权、多元性的国家、自由、私有财产、制度、家庭、历史、英语世界、英国性格。英国前首相托尼·布莱尔也曾提出相关理论：“英国是一个种族多、民族多、文化多、宗教多、信仰多的国家，英国的历史和国情决定了我们要重视英国核心价值观，其包含着自由、包容、开放、公正、公平、互助、权利义务相统一、重视家庭和社会群体等内容。”2011 年 6 月，英国内政部提交给议会的《防范策略书》中明确定义“英国核心价值观”是“民主、法治、个人自由，以及与持不同信仰和信念的人们（包括无信仰人士）之间的相互尊重和宽容”①。这是一种相对完整的英国核心价值观定义。在高校日常活动及价值观教育中，通过多种方式让大学生明确何为英国核心价值观，让学生清楚地知道英国是一个民主、法治的国家，要尊重法律规定、尊重民主，要公平公正，要怀有一颗宽容待人的心，要尊重不同的民族、种族的文化差异，理解在法律保护下个人拥有的自由，

---

① Government H M. Prevent strategy [M]. London: Home Office Publications, 2011.

让学生意识到种族歧视对自己、他人甚至国家都会造成危害，让英国核心价值观在大学生群体中真正得到认同并传递下去。核心价值观教育要加强国家传统文化教育，通过优秀历史文化的传承，使学生正确认识移民对英国产生的影响，认识到大学生作为一名合法公民应对国家产生归属感，应具有爱国意识，应将个人的规划同国家的长远发展相结合，在个人利益与国家利益相冲突时，能自觉将国家利益置于首位，为国家发展贡献自己的力量。

根据历代教育大臣与政府颁布的各类教育文件，英国大学生核心价值观教育的内容主要包括自由、平等、民主、法治、宽容、团结等方面。在英国，自由不仅代表着不受限制和约束，还代表着英国公民的言论自由以及权利和义务之间的相互关系，也验证了“个人主义是欧洲大陆一脉相承的文化内核”①。英国公民强调和重视言论自由，在与他人交谈时，可以在不违背法律规定的大前提下随意表述自己的观点和意见。同时，英国高校对大学生进行价值观教育时，引导他们在自由地享受个人权利的同时，也应当依照法律履行自己应尽的义务。平等则更多地体现在人格和种族平等上，人生而平等，不论贫穷还是富贵，只有公正对待和充分尊重身边的每个人，才能够与他人和平相处。由于英国社会是一个多文化、多宗教、多种族的社会，其社会价值观也是多样化的，因此，在英国高校价值观教育中，教师不断地将多种族优秀文化传递给学生，让他们能够公正对待各种族之间的差异并与各种族和谐共生。民主，是在法治基础上对个人权利的基本保证，法律面前人人平等。高校大学生作为有一定法律意识和知识素养的人，应当树立牢固的法律意识，在必要时，应该利用法律武器来维护自身的合法权益。法治是对国民的约束，无论财富多寡、地位高低，任何人都不能凌驾于法律之上，必须遵守相同的法律和规则。英国各级政府的行为也需要遵守法律的规定。宽容，既对自己也对他人表示宽容。用一颗善良的心真诚地与他人相处，学会与人和谐相处、真诚待人也是价值观教育的重要内容。此外，在英国高校的价值观教育中，也强调大学生在思想上应该树立正确的价值观念，在行动上要遵守国家的法律法规、维护国家的利益、维护各民族的团结

① 李晗龙．中、欧青年道德教育比较研究［D］．哈尔滨：哈尔滨理工大学，2014.

进步，将爱国主义精神落到实处。总体来看，英国大学生价值观教育的内容还比较笼统。

英国在长期的社会历史发展进程中形成了独具特色的绅士文化。绅士文化除了要求大学生具有哲学、艺术等高雅的情趣外，还强调理性的追求、高尚的道德修养和文明有礼的举止。英国高校重视大学生“个人的社会健康教育”，主张学生学会处理与他人、环境、社会的关系，其核心的道德观念包括尊重生命、公平、诚实、守信等。英国从牛津大学开始慢慢普及了本科生导师制，本科生导师不仅需要关注学生的生活和学业，还需要教育和引导大学生树立符合社会主流的价值观念。本科生导师通过言传身教和自由宽松环境的营造，培养学生的独立人格和内在涵养。在英国，宗教课程虽然已不再是大学中的必修内容，但仍然是大学生品德良知培养的重要环节。英国大学里存在涉及政治、文化、体育等各领域的各类社团，社团文化丰富多彩。学生在社团实践中经历坎坷，克服困难，从而增加实践经验，增强自信心和培养乐于助人的意识。同时，社团活动的举办要求大学生树立较强的集体意识，能够让大学生在展示自我的同时又能尊重他人的意见，促进高校的发展及自我价值的实现。在此过程中，英国高校价值观教育逐渐形成运用教育宣传、教育引导、教育手段等措施提高大学生的思想政治素质，帮助大学生树立正确思想意识的教育模式。公民教育既加强对多元文化的理解，又强调英国核心价值观教育，帮助高校学生提高明辨是非的能力，充分理解和尊重种族、宗教及文化差异，提高大学生对民族和国家的认同感和归属感，有利于社会的稳定发展。

4. 价值观教育的特征

英国的价值观教育除了具有一般的差异性之外，更多地关注个性化教育，具体表现在以下三个方面。一是教育兼具主导性与多样性。不同思想意识的传播都会对学生产生差异化影响，在英国各大高校的教育施行、学生的价值观形成过程中，高校的性质、教育理念、教学方法、所处的地域特征、人文历史风貌都会对大学生的价值观教育产生影响，因此，英国大学生价值观教育在坚持核心价值观主导性的同时，不同高校的价值观教育又呈现出多样性的特点。英国作为多文化、多种族、多宗教的国家，在大学生价值观教育中也融合了其他适应学生发展、促进社会进步的精神品质，体现出多样性的特征。从教育方法来看，英国各大高校较少通过理论知识的灌输对大学生进行价值观教育，更多通过社会实践活动的开展、教师的指导参与等，将理论知识运用到实践中并接受检验，让学生更加直观地感受价值观的内涵。英国在坚持核心价值观的主导地位的前提下，运用多种教育方法，将不同的文化思想、价值观念相融合，最大限度地发挥核心思想的力量，以提高大学生价值观教育的实效性。二是教育追求平等性。大学生价值观教育是多样的，不仅要关注学生思想意识的增强，还要加强道德层面、行为规范、学习态度等多个方面的教育。多样化的核心即平等，英国大学生价值观教育强调多方面的平等，以提高学生的综合素质。此外，英国高校开展价值观教育的目的是使每一位大学生都能认识到高校的运行与教育中没有种族、民族、家庭之分。同时，高校作为一个集体形式的存在，在活动中提供给大学生平等参与的机会，大学生可以根据自身情况积极参与到学校事业的发展中。每个大学生都有平等交流的权利，学校接纳青年大学生合理的想法，师生在相互理解和尊重的良性互动中平等地进行教育活动。三是教育强调个性化。英国的社会发展中一直比较追求个人主义和自由主义，提倡价值观教育要契合学生个性的发展，满足学生个性的需求。在进入高校之前，学生的成长环境、接受思想教育的程度存在差异。因此，英国高校考虑到学生的个性发展，根据学生之间原有的差异及不同学生的个性需求采取差异化教育方法，以引导学生接受价值观教育，在增强学生思想意识的同时关注学生的个性发展，激发了青年大学生的想象力并拓展了其创新思考的空间。

5. 价值观教育的路径

首先，显性教育与隐性教育相融合。显性教育通常是指专门开设教育类与思想政治类课程，向学生讲授思想观念和道德理论相关知识。隐性教育是指在学生的日常学习生活中，通过活动开展和环境熏陶的方式间接地让价值观教育的内容影响学生，让学生在无意间接受价值观教育。英国高校的负责人及相关教师将核心价值观内容及思想道德教育内容与社会现状、实际生活相联系，用小组讨论的方式让大学生对社会道德问题、价值观内涵做出理性判断并形成独立思考的能力。同时，发挥社团活动、宗教活动等在价值观教育中隐性教育的作用，通过活动载体将价值观教育的内容渗透给学生。英国各大高校通过类似的宗教活动既能让学生理解基督教教义，又能让学生意识到自己的权利与义务以及应承担的社会责任，明确自身的发展方向。与讲授道德理论相比，在学校组织的活动中大学生是相对独立的，有自己思考问题、解决问题的空间，每位大学生都能平等地参与到活动中，间接地接受公平、宽容、自由、团结、忍耐、拼搏等思想。

其次，充分发挥导师的过程引领作用。导师既是大学生日常学习、生活专业技能的指导老师，也是大学生思想品德教育和价值观教育的指导老师。导师通过与大学生的面对面交谈营造出和谐轻松的教育氛围，一方面，尊重大学生的个性化需求，鼓励大学生展现自身的个性及创造力；另一方面，在师生平等互动的基础上，强化纪律的重要性，将规章制度和学校纪律内容传递给大学生。导师善于发现并肯定大学生的优点以增强其自信心，也善于指出大学生的缺点与不足，让大学生充分认识到自己的问题所在并虚心接受、加以改正，提升自己的综合能力和素养。

最后，理性教育与感性教育相结合。将思想理论知识直接灌输给大学生，容易使之对价值观教育产生厌倦感，对思想道德理论产生排斥感，因此，在价值观教育中，英国高校推崇以情感沟通的方式，将情感上的共鸣融入理性的教育，从而使大学生产生更宽松自然的教育感受。教育过程注重教育氛围的营造，从主体出发根据大学生的需求进行教育方式及内容的安排，吸引大学生主动融入和参与。同时，考虑到不同的思想观念存在差别甚至对抗，在教育过程中根据具体内容灵活地采取方法，将难以理解的思想通过生动形象的方式呈现出来，让大学生更容易接受，并且在其脑海中构建知识网络，通过社会实践活动进行实际操作，加深印象并熟练掌握，在日常学习生活中能够积极地运用，从而强化价值观教育效果。除此之外，英国高校价值观教育重视学校、家庭和社会三者之间的协调一致，强调从学校培养、家庭关爱、社会引导等多角度开展价值观教育，学生在学校里接受理性与感性结合的价值观教育，在家庭中接受父母从情感关爱的角度对其进行的督促，在社会中从社会成员的角度对各种现象进行讨论，促进个人价值观体系的形成。

（五）价值观教育的立体模式

为解决种族、宗教多样化等因素带来的社会问题，形成国家认同感和民族自豪感，英国采用以政府主导为主的价值观教育模式。英国政府依据《科瑞克报告》从国家层面制定政策，颁布统一的国家公民教育计划和课程指导标准，在明确具体操作规范的基础上，鼓励地方和学校开展自主创新和实践探索。在英国价值观教育中，政府、学校、社区和家庭对“英国核心价值观”的宣传和实践都发挥着至关重要的作用，英国公民教育的目标是培育美德公民、权责公民、世界公民。英国公民教育在关注公民政治理解和认同的基础上，倡导英国价值观教育，将自尊自爱、明辨是非、敢于担责、尊重英国法律、尊重多元文化、鼓励民主参与等作为“不列颠的基本价值观”。2014 年“特洛伊木马”事件，使英国政府意识到价值观教育的重要性，这是促使英国价值观教育走进高校的直接因素。① 该事件之后，英国教育大臣要求英国高校必须进行符合英国国情和社会需求的英国价值观教育。英国政府对高校价值观教育的重视，还体现在近年来英国有关大学生价值观教育的研究和讨论都是在英国政府的主导下进行的，政府多次在公众场合倡导和推进价值观教育。曾任英国教育大臣的尼基·摩根认为，正直和诚信是贯通英国社会所有价值观的链条，试图重建英国社会的整体感。他还表示，应该将价值观教育与数学、英语等学科教育放在同等重要的地位。同时，英国政府注重通过国家领导人的演讲、报告等方式为大学生树立正面形象，让英国大学生更容易接受价值观教育。此外，英国作为宗教多元化的国家，也会利用宗教教义中真诚、友善、包容等核心价值理念，共同推动大学生价值观教育。

（六）价值观教育的现状与不足

英国长期盛行个人主义、自由主义，存在种族多样化与种族歧视交织的情况。在此背景之下，社会价值观教育难免呈现片面性发展，出现各种社会问题。

1. 教育主体多元化

1998 年英国发布的《科瑞克报告》中指出，“将直接参与我们孩子教育的人——政治家和公务员、社会团体代表、宗教团体、学校督学和

---

① 左敏，李冠杰. “特洛伊木马”事件与当代英国价值观建设［J］. 当代世界与社会主义，2016（1）：123-129.

管理者、教师培训者和教师自身、家长以至学生一律视为公民教育的主体"①。英国在20世纪就踏上了合力育人的征程，政府加大资金的投入，增设教育机构，完善硬件装备及配置，强调教育主体之间的交流和沟通。英国学校价值观教育建立学校、家庭、社会三位一体的道德教育网络，注重社会和家庭对道德教育潜移默化的影响。学校是价值观教育的核心阵地，英国高校在专业课程、校园文化、校园活动等方面渗透价值观教育。通过教师对价值观教育的讲解，学生牢固掌握价值观相关理论知识。家庭是由来最久、最直接的教育单位。英国父母认为，在孩子幼儿时期就应该将宗教文化、绅士文化传播给他们，帮助他们形成价值观并落实到具体行动中。英国的社区为大学生提供各类实践活动的机会，学生通过参与社区公益、教堂义工、创业等实践活动树立价值观念。英国的价值观教育也因其主体多元暴露出缺陷。一是主体多元造成责任扩散。教育主体之间如何分工明确、目标清晰地开展价值观教育工作成为新的问题。在实际教育过程中，实现不同主体之间的协调的难度大大增加。二是主体多元造成内容复杂。学校价值观教育的内容统一经过考量，质量较有保障，但是家庭和社会教育的内容质量参差不齐。三是教育经费的过度投入。由于隐性教育时间跨度大，短期内教育效果很难显现，因此需要投入数额较大的教育经费来维持，经费的投入与管理利用也是新的课题。

2. 过分推崇个性教育

英国的价值观教育主张使人们有强烈的人权意识，强调人是价值的主体，这也导致了英国社会中"个人主义"甚至"极端个人主义"的存在。第二次世界大战之前，英国还未出现规范的价值观教育，英国学校主要采用命令、体罚、灌输等方式将宗教文化、绅士文化传授给学生，这样的教育方式效果有限。经过价值观教育方式的不断改进与完善，人本主义教育成为英国高校价值观教育的重要支撑，价值观教育的人性化趋势明显。从17世纪开始，自由主义思想成为英国的主流思想，也成为主导英国高校价值观教育的意识形态。英国所强调的自由在法律框架下，基于尊重他人的基本权利，尊重各个国家、地区、种族之间的文化差异。

① 李丁．英国青少年公民教育研究［M］．北京：人民出版社，2012.

因此，英国价值观教育重视学生的个体需求和个性特点，鼓励学生自我发展和自我提高。从教学内容来看，英国高校没有特定教材，而是根据学生个性需求差异在教育内容中引入资料、案例。从教学方法上来看，英国通常采取导师制、针对性教学、显隐性相结合等教育方法。从课程设置上来看，英国要求促进学生的精神、道德、文化的全面发展，强调学生自我认识，关注学生品质发展，培养学生成为合格的公民。然而，在价值观教育中过分强调个性也存在弊端。一方面，个人主义作为英国核心价值观的思想基础，贯穿于价值观体系的方方面面，导致个体在处理个人与集体、社会的关系时，过分注重个人利益。另一方面，英国的价值观教育缺乏规范性和统一标准。同时，个性化教育也暴露了英国教育“局部性”解决问题的思维，缺乏“整体性”统筹，过分强调个人主义与自由主义导致个人与社会脱节。

3. 教育政策实施不足

在核心价值观政策的执行过程中，英国学校没有做出具体的规定，在将核心价值观教育融入学科课程时也没有确定具体的负责人，任课教师能否持积极的态度讲授英国核心价值观难以考核，学生对核心价值观和以前的价值观的区别难以把握。1870 年《初等教育法》颁布之后，英国开始提倡教育的世俗化。1944 年英国颁布《巴特勒教育法》，肯定传统的宗教教育，但随着社会政治、经济、文化的发展，实证主义、人本主义、经验主义等思潮兴起，英国道德教育主张个性自由。第二次世界大战后，随着工业发展和移民涌入，英国文化呈现多元化发展趋势，各种观念夹杂冲突，社会矛盾激化。此外，英国教育制度以精英教育为主，导致学校的优劣分化。在此背景下，英国政府研究制定了“教育是最好的经济政策”的方针，着力解决社会矛盾和提升国家核心竞争力，同时进行了一系列教育制度配套改革，教育优先的战略发展地位逐渐凸显。①20 世纪 80 年代，英国政府颁布《道德教育大纲》，道德教育开始受到各大高校的重视。1988 年颁布的《教育改革法》明确了公民教育的合法地位，规定公立学校要着重培养学生的道德品质、精神追求及智力能力，

① 唐秋香，顾銮斋. 战时思潮与教育公正：英国 1944 年教育改革动因探析［J］. 安徽史学，2018（6）：100-108.

并正式实施国家公民教育课程。1997 年英国政府以白皮书的形式对“为公民提供均等的教育机会”进行了明文规定，先后颁布了 10 余部教育领域的专门法规，并以此为依据展开了 1000 余项教育行动，同时逐年加大对教育人力、财力的投入力度。20 世纪末，英国政府先后颁发了以《面向新千年的继续教育》为代表的教育绿皮书、以《16 岁以后的教育》为代表的教育白皮书和以《学习与技能法》为代表的一系列教育制度法规，英国终身教育制度体系得以构成。一系列与价值观教育相关的文件法案，都强调了英国价值观教育的权威性和专业性。

二、中英大学生价值观教育的实证分析

当今世界的竞争离不开人才，高校承担着培养高素质人才的重任。大学生的价值观教育能够培养其公民意识和社会伦理等，打造高素质的复合型人才，从而更好地为祖国建设贡献力量。目前高校大学生价值观教育的现状和实际效果如何？本部分对中英两国不同高校开展问卷调查和访谈，对当代大学生价值观教育的现状进行统计和梳理，归纳和总结影响价值观教育的主客观原因，为深化教育研究提供参考。

（一）实证研究的基本程序

实证研究作为理论归纳总结的前提和基础，强调科学结论必须在观察和实验的基础上获取客观的材料，并从个别到一般对事物的本质属性及发展规律进行归纳。因此，其结论具有客观性和普遍性。从本章研究的内容维度来看，当代大学生价值观教育的研究是一项偏重应用的研究课题，在研究过程中，必须要坚持理论支撑和实证分析相结合。只有广泛深入地开展调查研究，通过翔实的资料及可靠的数据支撑观点，才能在充分贯彻研究理念的过程中实现研究的最终目标。

1. 实证研究的指导思想

当代大学生价值观教育实证研究要将以教育现状为研究的出发点和落脚点、以坚持结论的准确性和普遍性为研究的基本原则作为指导思想。

（1）以教育现状为研究的出发点和落脚点

在实证分析的过程中，要求研究者与研究对象之间建立互动关系，研究者通过设计问卷、面对面访谈和跟踪观察等方法，了解研究对象真

实和具体的情况。本章首先以价值观教育相关群体为研究对象，对当前中英两国大学生价值观的教育现状进行相关调研，获取第一手资料，其次对资料进行整理分析，最后对研究对象进行定量分析后得出定性结论。

（2）以坚持结论的准确性和普遍性为研究的基本原则

实证研究需要通过采取各种有效手段和方法提高研究的可靠性。一是把对研究结果不利的因素降到最低；二是尽量排除其他相关因素的干扰，从而保证结论的准确性和普遍性。

第一，在研究者与研究对象之间建立起良好的互动关系。在实证研究中存在许多影响因素，要验证结论的准确性和普遍性，必须处理好研究者与研究对象之间的关系。结论的获得必须建立在实验和总结事实经验的基础上，主要结合问卷调查、观察、访谈等方法，这是由实证研究的特点决定的。因此，在调查访谈中只有排除各种障碍，赢得研究对象的充分信任，掌握研究对象的真实观点和内心想法，才能与其建立起良好的互动关系。

第二，在实证研究中做好调研资料的科学处理和准确分析，这是实证研究环节中最重要和最困难的工作。从客观上来看，选择适当的资料处理和分析方法是结论科学准确的关键。为此，整个工作要在研究真实有效的前提下进行。

2. 问卷的设计与施测

据教育部统计，截至2021年9月，我国高等学校共有3012所（不含港澳台高校），可知高校教师与学生是一个非常庞大的群体。为了遵循实证研究的原则，笔者选取了中国7所具有代表性的院校及其部分师生作为调查研究的主要对象，其中，既有一类本科院校，也有二类本科院校；既有偏重文科的高校，也有偏重理工科的高校；既有综合性的高校，也有专业学科相对单一的高校；既有教育部重点高校，也有地方普通本科高校。选取英国6所高校的部分师生作为被试。一方面，在具体的施测环节中以问卷调查法为主，同时兼顾观察和访谈等方法，保证第一手研究资料翔实可靠，为当代大学生价值观教育的后续研究提供实证铺垫。另一方面，当前关于中英两国大学生价值观教育的相关研究深入和广泛，研究专著和研究论文非常多，其中既有众多的理论性研究，也不乏一些实证研究，这些都为笔者进行实证研究提供了素材和有益参考。

中英两国都高度重视大学生价值观教育以培养合格的公民，进而促进国家、社会的和谐发展。但是，目前大学生价值观教育的现状如何，存在哪些主要问题，取得了哪些重要成绩，我们不甚了解，特别是对当代大学生价值观教育这一时代话语体系的实证研究相对缺乏。笔者希望通过实证调查对大学生价值观教育研究进行一些现状描述和特点分析。问卷调查法作为“实证调查的支柱”被普遍运用于实证研究中，因此，本章实证研究的出发点和着力点是调查问卷的设计、发放、施测和统计分析。

（1）问卷的设计

西方学者对社会分层研究的派别众多，其中，社会分层经典理论的主要代表人物是马克思、韦伯和涂尔干。三者研究社会分层的角度有显著区别：马克思主要从哲学的角度，以物质基础为标准，从而在生产关系中切入社会分层；韦伯主要以经济、荣誉和权力为指标，在市场竞争关系中切入社会分层；涂尔干主要以职业功能为指标，立足分工配合关系并在此基础上切入社会分层。法国社会学家涂尔干是从职业角度解释社会分层的首推者，是功能主义思想的奠基人。他重视职业分层的积极意义，从社会分工的角度分析社会分层的必要性，剖析职业地位高低的原因，对社会分化的结果持乐观态度，并认定社会将会发展成为一个完全平等的社会。但涂尔干社会分层理论的明显缺陷是仅从社会宏观方面考虑社会结构的分层问题，并无具体的分层标准。随着实证主义方法论的发展，涂尔干分层理论逐渐发展成为功能主义理论，代表人物有格伦斯基、索伦森等，他们关注经济与文化分化结果的职业分组。第二次世界大战以后，美国的功能主义分层理论逐渐发展起来，助推了涂尔干分层理论的丰富和发展，主要代表人物有沃纳、帕森斯、辛普森、戴维斯和莫尔。从当代大学生价值观的形成和发展规律来看，教育互动关系是指价值观教育的存在及其性质是否与人的本性、目的和发展需要等相一致、相适合的关系。本章从涂尔干的职业功能指标的角度，对高校的主要群体进行划分。

当代大学生的价值观教育不仅要针对在校学生群体，更要涵盖高校的教师群体，甚至党政领导群体。当代大学生价值观教育的内容、形式、载体、方法等都因主客体的不同而有所区别。

关于问卷正文的组成结构，笔者设计了“基本信息”和“基本问题”两大部分，共计 34 道题，每一道题都有针对性地指向大学生价值观教育的某一方面。在编制题目的时候，同一维度的题目分布既相对集中又有所分散。在调查问卷中，第一部分为调查对象的基本信息，包括调查对象的性别、年级、年龄、身份（是否担任过学生干部）4 道题。第二部分为基本问题，即问卷的主干，从高校群体价值观的现状与高校培育和践行核心价值观的现状两个方面考虑，既有认知层面的，又有实践层面的。在设计调查问卷时，表达方式兼顾准确到位与通俗易懂，避免题目中出现双重含义或歧义的情况，保证题目没有倾向性、敏感性和模糊性。

在问卷初稿完成以后，笔者首先利用小样本在小范围内进行了一次试测，试测中发现的一些问题，已适时加以调整，保证问卷的内容能够更加客观精确地表达出来。其次，请同行专家对问卷初稿进行综合评价，对调查问卷的有效性提出修改意见，将反馈回来的意见进行分类汇总，筛选出合理性意见并对问卷进行修订，最终形成正式问卷，共计 34 道题。其中对“人口学变量”的统计有 4 道题，对“大学生价值观教育的主体层面”的调查有 4 道题，对“大学生价值观教育的客体层面”的调查有 3 道题，对“大学生价值观教育的影响因素”的调查有 3 道题，对“大学生价值观教育的方法”的调查有 7 道题，对“大学生价值观教育的内容”的调查有 7 道题，对“大学生价值观教育的载体”的调查有 6 道题（表 5. 1），具体题目参见附录。

表 5. 1　问卷设计情况

内　容	条目
人口学变量	A_1、A_2、A_3、A_4
大学生价值观教育的主客体层面	B_1、B_2、B_3、B_4、B_5、B_6、B_7
大学生价值观教育的影响因素	B_8、B_9、B_{10}
大学生价值观教育的方法	B_{11}、B_{12}、B_{13}、B_{14}、B_{15}、B_{16}、B_{17}
大学生价值观教育的内容	B_{18}、B_{19}、B_{20}、B_{21}、B_{22}、B_{23}、B_{24}
大学生价值观教育的载体	B_{25}、B_{26}、B_{27}、B_{28}、B_{29}、B_{30}

（2）问卷的发放与施测

考虑到调查的覆盖面、代表性及样本的多样性，笔者将这次调查的范围确定在中国 7 所高校及英国 6 所高校。实证研究非常依赖样本，样本必须足够准确地代表总体或典型，否则将会影响实证研究结果的可靠性。为了保证样本的代表性，笔者选择了目前学者们常用的随机抽样法。根据统计学区域抽样的要求，本次调研面向中国高校共计发放“大学生价值观教育现状调查问卷”1720 份，回收有效问卷 1684 份，有效率为 97.91%。样本分布如表 5.2 所示。性别分布方面，男性占 49.05%，女性占 50.95%；年龄分布方面，18 周岁及以下的学生占 15.20%，19~25 周岁的学生占 84.44%，26~35 周岁的学生占 0.12%，36 周岁及以上的学生占 0.24%；学生年级分布方面，大一学生占 32.60%，大二学生占 25.12%，大三学生占 24.05%，大四学生占 18.23%；在学生身份分布方面，担任过学生干部的占 49.11%，没有担任过学生干部的占 50.89%。

表 5.2　“大学生价值观教育现状调查问卷”中国大学生样本分布

项目		人数	百分比/%
性别	男	826	49.05
	女	858	50.95
年龄	18 周岁及以下	256	15.20
	19~25 周岁	1422	84.44
	26~35 周岁	2	0.12
	36 周岁及以上	4	0.24
年级	大一	549	32.60
	大二	423	25.12
	大三	405	24.05
	大四	307	18.23
担任过学生干部	否	857	50.89
	是	827	49.11

本次调研面向英国高校共计发放“大学生价值观教育现状调查问卷”475 份，回收有效问卷 460 份，有效率为 96.84%。在性别分布方面，男性占 61.09%，女性占 38.91%；在年龄分布方面，18 周岁及以下的学生占 4.78%，19~25 周岁的学生占 84.35%，26~35 周岁的学生占 10.87%，没有 36 周岁及以上的学生；在学生年级分布方面，大一学生占 27.17%，大二学生占 30.22%，大三学生占 23.48%，大四学生占 19.13%；在学生身份分布方面，担任过学生干部的占 40.65%，没有担任过学生干部的占 59.35%（表 5.3）。

表 5.3 “大学生价值观教育现状调查问卷”英国大学生样本分布

项目		人数	百分比/%
性别	男	281	61.09
	女	179	38.91
年龄	18 周岁及以下	22	4.78
	19~25 周岁	388	84.35
	26~35 周岁	50	10.87
	36 周岁及以上	0	0.00
年级	大一	125	27.17
	大二	139	30.22
	大三	108	23.48
	大四	88	19.13
担任过学生干部	否	273	59.35
	是	187	40.65

（3）数据的处理与检验

数据的处理与检验需要采用量化研究和质性研究相结合的方式，通过量化研究来解决变量的问题，以此来确定某个结果是否与另一个变量有关，而质性研究是揭示如何发生这一过程的。

① 量化研究

现代计算机的使用，大大提高了计算和数据处理的精准性，其使用的真实性和有效性远远优于传统的统计方法。本章问卷设计内容维度多、信息容量大，因此，只有借助计算机才能有效地处理调研数据。问卷回收后，首先对问卷进行初步的筛选，舍弃不合格的问卷；然后对问卷进行编码，每个题项采用 5 级评分，1 代表“完全不同意”，5 代表“完全同意”，2 代表比较不同意，3 代表一般，4 代表比较同意。先将数据输入 EXCEL 进行初步统计，然后导入 SPSS 26.0 进行数据的统计与分析，主要的统计和检验方法有描述性统计、t 检验等。

② 质性研究

质性研究与量化研究比较，其优势在于可以揭示事物发展的规律。对于大学生价值观教育问题，仅仅依靠量化研究是不够的，这是因为很多影响因素是潜在的，需要长时间的系统研究，并且有些问题难以通过数据的统计得以呈现与反映。因此，质性研究往往更能了解和把握大学生价值观教育的内在本质情况。笔者在质性研究的过程中，主要采用个人访谈的方法，并在访谈的基础上辅以研究资料进行分析，尽可能归纳出一些规律性的结论。访谈前事先设定好相关问题，其中既有封闭式提问又有开放式提问；双方确定访谈的时间、地点；访谈过程中认真做记录。为了保证问卷的准确性，访谈者在征得受访者同意的情况下对访谈过程进行录音。对每位对象的访谈时间控制在 30 分钟到 1 小时，具体时间不等。访谈主要就大学生价值观教育现实情况和面临的问题进行深入的了解，在此基础上，对访谈的情况进行认真梳理，归纳总结，并形成文本。

（二）价值观教育的调查分析

高等教育作为国家培养未来建设者的重要环节，发挥着举足轻重的作用，高等教育事业的成败事关国家事业的兴衰。从社会背景和高校校园环境出发，在当前的社会环境下了解大学生价值观教育的基本情况，通过对比中英大学生价值观教育现状，试图为高校有针对性地开展大学生价值观教育打下坚实的基础。

1. 价值观教育的主客体层面

对于“我对社会价值观的学习保持较高的积极性”题项，中国大学生中，67.39%的人选择“完全同意”，20.55%的人选择“同意”，11.88%的人选择“一般”，0.12%的人选择“不同意”，0.06%的人选择“完全不同意”（图 5.1）。英国大学生中，37.18%的人选择“完全同意”，24.13%的人选择“同意”，28.04%的人选择“一般”，8.91%的人选择“不同意”，1.74%的人选择“完全不同意”（图5.2）。对该题项采用1（完全不同意）~5（完全同意）级评分，独立样本 t 检验发现，中英两国大学生在该问题的答案上存在显著性差异（$t=7.10$，$p=0.000$），中国大学生同意倾向得分显著高于英国大学生（表5.4）。数据表明，中国大学生普遍认识到价值观的重要性，对社会价值观的学习有较高的积极性，而英国大学生对社会价值观的学习积极性较低。

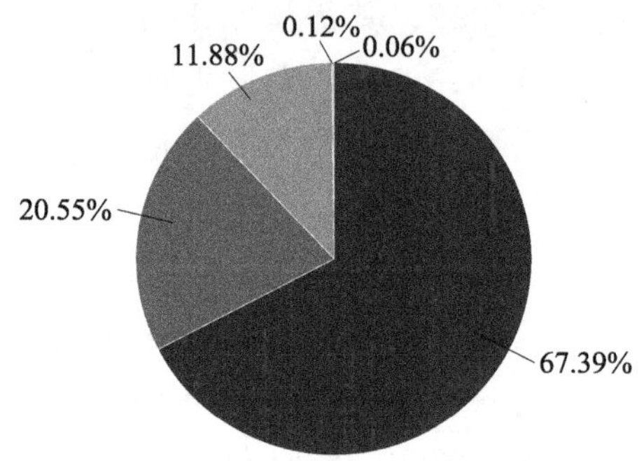

图5.1 “我对社会价值观的学习保持较高的积极性”题项上的人数分布图（中国）

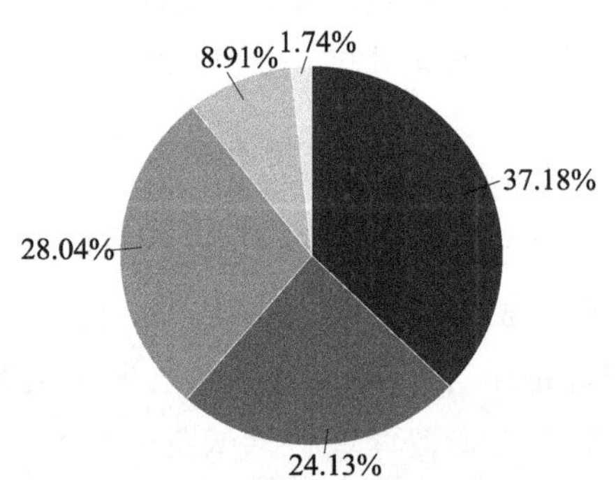

图5.2 “我对社会价值观的学习保持较高的积极性”题项上的人数分布图（英国）

表 5.4　“我对社会价值观的学习保持较高的积极性”题项上中英大学生的得分对比

条目	中国大学生（$M\pm SD$）	英国大学生（$M\pm SD$）	t	p
我对社会价值观的学习保持较高的积极性	4.55±0.71	3.86±2.05	7.10***	0.000

注：*** 表示在 0.005 水平上显著。

对于“我虽然了解价值观的内容，但对其深层次含义不够了解”题项，中国大学生中，32.31%的人选择“完全同意”，24.76%的人选择“同意”，32.42%的人选择“一般”，5.05%的人选择“不同意”，5.46%的人选择“完全不同意”（图 5.3）。英国大学生中，15.87%的人表示“完全同意”，21.74%的人选择“同意”，44.35%的人选择“一般”，17.39%的人选择“不同意”，0.65%的人选择“完全不同意”（图 5.4）。对该题项采用 1（完全不同意）~5（完全同意）级评分，独立样本 t 检验发现，中英两国大学生在该问题的答案上存在显著性差异（$t=4.20$，$p=0.000$），中国大学生同意倾向得分显著高于英国大学生（表 5.5）。这说明大部分中英大学生对社会核心价值观的深层含义认识有待增强。相较于英国大学生，中国大学生对价值观深层次内涵掌握度的自我评价较低。

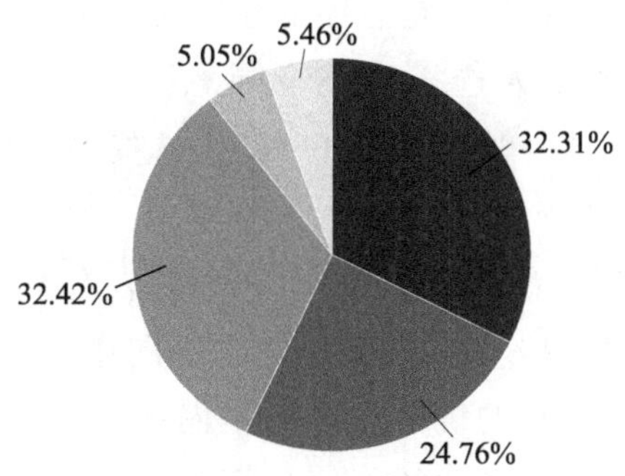

图 5.3　“我虽然了解社会价值观的内容，但对其深层次含义不够了解”题项上的人数分布图（中国）

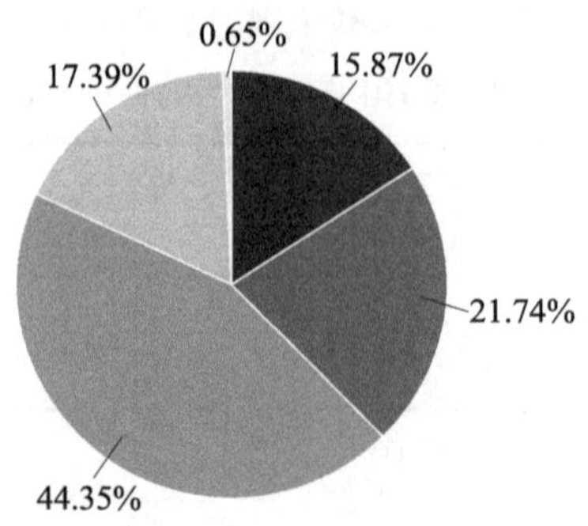

图 5.4 "我虽然了解社会价值观的内容，但对其深层次含义不够了解"题项上的人数分布图（英国）

表 5.5 "我虽然了解价值观的内容，但对其深层次含义不够了解"题项上中英大学生的得分对比

条目	中国大学生（$M \pm SD$）	英国大学生（$M \pm SD$）	t	p
虽然我了解价值观的内容，但对其深层次含义不够了解	3.73±1.13	3.35±1.85	4.20***	0.000

注：*** 表示在 0.005 水平上显著。

对于"我受到的价值观教育是倡导个性发展，坚持自由发展"题项，中国大学生中，24.58%的人选择"完全同意"，25.00%的人选择"同意"，32.48%的人选择"一般"，15.86%的人选择"不同意"，2.08%的人选择"完全不同意"（图 5.5）。英国大学生中，41.95%的人选择"完全同意"，24.57%的人选择"同意"，24.35%的人选择"一般"，7.39%的人选择"不同意"，1.74%的人选择"完全不同意"（图 5.6）。这说明当下超过半数的大学生受到的价值观教育是倡导个性自由发展的。相较于中国大学生，英国大学生受到的价值教育观更加多元化。对该题项采用 1（完全不同意）~5（完全同意）级评分，独立样本 t 检验发现，中英两国大学生在该问题的答案上存在显著性差异（$t=-4.50$，$p=0.000$），中国大学生同意倾向得分显著低于英国大学生（表 5.6）。

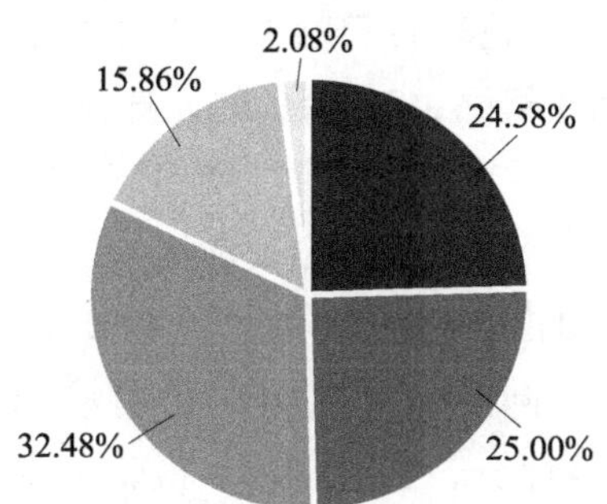

图 5.5　“我受到的价值观教育是倡导个性发展，坚持自由发展”题项上的人数分布图（中国）

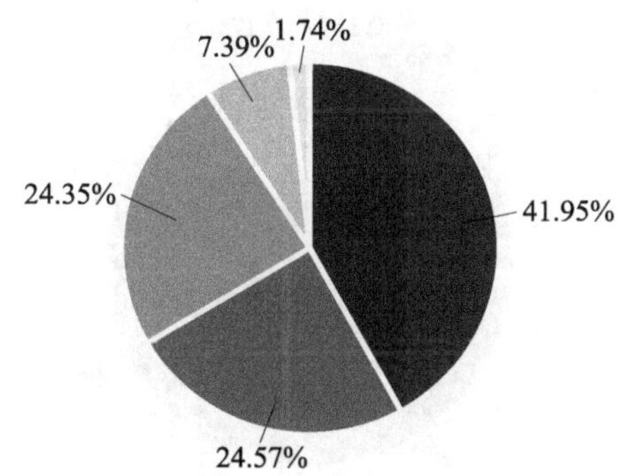

图 5.6　“我受到的价值观教育是倡导个性发展，坚持自由发展”题项上的人数分布图（英国）

表 5.6　“我受到的价值观教育是倡导个性发展，坚持自由发展”题项上中英大学生的得分对比

条目	中国大学生（$M\pm SD$）	英国大学生（$M\pm SD$）	t	p
我受到的价值观教育是倡导个性发展，坚持自由发展	3.54±1.09	3.98±2.02	-4.50^{***}	0.000

注：*** 表示在 0.005 水平上显著。

对于“我受到的价值观教育符合社会道德”题项，中国大学生中，68.05%的人选择“完全同意”，21.97%的人选择“同意”，9.68%的人选择“一般”，0.18%的人选择“不同意”，0.12%的人选择“完全不同意”（图5.7）。英国大学生中，37.39%的人选择“完全同意”，30.43%的人选择“同意”，26.74%的人选择“一般”，4.35%的人选择“不同意”，1.09%的人选择“完全不同意”（图5.8）。对该题项采用1（完全不同意）~5（完全同意）级评分，独立样本 t 检验发现，中英两国大学生在该问题的答案上存在显著性差异（$t=6.79$，$p=0.000$），中国大学生同意倾向得分显著高于英国大学生（表5.7）。这说明大部分大学生都认为个体价值观与社会道德相符，且中国大学生比英国大学生更加认同社会道德对价值观的影响。

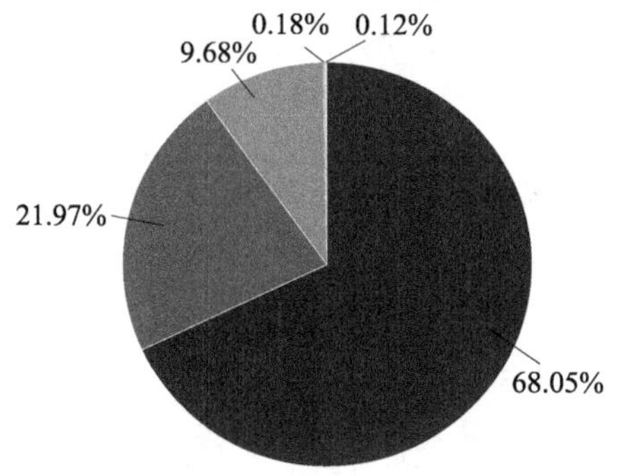

图5.7 “我受到的价值观教育符合社会道德”题项上的人数分布图（中国）

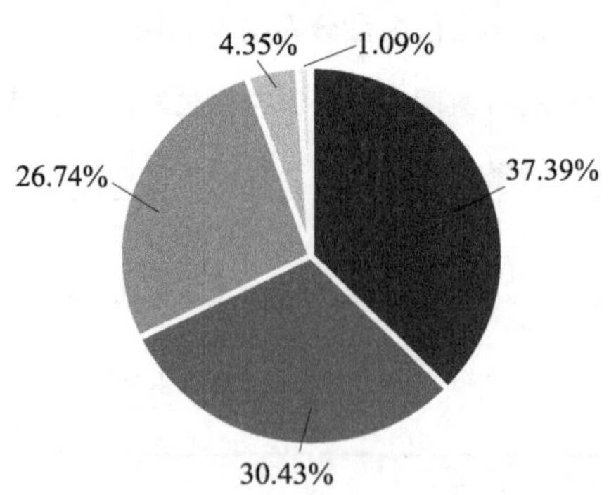

图5.8 “我受到的价值观教育符合社会道德”题项上的人数分布图（英国）

表 5.7　“我受到的价值观教育符合社会道德”题项上中英大学生的得分对比

条目	中国大学生（$M \pm SD$）	英国大学生（$M \pm SD$）	t	p
我受到的价值观教育符合社会道德	4.58±0.68	3.99±1.83	6.79***	0.000

注：*** 表示在 0.005 水平上显著。

对于“学校老师们都很爱岗敬业，积极提升自身的价值观教育水平”题项，中国大学生中，52.84%的人选择“完全同意”，30.17%的人选择“同意”，16.21%的人选择“一般”，0.42%的人选择“不同意”，0.36%的人选择“完全不同意”（图 5.9）。英国大学生中，18.91%的人选择“完全同意”，27.83%的人选择“同意”，47.39%的人选择“一般”，5.00%的选择“不同意”，0.87%的人选择“完全不同意”（图 5.10）。对该题项采用 1（完全不同意）~5（完全同意）级评分，独立样本 t 检验发现，中英两国大学生在该问题的答案上存在显著性差异（$t=9.42$，$p=0.000$），中国大学生同意倾向得分显著高于英国大学生（表 5.8）。

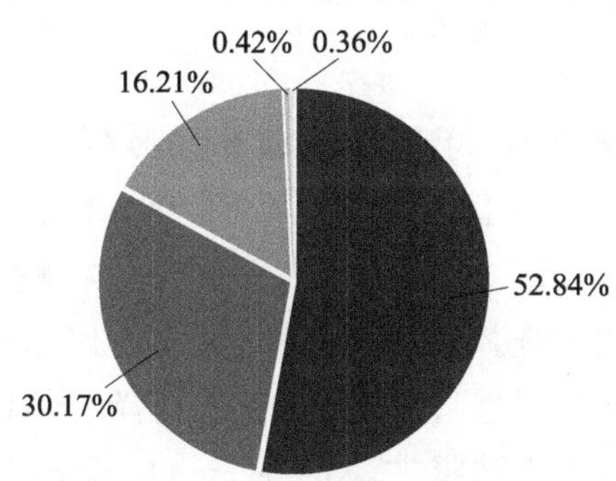

图 5.9　“学校老师们都很爱岗敬业，积极提升自身的价值观教育水平”题项上的人数分布图（中国）

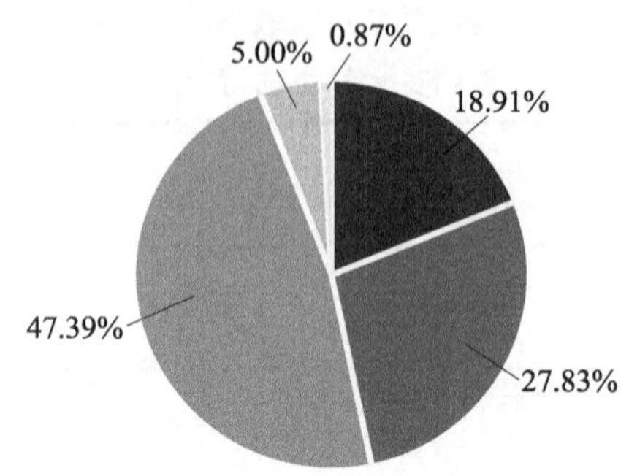

图 5.10 “学校老师们都很爱岗敬业，积极提升自身的价值观教育水平”题项上的人数分布图（英国）

表 5.8 “学校老师们都很爱岗敬业，积极提升自身的价值观教育水平”题项上中英大学生的得分对比

条目	中国大学生（$M\pm SD$）	英国大学生（$M\pm SD$）	t	p
学校老师们都很爱岗敬业，积极提升自身的价值观教育水平	4.35±0.79	3.59±1.68	9.42***	0.000

注：*** 表示在 0.005 水平上显著。

在“相比专业课教师，我认为思政课教师在大学生价值观教育方面的影响更大”题项中，中国大学生中，38.90%的人选择“完全同意”，32.36%的人选择“同意”，26.07%的人选择“一般”，1.78%的人选择“不同意”，0.89%的人选择“完全不同意”（图 5.11）。英国大学生中，4.78%的人选择“完全同意”，22.83%的人选择“同意”，39.57%的人选择“一般”，21.52%的人选择“不同意”，11.30%的人选择“完全不同意”（图 5.12）。对该题项采用 1（完全不同意）~5（完全同意）级评分，独立样本 t 检验发现，中英两国大学生在该问题的答案上存在显著性差异（$t=12.55$，$p=0.000$），中国大学生认同倾向得分显著高于英国大学生（表 5.9）。

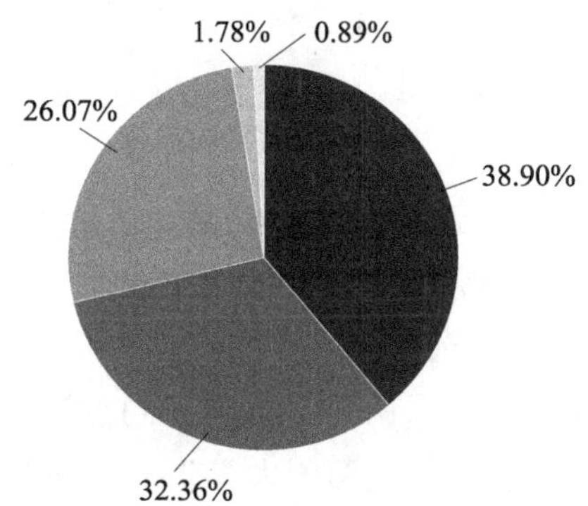

图 5.11　“相比专业课教师，我认为思政课教师在大学生价值观教育方面的影响更大”题项上的人数分布图（中国）

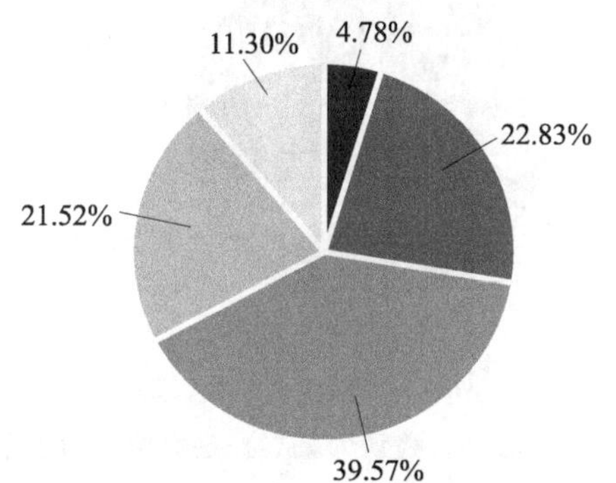

图 5.12　“相比专业课教师，我认为思政课教师在大学生价值观教育方面的影响更大”题项上的人数分布图（英国）

表 5.9　“相比专业课教师，我认为思政课教师在大学生价值观教育方面的影响更大”题项上中英大学生的得分对比

条目	中国大学生（$M \pm SD$）	英国大学生（$M \pm SD$）	t	p
相比专业课教师，我认为思政课教师在大学生价值观教育方面的影响更大	4.07±0.89	2.88±1.98	12.55***	0.000

注：***表示在 0.005 水平上显著。

在“相比专业课教师，我认为辅导员在大学生价值观教育方面的影响更大”题项中，中国大学生中，37.53%的人选择“完全同意”，33.37%的人选择“同意”，27.02%的人选择“一般”，0.89%的人选择“不同意”，1.19%的人选择“完全不同意”（图5.13）。英国大学生中，2.17%的人选择“完全同意”，29.13%的人选择“同意”，45.22%的人选择“一般”，20.00%的人选择“不同意”，3.48%的人选择“完全不同意”（图5.14）。对该题项采用1（完全不同意）~5（完全同意）级评分，独立样本t检验发现，中英两国大学生在该问题的答案上存在显著性差异（$t=12.47$，$p=0.000$），中国大学生认同倾向得分显著高于英国大学生（表5.10）。

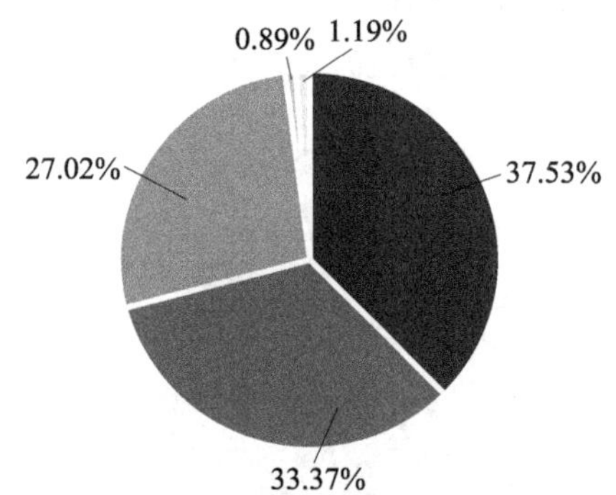

图5.13 “相比专业课教师，我认为辅导员在大学生价值观教育方面的影响更大”题项上的人数分布图（中国）

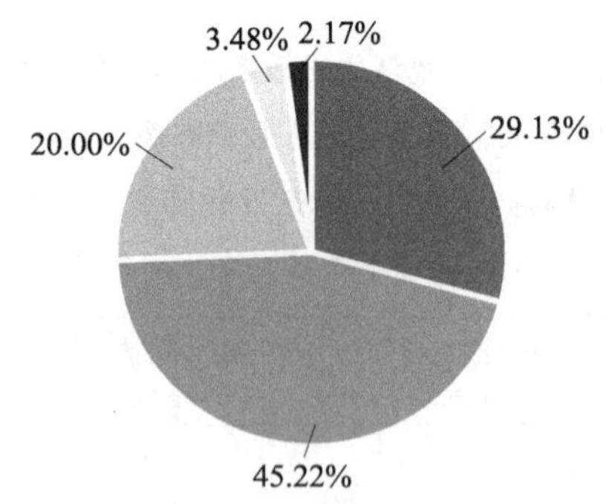

图5.14 “相比专业课教师，我认为辅导员在大学生价值观教育方面的影响更大”题项上的人数分布图（英国）

表 5.10　“相比专业课教师，我认为辅导员在大学生价值观教育方面的影响更大”题项上中英大学生的得分对比

条目	中国大学生 （*M*±*SD*）	英国大学生 （*M*±*SD*）	*t*	*p*
相比专业课教师，我认为辅导员在大学生价值观教育方面的影响更大	4.05±0.89	3.07±1.62	12.47***	0.000

注：*** 表示在 0.005 水平上显著。

2. 价值观教育的影响因素

对于“网络已经成为我生活的一部分，它很大程度上影响着我的价值观”题项，中国大学生中，37.30%的人选择“完全同意”，28.56%的人选择“同意”，28.86%的人选择“一般”，3.68%的人选择“不同意”，1.60%的人选择“完全不同意”（图 5.15）。英国大学生中，44.13%的人选择“完全同意”，29.57%的人选择“同意”，18.04%的人选择“一般”，7.39%的人选择“不同意”，0.87%的人选择“完全不同意”（图 5.16）。对该题项采用 1（完全不同意）~5（完全同意）级评分，独立样本 *t* 检验发现，中英两国大学生在该问题的答案上并不存在显著性差异（$t=-1.42$，$p=0.157$），说明中英两国的网络都影响大学生的价值观教育（表 5.11）。

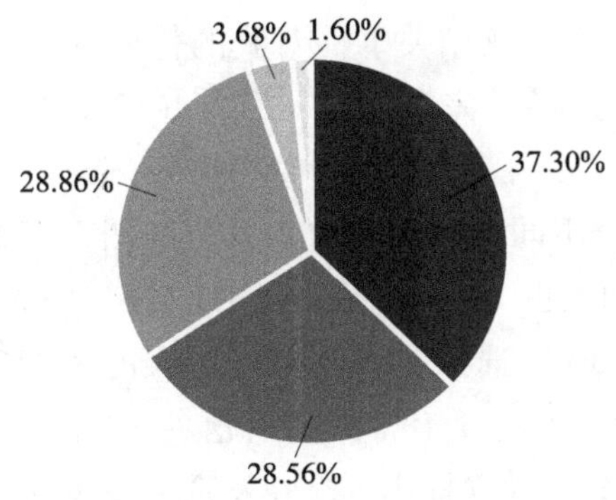

图 5.15　“网络已经成为我生活的一部分，它很大程度上影响着我的价值观”题项上的人数分布图（中国）

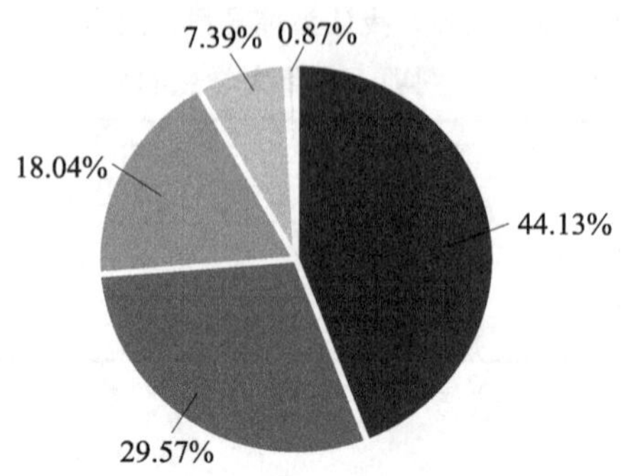

图 5.16 “网络已经成为我生活的一部分，它很大程度上影响着我的价值观”题项上的人数分布图（英国）

表 5.11 “网络已经成为我生活的一部分，它很大程度上影响着我的价值观”题项上中英大学生的得分对比

条目	中国大学生（$M\pm SD$）	英国大学生（$M\pm SD$）	t	p
网络已经成为我生活的一部分，它很大程度上影响着我的价值观	3.96±0.98	4.09±1.90	−1.42	0.157

对于“恐怖袭击主义及相关事件对我的价值观存在巨大的威胁”题项，中国大学生中，选择“完全同意”的人占17.39%，选择“同意”的人占10.87%，选择“一般”的人占36.94%，选择“不同意”的人占32.60%，选择“完全不同意”的人占2.20%（图5.17）。英国大学生中，选择“完全同意”的人占28.91%，选择“同意”的人占27.17%，选择“一般”的人占33.70%，选择“不同意”的人占9.35%，选择“完全不同意”的人占0.87%（图5.18）。对该题项采用1（完全不同意）~5（完全同意）级评分，独立样本t检验发现，中英两国大学生在该问题的答案上存在显著性差异（$t=-6.96$，$p=0.000$），中国大学生同意倾向得分显著低于英国大学生（表5.12）。

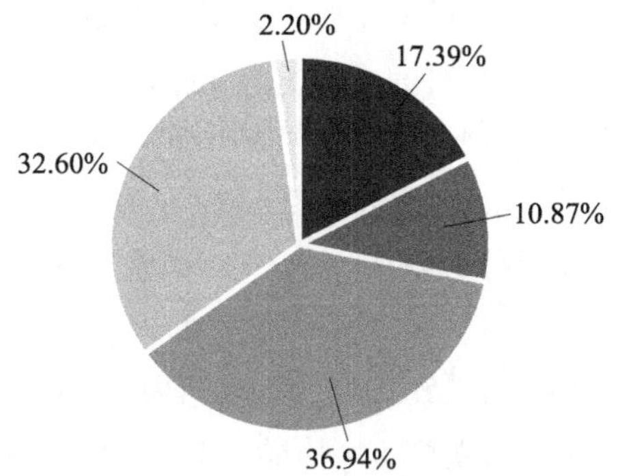

图 5.17　“恐怖袭击主义及相关事件对我的价值观存在巨大的威胁”题项上的人数分布图（中国）

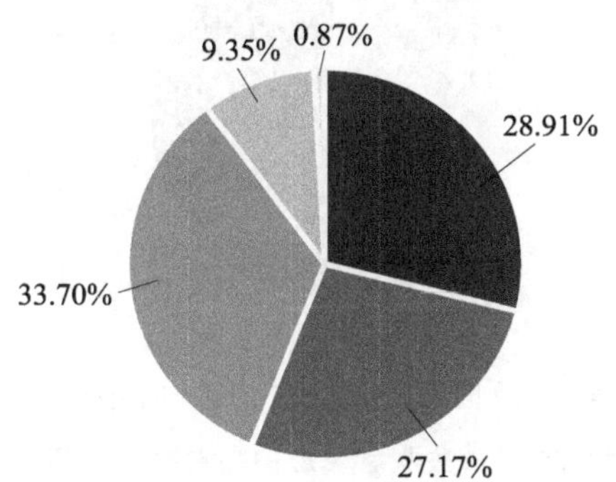

图 5.18　“恐怖袭击主义及相关事件对我的价值观存在巨大的威胁”题项上的人数分布图（英国）

表 5.12　“恐怖袭击主义及相关事件对我的价值观存在巨大的威胁”题项上中英大学生的得分对比

条目	中国大学生（$M \pm SD$）	英国大学生（$M \pm SD$）	t	p
恐怖袭击主义及相关事件对我的价值观存在巨大的威胁	3.09±1.10	3.74±1.92	-6.96^{***}	0.000

注：*** 表示在 0.005 水平上显著。

对于“社会风气、社会观念无形中会对我的价值观造成一定的影响”题项，中国大学生中，选择“完全同意”的人占 37.35%，选择“同意”的人占 30.46%，选择“一般”的人占 26.66%，选择“不同意”的人占 3.15%，选择“完全不同意”的人占 2.38%（图 5.19）。英国大学生中，选择“完全同意”的人占 13.26%，选择“同意”的人占 33.04%，选择“一般”的人占 33.70%，选择“不同意”的人占 18.91%，选择“完全不同意”的人占 1.09%（图 5.20）。对该题项采用 1（完全不同意）~5（完全同意）级评分，独立样本 t 检验发现，中英两国大学生在该问题的答案上存在显著性差异（$t=6.55$，$p=0.000$），中国大学生同意倾向得分显著高于英国大学生（表 5.13）。

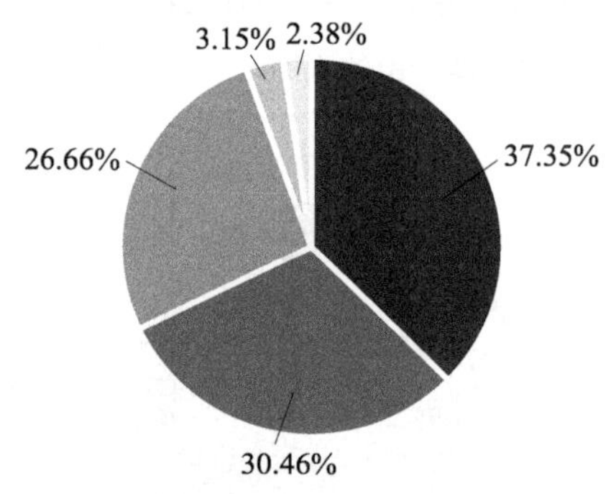

图 5.19 “社会风气、社会观念无形中会对我的价值观造成一定的影响”题项上的人数分布图（中国）

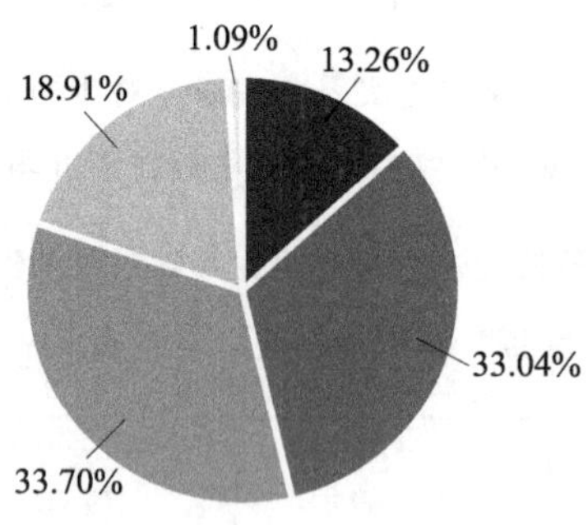

图 5.20 “社会风气、社会观念无形中会对我的价值观造成一定的影响”题项上的人数分布图（英国）

表 5.13　“社会风气、社会观念无形中会对我的价值观造成一定的影响”题项上中英大学生的得分对比

条目	中国大学生（$M\pm SD$）	英国大学生（$M\pm SD$）	t	p
社会风气、社会观念无形中会对我的价值观造成一定的影响	3.97±0.99	3.38±1.86	6.55***	0.000

注：*** 表示在 0.005 水平上显著。

3. 价值观教育的方法

对于“学校举办的实习实训、勤工俭学等活动能够帮助我不断完善价值观”题项，中国大学生中，选择“完全同意”的人占 52.31%，选择“同意”的人占 30.40%，选择“一般”的人占 15.62%，选择“不同意”的人占 1.31%，选择“完全不同意”的人占 0.36%（图 5.21）。英国大学生中，选择“完全同意”的人占 26.31%，选择“同意”的人占 38.26%，选择“一般”的人占 21.30%，选择“不同意”的人占 13.04%，选择“完全不同意”的人占 1.09%（图 5.22）。对该题项采用 1（完全不同意）~5（完全同意）级评分，独立样本 t 检验发现，中英两国大学生在该问题的答案上存在显著性差异（$t=6.13$，$p=0.000$），中国大学生同意倾向得分显著高于英国大学生（表 5.14）。

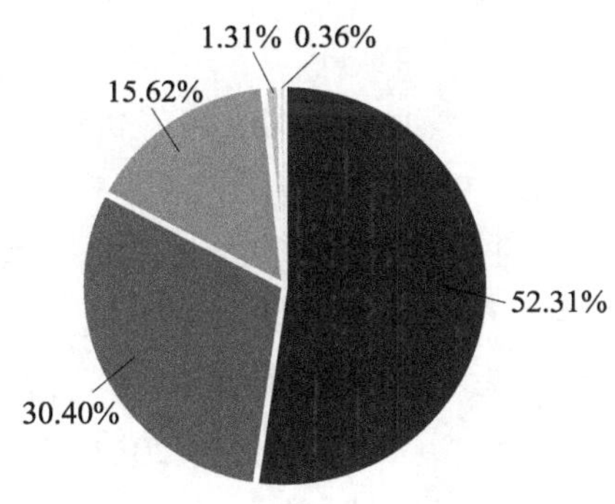

图 5.21　“学校举办的实习实训、勤工俭学等活动能够帮助我不断完善价值观”题项上的人数分布图（中国）

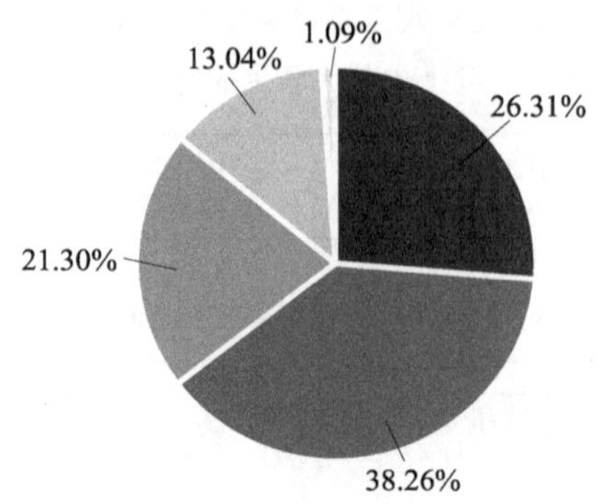

图 5.22 "学校举办的实习实训、勤工俭学等活动能够帮助我不断完善价值观"题项上的人数分布图（英国）

表 5.14 "学校举办的实习实训、勤工助学等活动能够帮助我不断完善价值观"题项上中英大学生的得分对比

条目	中国大学生（$M\pm SD$）	英国大学生（$M\pm SD$）	t	p
学校举办的实习实训、勤工俭学等活动能够帮助我不断完善价值观	4.33±0.81	3.76±1.95	6.13***	0.000

注：*** 表示在 0.005 水平上显著。

对于"我在专业课的课堂上也学到了许多价值观念，如伦理、道德、法律方面的知识"题项，中国大学生中，选择"完全同意"的人占 51.60%，选择"同意"的人占 30.94%，选择"一般"的人占 16.57%，选择"不同意"的人占 0.65%，选择"完全不同意"的人占 0.24%（图 5.23）。英国大学生中，选择"完全同意"的人占 24.13%，选择"同意"的人占 23.91%，选择"一般"的人占 20.22%，选择"不同意"的人占 27.39%，选择"完全不同意"的人占 4.35%（图 5.24）。对该题项采用 1（完全不同意）~5（完全同意）级评分，独立样本 t 检验发现，中英两国大学生在该问题的答案上存在显著性差异（$t=8.68$，$p=0.000$），中国大学生同意倾向得分显著高于英国大学生（表 5.15）。

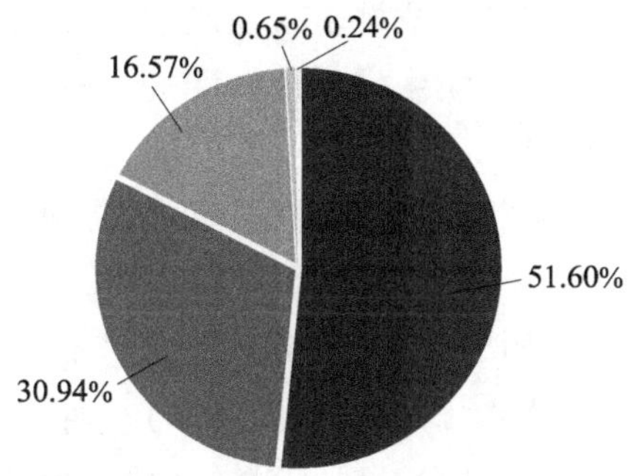

图 5.23　“我在专业课的课堂上也学到了许多价值观念，如伦理、道德、法律方面的知识”题项上的人数分布图（中国）

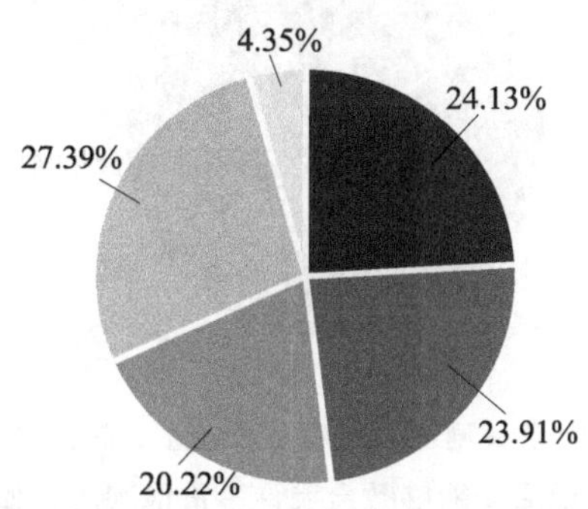

图 5.24　“我在专业课的课堂上也学到了许多价值观念，如伦理、道德、法律方面的知识”题项上的人数分布图（英国）

表 5.15　“我在专业课的课堂上也学到了许多价值观念，如伦理、道德、法律方面的知识”题项上中英大学生的得分对比

条目	中国大学生（$M \pm SD$）	英国大学生（$M \pm SD$）	t	p
我在专业课的课堂上也学到了许多价值观念，如伦理、道德、法律方面的知识	4.33±0.79	3.36±2.36	8.68***	0.000

注：*** 表示在 0.005 水平上显著。

对于“社团活动能够教会我许多价值观念，如公平意识、竞争观念、团队精神等”题项，中国大学生中，选择“完全同意”的占54.04%，选择“同意”的人占29.69%，选择“一般”的人占15.32%，选择“不同意”的人占0.65%，选择“完全不同意”的人占0.30%（图5.25）。英国大学生中，选择“完全同意”的人占34.99%，选择“同意”的人占34.57%，选择“一般”的人占23.26%，选择“不同意”的人占6.09%，选择“完全不同意”的人占1.09%（图5.26）。对该题项采用1（完全不同意）~5（完全同意）级评分，独立样本 t 检验发现，中英两国大学生在该问题的答案上存在显著性差异（$t=4.67$，$p=0.000$），中国大学生同意倾向得分显著高于英国大学生（表5.16）。

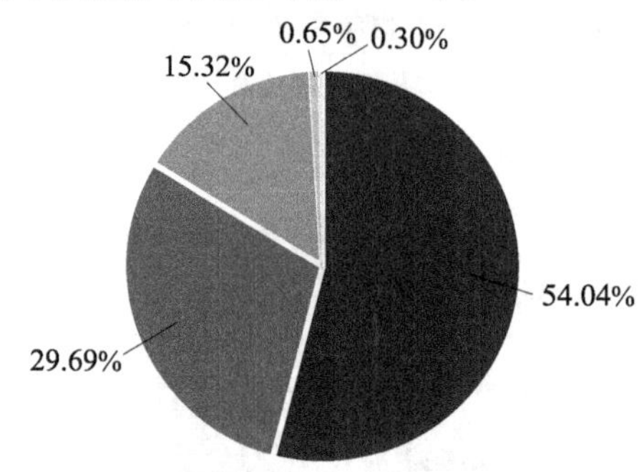

图5.25 “社团活动能够教会我许多价值观念，如公平意识、竞争观念、团队精神等”题项上的人数分布图（中国）

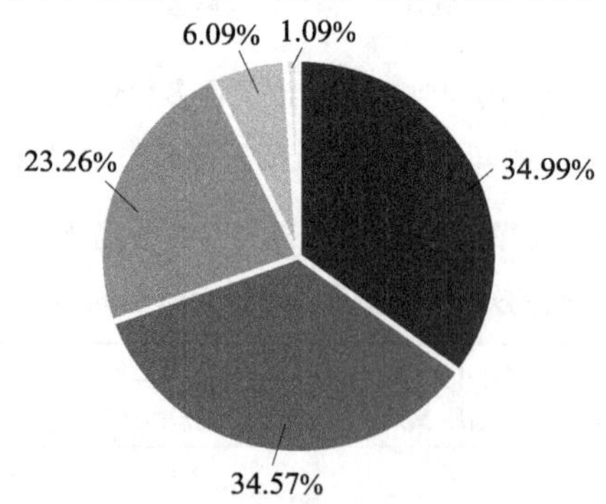

图5.26 “社团活动能够教会我许多价值观念，如公平意识、竞争观念、团队精神等”题项上的人数分布图（英国）

表 5.16　“社团活动能够教会我许多价值观念，如公平意识、竞争观念、团队精神等”题项上中英大学生的得分对比

条目	中国大学生（$M±SD$）	英国大学生（$M±SD$）	t	p
社团活动能够教会我许多价值观念，如公平意识、竞争观念、团队精神等	4.37±0.78	3.96±1.84	4.67***	0.000

注：*** 表示在 0.005 水平上显著。

对于“党政知识教育活动能够帮助我不断完善价值观”题项，中国大学生中，54.22%的人选择“完全同意”，28.74%的人选择“同意”，16.03%的人选择“一般”，0.53%的人选择“不同意”，0.48%的人选择“完全不同意”（图 5.27）。英国大学生中，15.43%的人选择“完全同意”，28.70%的人选择“同意”，28.91%的人选择“一般”，16.74%的人选择“不同意”，10.22%的人选择“完全不同意”（图 5.28）。对该题项采用 1（完全不同意）~5（完全同意）级评分，独立样本 t 检验发现，中英两国大学生在该问题的答案上存在显著性差异（t= 10.50，p = 0.000），中国大学生同意倾向得分显著高于英国大学生（表 5.17）。

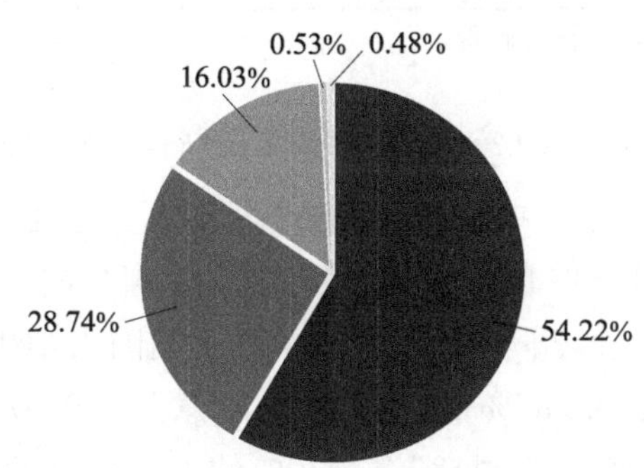

图 5.27　“党政知识教育活动能够帮助我不断完善价值观”题项上的人数分布图（中国）

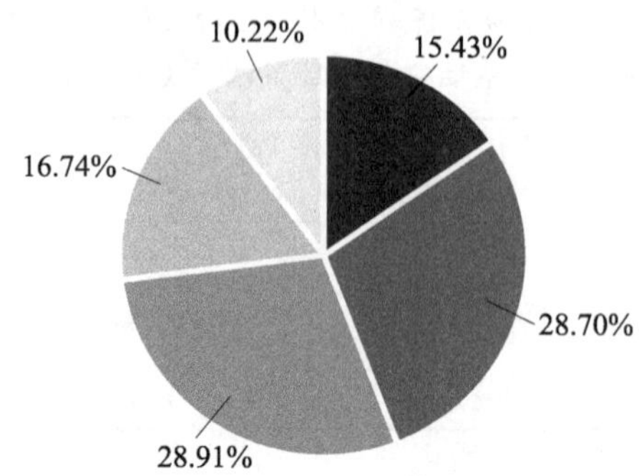

图 5.28　“党政知识教育活动能够帮助我不断完善价值观”题项上的人数分布图（英国）

表 5.17　“党政知识教育活动能够帮助我不断完善价值观”题项上中英大学生的得分对比

条目	中国大学生（$M \pm SD$）	英国大学生（$M \pm SD$）	t	p
党政知识教育活动能够帮助我不断完善价值观	4.36±0.80	3.22±2.29	10.50***	0.000

注：*** 表示在 0.005 水平上显著。

对于“学校的价值观教育偏向理论知识的传授，缺乏实践性的体验教学”题项，中国大学生中，32.55%的人选择“完全同意”，27.02%的人选择“同意”，32.60%的人选择“一般”，4.33%的人选择“不同意”，3.50%的人选择“完全不同意”（图 5.29）。英国大学生中，8.26%的人选择“完全同意”，45.87%的人选择“同意”，39.57%的人选择“一般”，5.00%的人选择“不同意”，1.30%的人选择“完全不同意”（图 5.30）。对该题项采用 1（完全不同意）~5（完全同意）级评分，独立样本 t 检验发现，中英两国大学生在该问题的答案上存在显著性差异（$t=3.55$，$p=0.000$），中国大学生认同倾向得分显著高于英国大学生（表 5.18）。

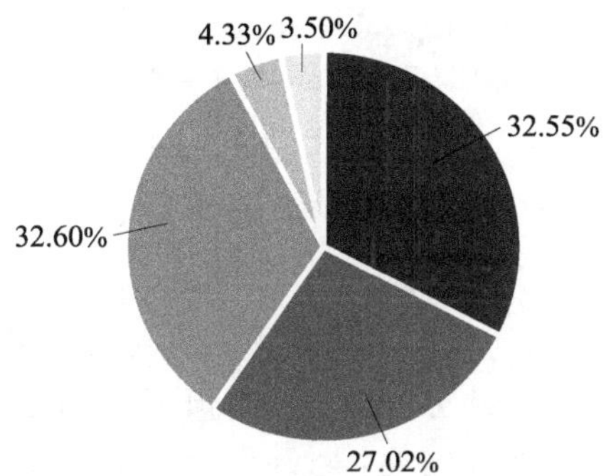

图 5.29　“学校的价值观教育偏向理论知识的传授，缺乏实践性的体验教学”题项上的人数分布图（中国）

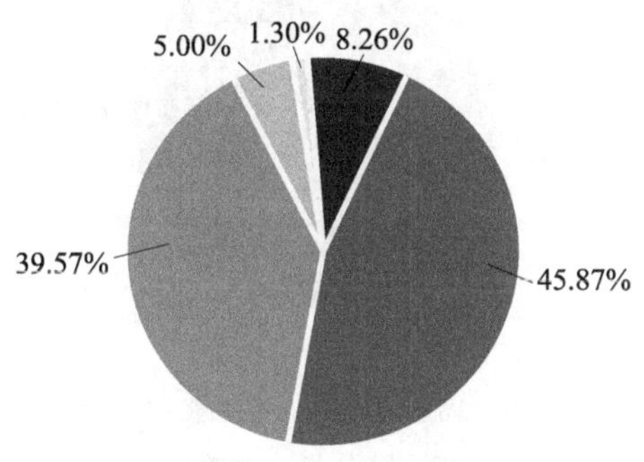

图 5.30　“学校的价值观教育偏向理论知识的传授，缺乏实践性的体验教学”题项上的人数分布图（英国）

表 5.18　“学校的价值观教育偏向理论知识的传授，缺乏实践性的体验教学”题项上中英大学生的得分对比

条目	中国大学生（$M\pm SD$）	英国大学生（$M\pm SD$）	t	p
学校的价值观教育偏向理论知识的传授，缺乏实践性的体验教学	3.81±1.05	3.55±1.47	3.55***	0.000

注：*** 表示在 0.005 水平上显著。

对于“学校对价值观教育分层分类，对教学方法、教学手段进行规划，设计出个性化教学模式”题项，中国大学生中，43.29%的人选择“完全同意”，31.41%的人选择“同意”，23.28%的人选择“一般”，1.54%的人选择“不同意”，0.48%的人选择“完全不同意”（图5.31）。英国大学生中，9.14%的人选择“完全同意”，25.00%的人选择“同意”，31.30%的人选择“一般”，27.17%的人选择“不同意”，7.39%的人选择“完全不同意”（图5.32）。对该题项采用1（完全不同意）~5（完全同意）级评分，独立样本 t 检验发现，中英两国大学生在该问题的答案上存在显著性差异（$t=11.49$，$p=0.000$），中国大学生认同倾向得分显著高于英国大学生（表5.19）。

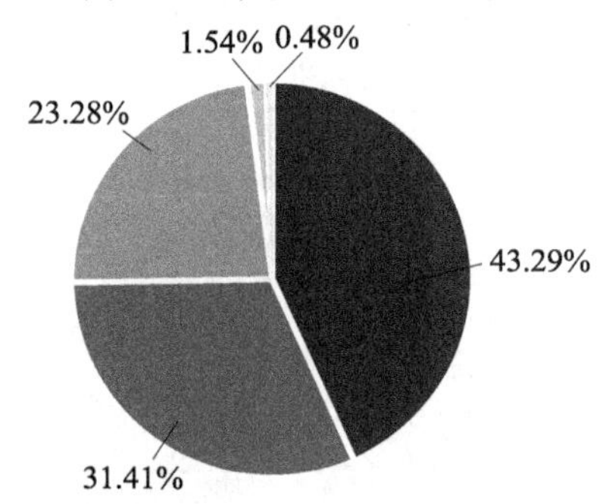

图5.31　“学校对价值观教育分层分类，对教学方法、教学手段进行规划，设计出个性化教学模式”题项上的人数分布图（中国）

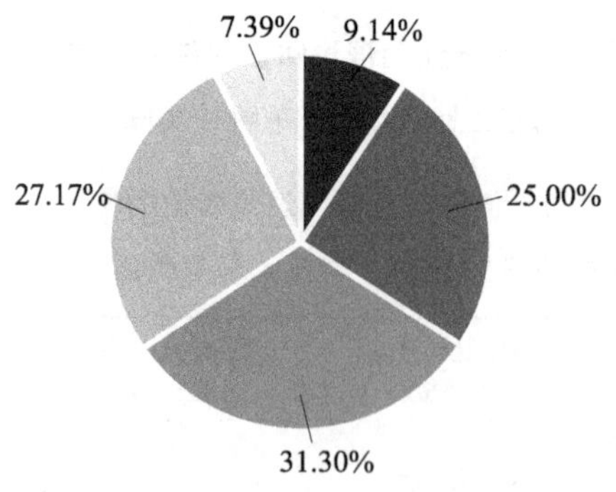

图5.32　“学校对价值观教育分层分类，对教学方法、教学手段进行规划，设计出个性化教学模式”题项上的人数分布图（英国）

表 5.19 “学校对价值观教育分层分类，对教学方法、教学手段进行规划，设计出个性化教学模式”题项上中英大学生的得分对比

条目	中国大学生（$M \pm SD$）	英国大学生（$M \pm SD$）	t	p
学校对价值观教育分层分类，对教学方法、教学手段进行规划，设计出个性化教学模式	4.15±0.86	3.01±2.08	11.49***	0.000

注：*** 表示在 0.005 水平上显著。

对于“学生会、班级举办形式多样的文体活动帮助我不断完善价值观”题项，中国大学生中，选择“完全同意”的人占 49.76%，选择“同意”的人占 30.82%，选择“一般”的人占 18.59%，选择“不同意”的人占 0.53%，选择“完全不同意”的人占 0.30%（图 5.33）。英国大学生中，选择“完全同意”的人占 20.86%，选择“同意”的人占 33.91%，选择“一般”的人占 34.57%，选择“不同意”的人占 9.57%，选择“完全不同意”的人占 1.09%（图 5.34）。对该题项采用 1（完全不同意）~5（完全同意）级评分，独立样本 t 检验发现，中英两国大学生在该问题的答案上存在显著性差异（$t=7.47$，$p=0.000$），中国大学生同意倾向得分显著高于英国大学生（表 5.20）。

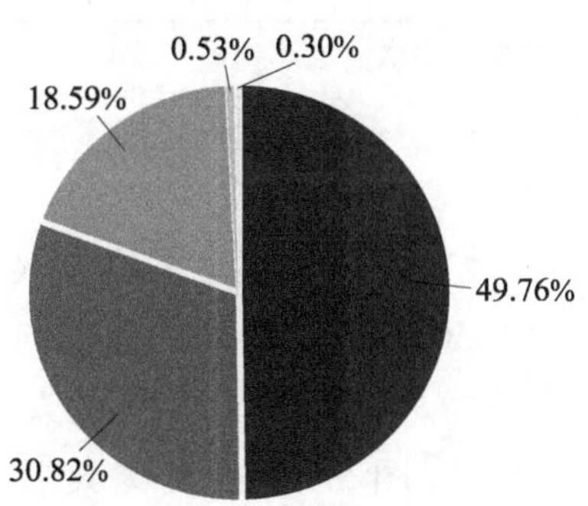

图 5.33 “学生会、班级举办形式多样的文体活动帮助我不断完善价值观”题项上的人数分布图（中国）

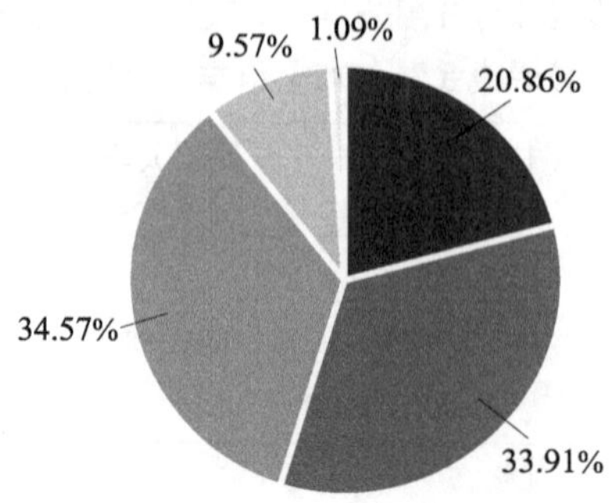

图 5.34 "学生会、班级举办形式多样的文体活动帮助我不断完善价值观"题项上的人数分布图（英国）

表 5.20 "学生会、班级举办形式多样的文体活动帮助我不断完善价值观"题项上中英大学生的得分对比

条目	中国大学生（$M \pm SD$）	英国大学生（$M \pm SD$）	t	p
学生会、班级举办形式多样的文体活动帮助我不断完善价值观	4.29±0.80	3.64±1.82	7.47***	0.000

注：*** 表示在 0.005 水平上显著。

4. 价值观教育的内容

对于"我认为，传统文化是大学生价值观教育的重要内容之一"题项，中国大学生中，51.30%的人选择"完全同意"，30.76%的人选择"同意"，17.22%的人选择"一般"，0.42%的人选择"不同意"，0.30%的人选择"完全不同意"（图 5.35）。英国大学生中，16.74%的人选择"完全同意"，27.17%的人选择"同意"，33.26%的人选择"一般"，12.61%的人选择"不同意"，10.22%的人选择"完全不同意"（图 5.36）。对该题项采用 1（完全不同意）~5（完全同意）级评分，独立样本 t 检验发现，中英两国大学生在该问题的答案上存在显著性差异（$t=9.71$，$p=0.000$），中国大学生认同倾向得分显著高于英国大学生（表 5.21）。

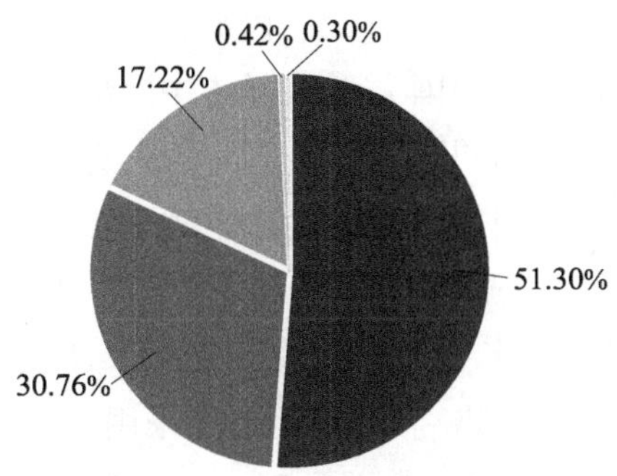

图 5.35　“我认为，传统文化是大学生价值观教育的重要内容之一”题项上的人数分布图（中国）

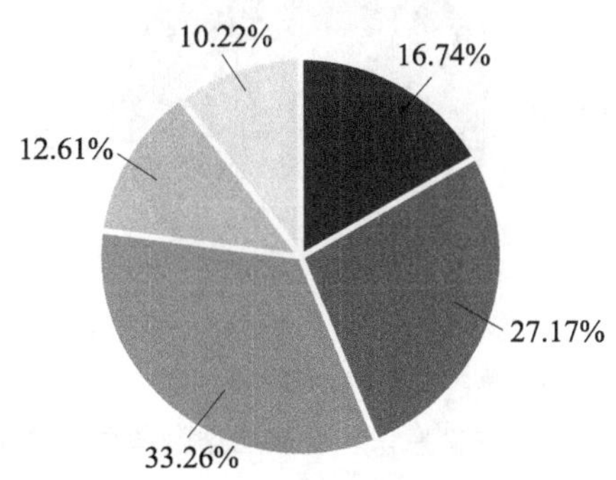

图 5.36　“我认为，传统文化是大学生价值观教育的重要内容之一”题项上的人数分布图（英国）

表 5.21　“我认为，传统文化是大学生价值观教育的重要内容之一”题项上中英大学生的得分对比

条目	中国大学生（$M±SD$）	英国大学生（$M±SD$）	t	p
我认为，传统文化是大学生价值观教育的重要内容之一	4. 32±0. 79	3. 28±2. 26	9. 71***	0. 000

注：*** 表示在 0. 005 水平上显著。

对于“我认为，爱国主义意识、民族团结精神是大学生价值观教育的重要内容之一”题项，中国大学生群体中，61.87%的人选择“完全同意”，25.12%的人选择“同意”，12.59%的人选择“一般”，0.18%的人选择“不同意”，0.24%的人选择“完全不同意”（图5.37）。英国大学生群体中，10.88%的人选择“完全同意”，21.30%的人选择“同意”，31.74%的人选择“一般”，25.43%的人选择“不同意”，10.65%的人选择“完全不同意”（图5.38）。对该题选项采用1（完全不同意）~5（完全同意）级评分，独立样本 t 检验发现，中英两国大学生在该问题的答案上存在显著性差异（$t=14.60$，$p=0.000$），中国大学生认同倾向得分显著高于英国大学生（表5.22）。

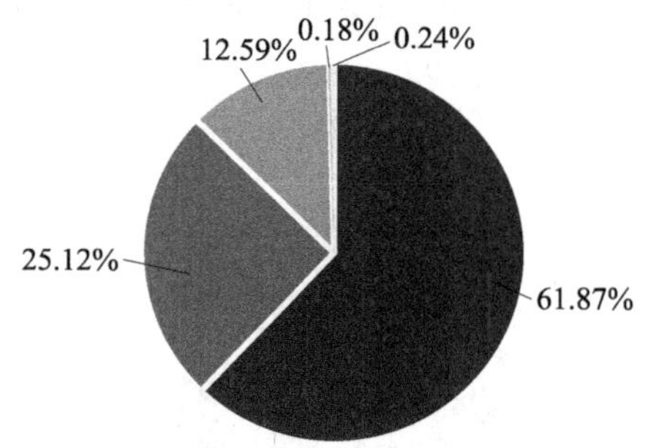

图5.37 “我认为，爱国主义意识、民族团结精神是大学生价值观教育的重要内容之一”题项上的人数分布图（中国）

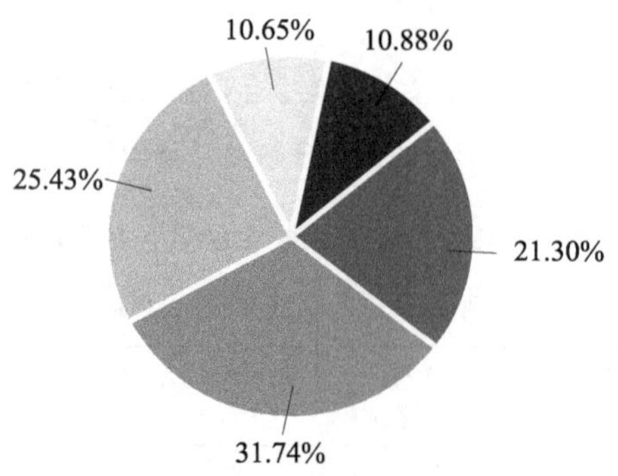

图5.38 “我认为，爱国主义意识、民族团结精神是大学生价值观教育的重要内容之一”题项上的人数分布图（英国）

表 5.22　“我认为，爱国主义意识、民族团结精神是大学生价值观教育的重要内容之一”题项上中英大学生的得分对比

条目	中国大学生（$M \pm SD$）	英国大学生（$M \pm SD$）	t	p
我认为，爱国主义意识、民族团结精神是大学生价值观教育的重要内容之一	4.48±0.74	2.96±2.20	14.60***	0.000

注：*** 表示在 0.005 水平上显著。

对于“我认为，仪式感教育是大学生价值观教育的重要内容之一”题项，中国大学生中，44.36%的人选择“完全同意”，28.80%的人选择“同意”，23.10%的人选择“一般”，2.26%的人选择“不同意”，1.48%的人选择“完全不同意”（图 5.39）。英国大学生中，4.35%的人选择“完全同意”，25.00%的人选择“同意”，35.43%的人选择“一般”，13.48%的人选择“不同意”，21.74%的人选择“完全不同意”（图 5.40）。对该题项采用 1（完全不同意）~5（完全同意）级评分，独立样本 t 检验发现，中英两国大学生在该问题的答案上存在显著性差异（$t=12.63$，$p=0.000$），中国大学生认同倾向得分显著高于英国大学生（表 5.23）。

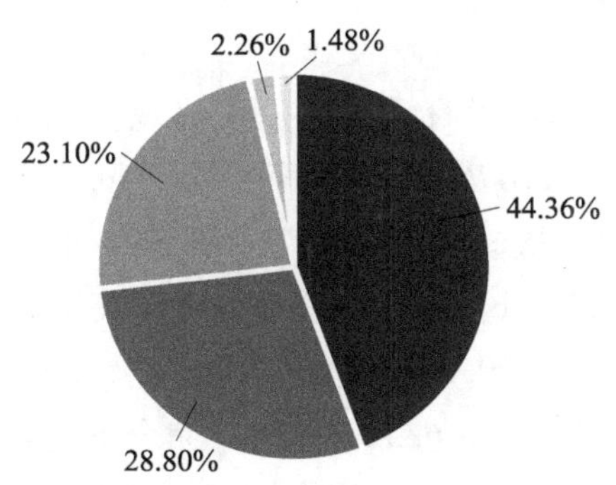

图 5.39　“我认为，仪式感教育是大学生价值观教育的重要内容之一”题项上的人数分布图（中国）

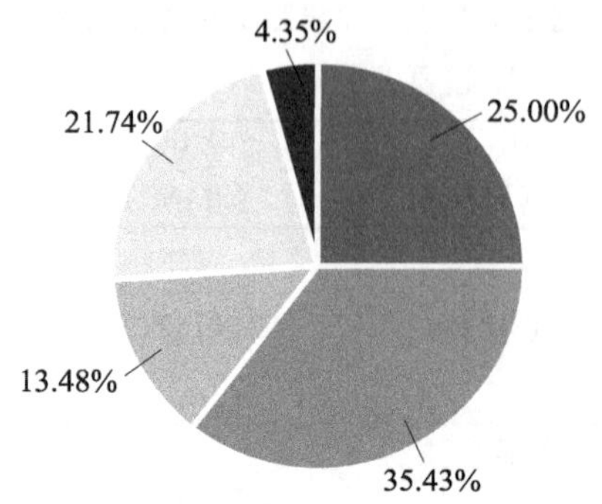

图 5.40 “我认为，仪式感教育是大学生价值观教育的重要内容之一”题项上的人数分布图（英国）

表 5.23 “我认为，仪式感教育是大学生价值观教育的重要内容之一”题项上中英大学生的得分对比

条目	中国大学生（$M\pm SD$）	英国大学生（$M\pm SD$）	t	p
我认为，仪式感教育是大学生价值观教育的重要内容之一	4.12±0.94	2.75±2.24	12.63***	0.000

注：*** 表示在 0.005 水平上显著。

对于“我认为，宗教教育是大学生价值观教育的重要内容之一”题项，中国大学生中，12.47%的人选择“完全同意”，14.55%的人选择“同意”，18.71%的人选择“一般”，35.51%的人选择“不同意”，18.76%的人选择“完全不同意”（图 5.41）。英国大学生中，32.17%的人选择“完全同意”，19.57%选择“同意”，34.13%选择“一般”，7.61%的人选择“不同意”，6.52%选择“完全不同意”（图 5.42）。对该题项采用 1（完全不同意）~5（完全同意）级评分，独立样本 t 检验发现，中英两国大学生在该问题的答案上存在显著性差异（$t=-8.76$，$p=0.000$），中国大学生认同倾向得分显著低于英国大学生（表 5.24）。

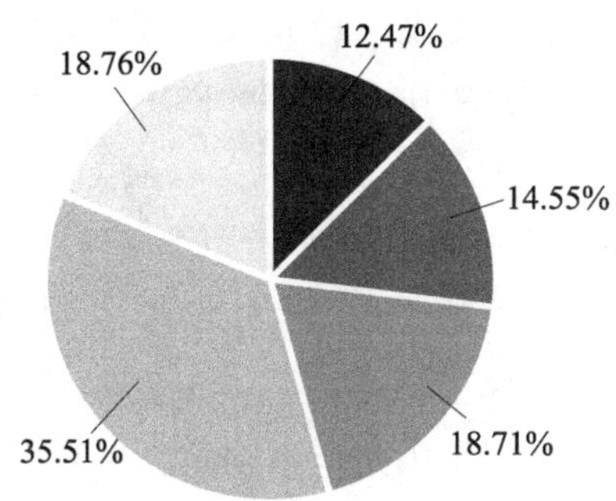

图 5.41　"我认为，宗教教育是大学生价值观教育的重要内容之一"题项上的人数分布图（中国）

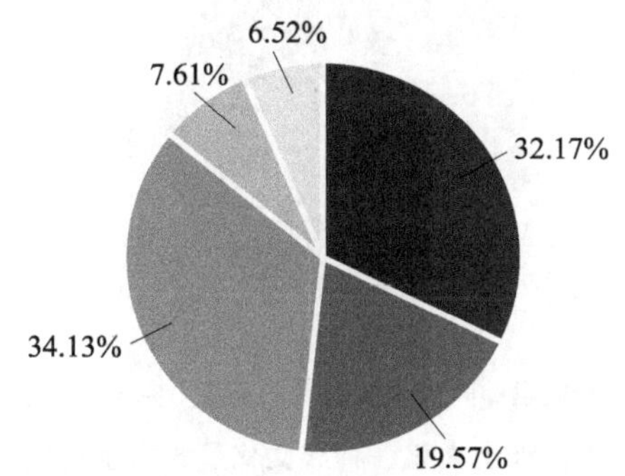

图 5.42　"我认为，宗教教育是大学生价值观教育的重要内容之一"题项上的人数分布图（英国）

表 5.24　"我认为，宗教教育是大学生价值观教育的重要内容之一"题项上中英大学生的得分对比

条目	中国大学生（$M \pm SD$）	英国大学生（$M \pm SD$）	t	p
我认为，宗教教育是大学生价值观教育的重要内容之一	2.66±1.28	3.62±2.28	-8.76^{***}	0.000

注：*** 表示在 0.005 水平上显著。

对于“我认为，绅士文化、种族文化是大学生价值观教育的重要内容之一”题项，中国大学生中，6.23%的人选择“完全同意”，37.47%的人选择“同意”，33.31%的人选择“一般”，16.75%的人选择“不同意”，6.24%的人选择“完全不同意”(图 5.43)。英国大学生中，39.56%的人选择“完全同意”，26.09%的人选择“同意”，27.17%的人选择“一般”，3.48%的人选择“不同意”，3.70%的人选择“完全不同意”(图 5.44)。对该题项采用 1（完全不同意）~5（完全同意）级评分，独立样本 t 检验发现，中英两国大学生在该问题的答案上存在显著性差异($t=-7.44$，$p=0.000$)，中国大学生认同倾向得分显著低于英国大学生(表 5.25)。

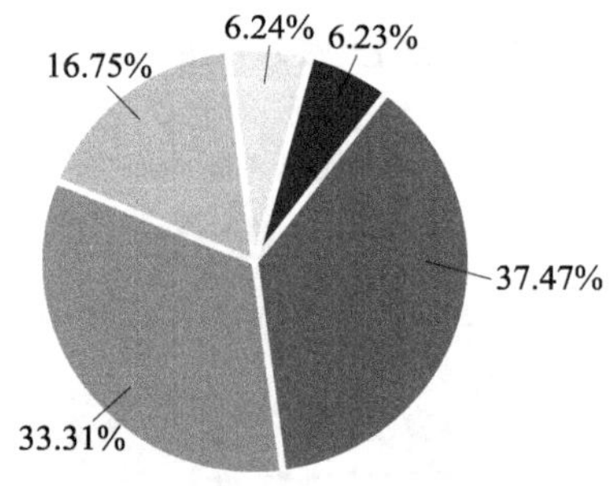

图 5.43　“我认为，绅士文化、种族文化是大学生价值观教育的重要内容之一”题项上的人数分布图（中国）

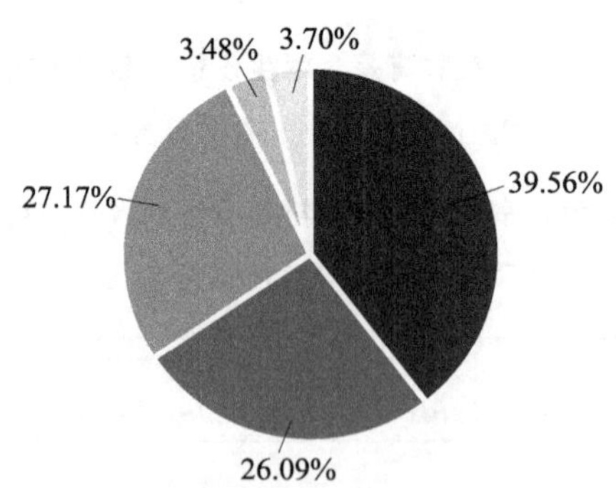

图 5.44　“我认为，绅士文化、种族文化是大学生价值观教育的重要内容之一”题项上的人数分布图（中国）

表 5.25　“我认为，绅士文化、种族文化是大学生价值观教育的重要内容之一”题项上中英大学生的得分对比

条目	中国大学生（$M \pm SD$）	英国大学生（$M \pm SD$）	t	p
我认为，绅士文化、种族文化是大学生价值观教育的重要内容之一	3.21±1.00	3.94±2.04	−7.44***	0.000

注：*** 表示在 0.005 水平上显著。

对于“我认为，个人品行的教育是大学生价值观教育的重要内容之一”题项，中国大学生中，59.62%的人选择“完全同意”，26.78%的人选择“同意”，13.24%的人选择“一般”，0.18%的人选择“不同意”，0.18%的人选择“完全不同意”（图 5.45）。英国大学生中，12.61%的人选择“完全同意”，54.13%的人选择“同意”，20.87%的人选择“一般”，8.26%的人选择“不同意”，4.13%的人选择“完全不同意”（图 5.46）。对该题项采用 1（完全不同意）~5（完全同意）级评分，独立样本 t 检验发现，中英两国大学生在该问题的答案上存在显著性差异（t=9.50，p=0.000），中国大学生认同倾向得分显著高于英国大学生（表 5.26）。

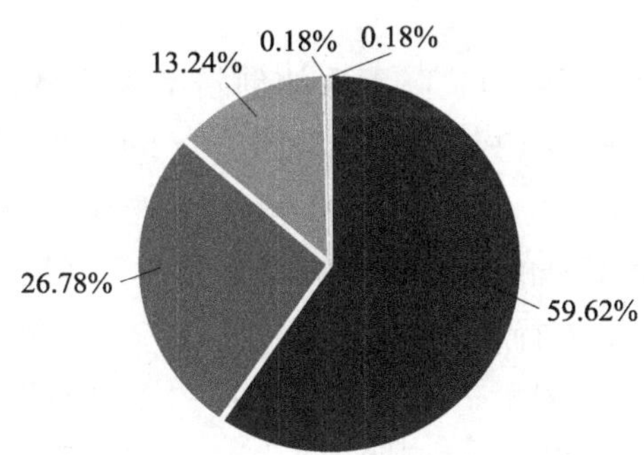

图 5.45　“我认为，个人品行的教育是大学生价值观教育的重要内容之一”题项上的人数分布图（中国）

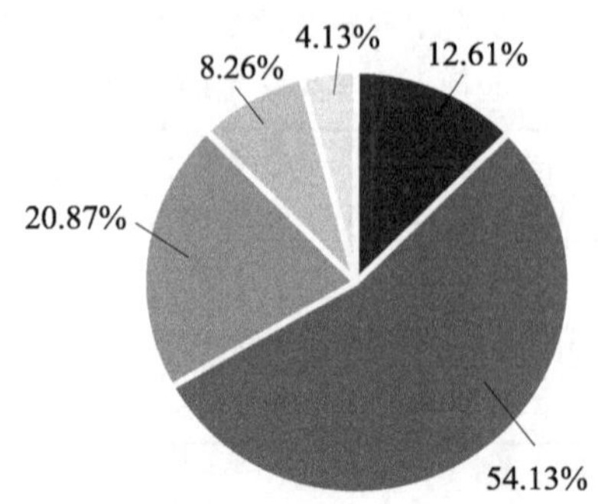

图 5.46 “我认为，个人品行的教育是大学生价值观教育的重要内容之一”题项上的人数分布图（英国）

表 5.26 “我认为，个人品行的教育是大学生价值观教育的重要内容之一”题项上中英大学生的得分对比

条目	中国大学生（$M \pm SD$）	英国大学生（$M \pm SD$）	t	p
我认为，个人品行的教育是大学生价值观教育的重要内容之一	4.45±0.74	3.63±1.81	9.50***	0.000

注：*** 表示在 0.005 水平上显著。

对于“我认为，高能力、高素质的创新型人才培养是大学生价值观教育的重要内容之一”题项，中国大学生中，59.38%的人选择“完全同意”，26.84%的人选择“同意”，13.60%的人选择“一般”，0.06%的人选择“不同意”，0.12%的人选择“完全不同意”（图 5.47）。英国大学生中，23.03%的人选择“完全同意”，50.22%的人选择“同意”，18.70%的人选择“一般”，7.83%的人选择“不同意”，0.22%的人选择“完全不同意”（图 5.48）。对该题项采用 1（完全不同意）~5（完全同意）级评分，独立样本 t 检验发现，中英两国大学生在该问题的答案上存在显著性差异（$t=7.26$，$p=0.000$），中国大学生认同倾向得分显著高于英国大学生（表 5.27）。

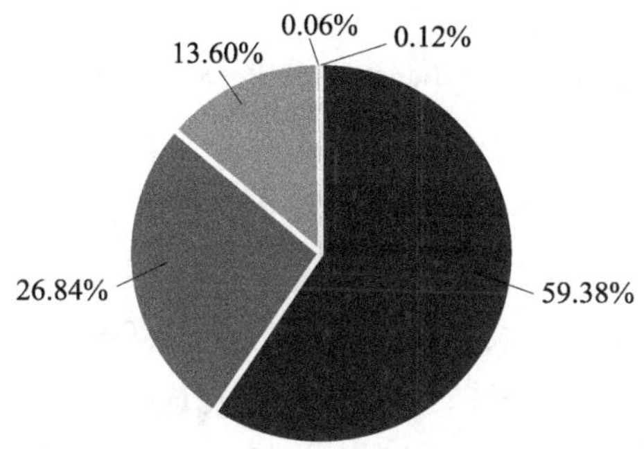

图 5.47　“我认为，高能力、高素质的创新型人才培养是大学生价值观教育的重要内容之一”题项上的人数分布图（中国）

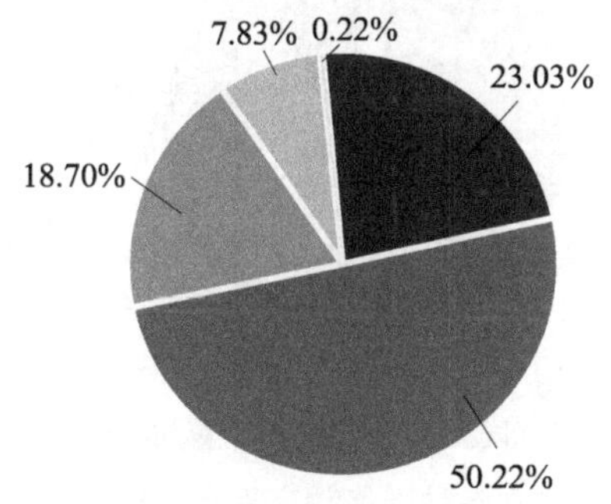

图 5.48　“我认为，高能力、高素质的创新型人才培养是大学生价值观教育的重要内容之一”题项上的人数分布图（英国）

表 5.27　“我认为，高能力、高素质的创新型人才培养是大学生价值观教育的重要内容之一”题项上中英大学生的得分对比

条目	中国大学生（$M \pm SD$）	英国大学生（$M \pm SD$）	t	p
我认为，高能力、高素质的创新型人才培养是大学生价值观教育的重要内容之一	4.45±0.73	3.88±1.64	7.26***	0.000

注：***表示在 0.005 水平上显著。

5. 价值观教育的载体

对于“学校通过建立多种网络教育平台，积极开展价值观教育”题项，中国大学生中，43.35%的人选择“完全同意”，30.70%的人选择“同意”，24.17%的人选择“一般”，1.19%的人选择“不同意”，0.59%的人选择“完全不同意”（图5.49）。英国大学生中，6.73%的人选择“完全同意”，32.61%的人选择“同意”，21.96%的人选择“一般”，28.48%的人选择“不同意”，10.22%的人选择“完全不同意”（图5.50）。对该题项采用1（完全不同意）~5（完全同意）级评分，独立样本t检验发现，中英两国大学生在该问题的答案上存在显著性差异（$t=11.42$，$p=0.000$），中国大学生同意倾向得分显著高于英国大学生（表5.28）。

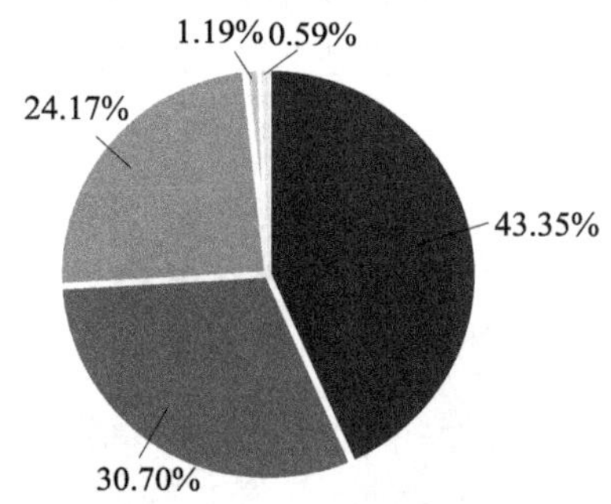

图5.49 “学校通过建立多种网络教育平台，积极开展价值观教育”题项上的人数分布图（中国）

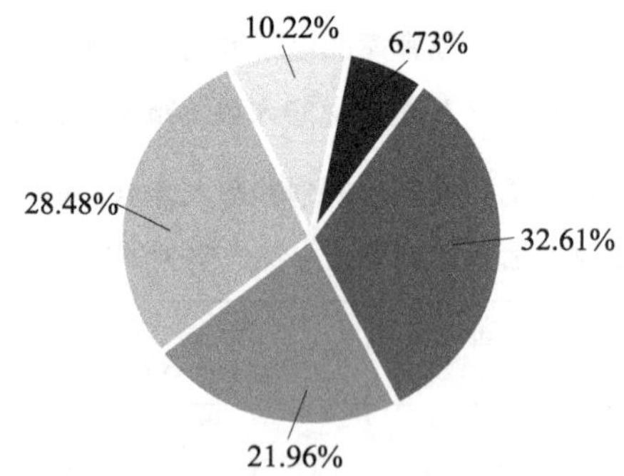

图5.50 “学校通过建立多种网络教育平台，积极开展价值观教育”题项上的人数分布图（英国）

表 5.28 “学校通过建立多种网络教育平台，积极开展价值观教育”题项上中英大学生的得分对比

条目	中国大学生（$M\pm SD$）	英国大学生（$M\pm SD$）	t	p
学校通过建立多种网络教育平台，积极开展价值观教育	4.15±0.87	2.97±2.17	11.42***	0.000

注：*** 表示在 0.005 水平上显著。

对于“我认为，价值观是政府、学校、家庭、社会、社区共同教育的结果”题项，中国大学生中，67.28%的人选择“完全同意”，21.85%的人选择“同意”，10.51%的人选择“一般”，0.18%的人选择“不同意”，0.18%的人选择“完全不同意”(图 5.51)。英国大学生中，52.62%的人选择“完全同意”，9.35%的人选择“同意”，25.43%的人选择“一般”，11.30%的人选择“不同意”，1.30%的人选择“完全不同意”（图 5.52)。对该题项采用 1（完全不同意）~5（完全同意）级评分，独立样本 t 检验发现，中英两国大学生在该问题的答案上存在显著性差异（$t=5.24$，$p=0.000$)，中国大学生同意倾向得分显著高于英国大学生（表 5.29)。

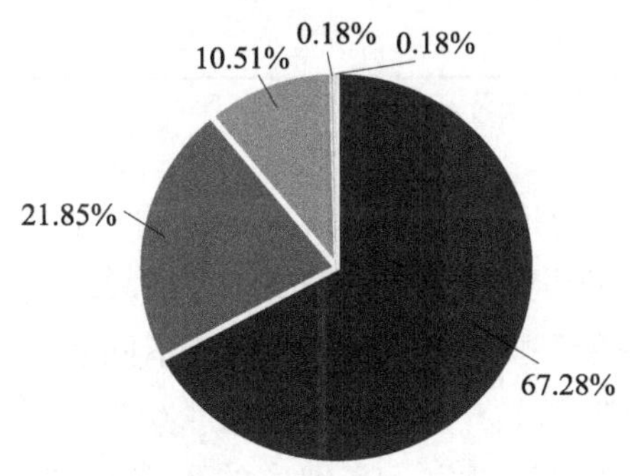

图 5.51 “我认为，价值观是政府、学校、家庭、社会、社区共同教育的结果”题项上的人数分布图（中国）

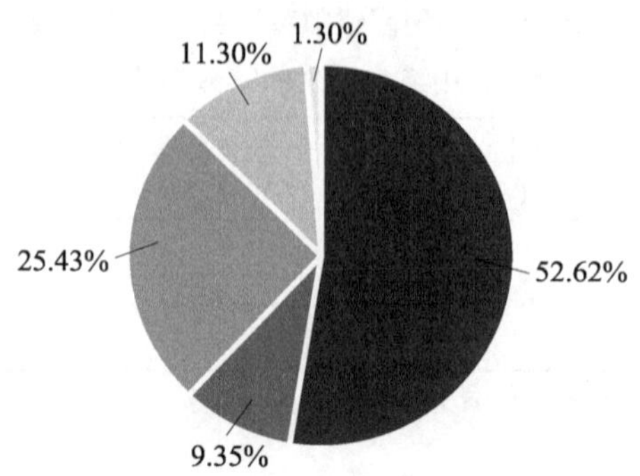

图 5.52 “我认为，价值观是政府、学校、家庭、社会、社区共同教育的结果”题项上的人数分布图（英国）

表 5.29 “我认为，价值观是政府、学校、家庭、社会、社区共同教育的结果”题项上中英大学生的得分对比

条目	中国大学生（$M±SD$）	英国大学生（$M±SD$）	t	p
我认为，价值观是政府、学校、家庭、社会、社区共同教育的结果	4.56±0.70	4.01±2.22	5.24***	0.000

注：*** 表示在 0.005 水平上显著。

对于“我在政府大力推行的导向下形成了自己的价值观”题项，中国大学生中，51.13%的人选择“完全同意”，29.22%的人选择“同意”，17.99%的人选择“一般”，0.89%的人选择“不同意”，0.77%的人选择“完全不同意”（图 5.53）。英国大学生中，6.09%的人选择“完全同意”，15.65%的人选择“同意”，48.91%的人选择“一般”，23.70%的人选择“不同意”，5.65%的人选择“完全不同意”（图 5.54）。对该题项采用 1（完全不同意）~5（完全同意）级评分，独立样本 t 检验发现，中英两国大学生在该问题的答案上存在显著性差异（t= 16.00，p = 0.000），中国大学生同意倾向得分显著高于英国大学生（表 5.30）。

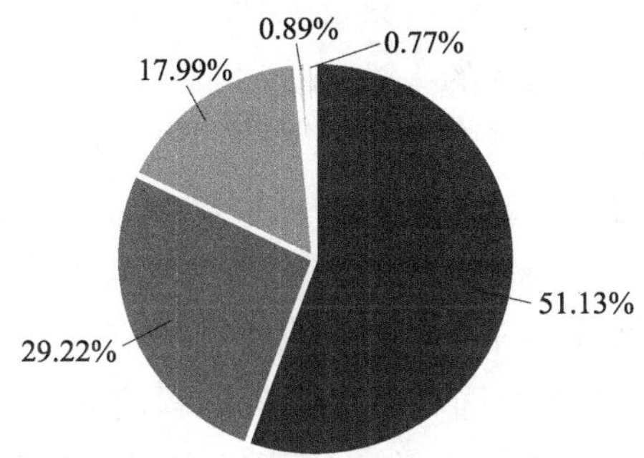

图 5.53　“我在政府大力推行的导向下形成了自己的价值观”题项上的人数分布图（中国）

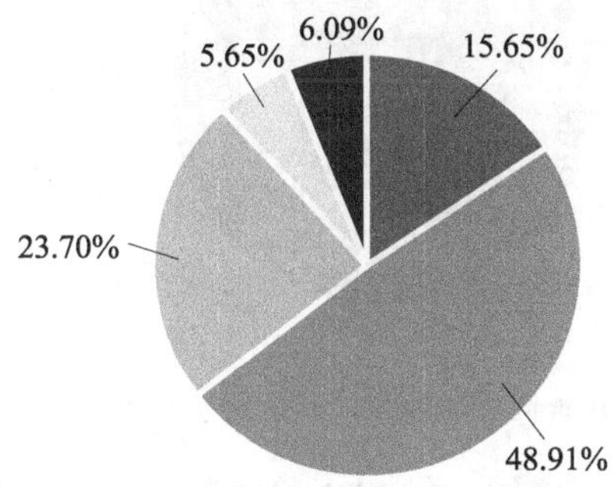

图 5.54　“我在政府大力推行的导向下形成了自己的价值观”题项上的人数分布图（英国）

表 5.30　“我在政府大力推行的导向下形成了自己的价值观”题项上中英大学生的得分对比

条目	中国大学生（$M \pm SD$）	英国大学生（$M \pm SD$）	t	p
我在政府大力推行的导向下形成了自己的价值观	4. 29±0. 84	2. 93±1. 77	16. 00***	0. 000

注：*** 表示在 0. 005 水平上显著。

对于“学校通过课程、活动进行价值观教育，对我价值观的形成影响很大”题项，中国大学生中，48.21%的人选择“完全同意”，28.98%的人选择“同意”，20.61%的人选择“一般”，1.37%的人选择“不同意”，0.83%的人选择“完全不同意”(图5.55)。英国大学生中，21.96%的人选择“完全同意”，35.87%的人选择“同意”，23.48%的人选择“一般”，16.30%的人选择“不同意”，2.39%的人选择“完全不同意”(图5.56)。对该题项采用1（完全不同意）~5（完全同意）级评分，独立样本 t 检验发现，中英两国大学生在该问题的答案上存在显著性差异($t=6.43$，$p=0.000$)，中国大学生同意倾向得分显著高于英国大学生(表5.31)。

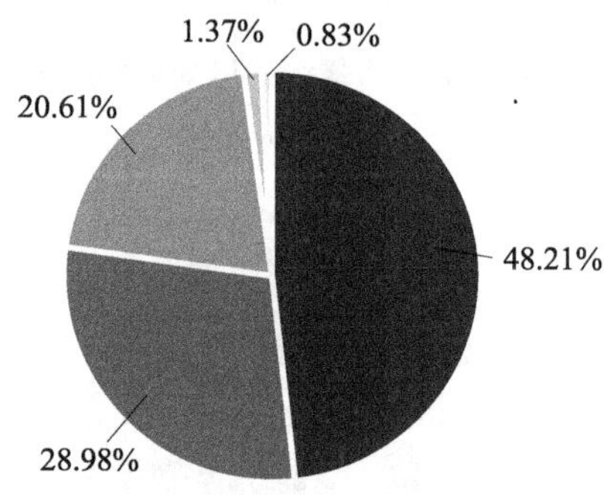

图5.55　“学校通过课程、活动进行价值观教育，对我价值观的形成影响很大”题项上的人数分布图（中国）

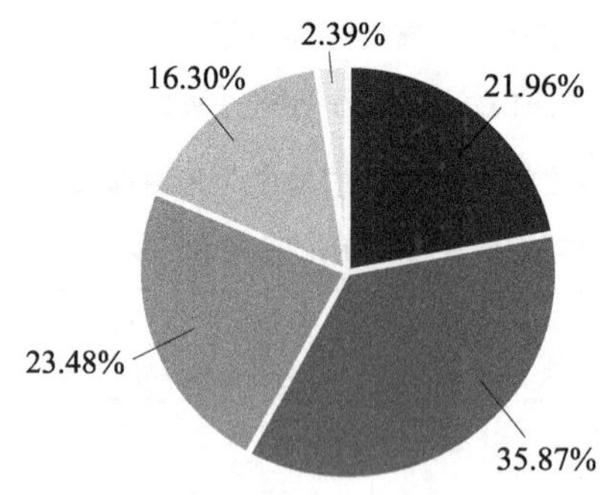

图5.56　“学校通过课程、活动进行价值观教育，对我价值观的形成影响很大”题项上的人数分布图（英国）

表 5.31　“学校通过课程、活动进行价值观教育，对我价值观的形成影响很大”题项上中英大学生的得分对比

条目	中国大学生（M±SD）	英国大学生（M±SD）	t	p
学校通过课程、活动进行价值观教育，对我价值观的形成影响很大	4.22±0.88	3.59±2.05	6.43***	0.000

注：*** 表示在 0.005 水平上显著。

对于“与社会教育相比，学校教育对我价值观的形成帮助更大”题项，中国大学生中，36.22% 的人选择“完全同意”，35.10% 的人选择“同意”，26.31%的人选择“一般”，1.66%的人选择“不同意”，0.71%的人选择“完全不同意”（图 5.57）。英国大学生中，6.73% 的人选择“完全同意”，29.57% 的人选择“同意”，46.09% 的人选择“一般”，15.65%的人选择“不同意”，1.96%的人选择“完全不同意”（图 5.58）。对该题项采用 1（完全不同意）~5（完全同意）级评分，独立样本 t 检验发现，中英两国大学生在该问题的答案上存在显著性差异（t=10.15，p=0.000），中国大学生同意倾向得分显著高于英国大学生（表 5.32）。

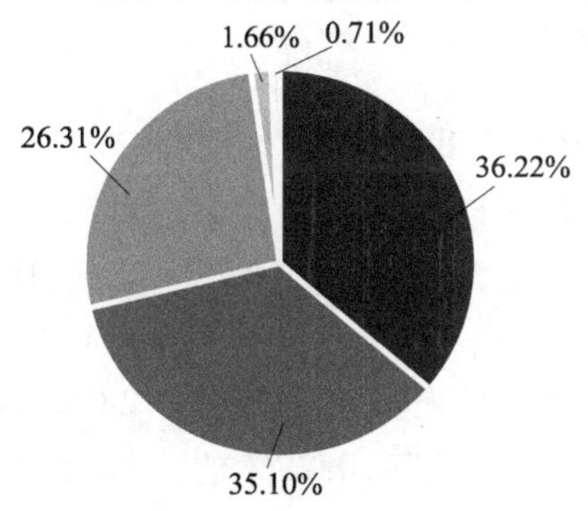

图 5.57　“与社会教育相比，学校教育对我价值观的形成帮助更大”题项上的人数分布图（中国）

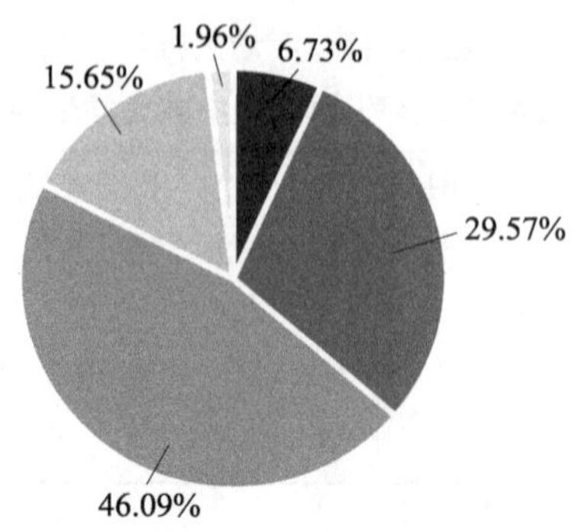

图 5.58 “与社会教育相比，学校教育对我价值观的形成帮助更大”题项上的人数分布图（英国）

表 5.32 “与社会教育相比，学校教育对我价值观的形成帮助更大”题项上中英大学生的得分对比

条目	中国大学生（$M±SD$）	英国大学生（$M±SD$）	t	p
与社会教育相比，学校教育对我价值观的形成帮助更大	4. 04±0. 87	3. 23±1. 65	10. 15***	0. 000

注：*** 表示在 0. 005 水平上显著。

对于“与学校相比，我的家庭对我价值观的形成帮助更大”题项，中国大学生中，40. 38%的人选择“完全同意”，32. 90%的人选择“同意”，24. 88%的人选择“一般”，1. 19%的人选择“不同意”，0. 65%的人选择“完全不同意”（图 5. 59）。英国大学生中，35. 00%的人选择“完全同意”，26. 52%的人选择“同意”，28. 26%的人选择“一般”，10. 00%的人选择“不同意”，0. 22%的人选择“完全不同意”（图 5. 60）。对该题项采用 1（完全不同意）~5（完全同意）级评分，独立样本 t 检验发现，中英两国大学生在该问题的答案上存在显著性差异（t=2. 69，p=0. 000），中国大学生认同倾向得分显著高于英国大学生（表 5. 33）。

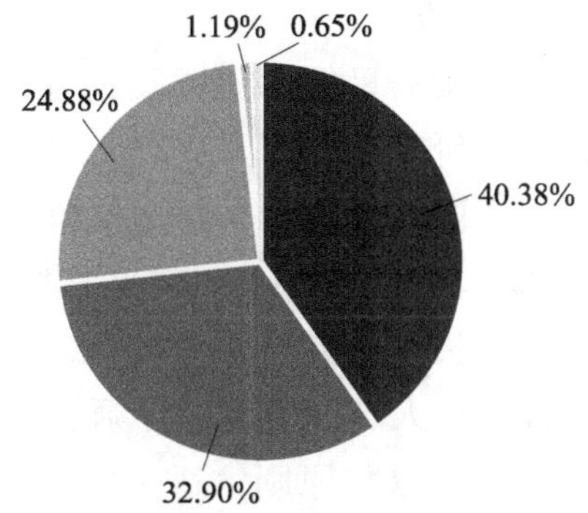

图 5.59　“与学校相比，我的家庭对我价值观的形成帮助更大”题项上的人数分布图（中国）

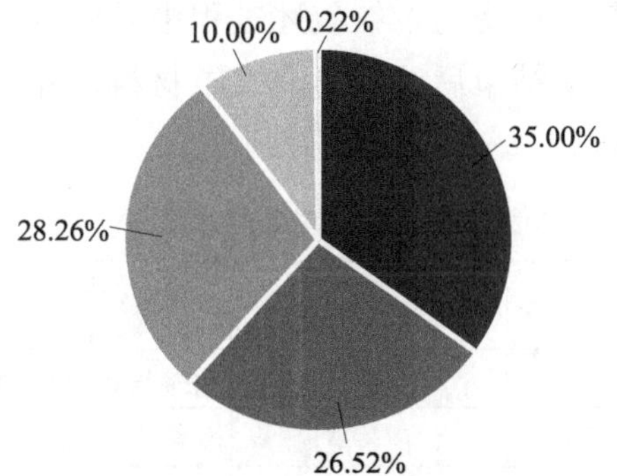

图 5.60　“与学校相比，我的家庭对我价值观的形成帮助更大”题项上的人数分布图（英国）

表 5.33　“与学校相比，我的家庭对我价值观的形成帮助更大”题项上中英大学生的得分对比

条目	中国大学生（$M\pm SD$）	英国大学生（$M\pm SD$）	t	p
与学校相比，我的家庭对我价值观的形成帮助更大	4. 11±0. 86	3. 85±1. 94	2. 69**	0. 000

注：** 表示在 0. 05 水平上显著。

（三）价值观教育的访谈

作为问卷法的补充，在“目的性抽样”的基础上，对13位访谈对象的价值观教育进行实证研究，根据本章研究对中英大学生价值观教育比较拟定访谈提纲。从中国部分地区6所高校和1家机关单位中选取的访谈对象包括党政干部、思政课教师、专业课教师、辅导员、学生党员、在校大学生及学生家长；从英国4所大学、1家公司和1个社区选取的访谈对象包括学校管理人员、教师、导师、在校大学生、学生家长和社区工作人员。遵循自愿参与原则，通过领导的协调、老师的推荐、同学朋友的积极联系，对有意向参与的对象进行面谈或电话访谈（表5.34）。通过查阅已有文献，梳理总结出研究所需了解的重点问题，对每位访谈对象进行30分钟至1个小时的半结构式访谈，同时根据每位访谈对象的特征和回答进行追问或者增减不同的访谈问题。在访谈过程中以倾听为主，尽量避免受访者在叙述过程中受外界干扰。在明确得到允许后进行录音，访谈结束后及时形成文本材料，并将具有代表性的访谈材料作为写作依据。

表5.34　访谈对象基本信息

序号	身份	性别	年龄/岁	所在单位	职务	学历	访谈时间	访谈形式
A_1	党政干部	男	39	江苏某高校	团委书记	研究生	2020.3	面谈
A_2	思政课教师	女	52	河南某高校	教师	研究生	2020.5	面谈
A_3	专业课教师	女	41	重庆某高校	教师	研究生	2020.7	面谈
A_4	辅导员	女	32	江西某高校	辅导员	研究生	2020.9	电话
A_5	学生党员	男	22	安徽某高校	学生	本科	2020.9	电话
A_6	在校大学生	男	21	浙江某高校	学生	本科	2020.11	面谈
A_7	学生家长	女	46	江苏省某税务机关	公务员	本科	2020.6	电话
B_1	学校管理人员	男	51	谢菲尔德某高校	院长	研究生	2020.3	面谈
B_2	教师	男	36	利物浦某高校	教师	研究生	2020.5	面谈
B_3	导师	男	35	曼彻斯特某高校	导师	研究生	2020.5	面谈
B_4	在校大学生	男	20	格林尼治某高校	学生	本科	2020.8	面谈
B_5	学生家长	女	46	伦敦某医药研发公司	职员	本科	2020.11	电话
B_6	社区工作人员	女	32	威尔士锡尔迪金郡某社区	工作人员	本科	2020.9	电话

1. 中国相关访谈内容

党的十九大报告中指出，“社会主义核心价值观是当代中国精神的集中体现，凝结着全体人民共同的价值追求”“要以培养担当民族复兴大任的时代新人为着眼点”。坚持高等教育办学理念的内在要求就是要把社会主义核心价值观教育贯彻高校教育教学始终。当今，伴随着世界多极化、经济全球化、文化多元化等发展趋势，大学生的价值观念呈现出多样化的发展态势。以健康、科学、积极的价值观引领当代大学生的发展，是社会主义新时代建设的需要。高校应当将社会主义核心价值观融入教育的方方面面，更加深入和全面地弘扬与践行社会主义核心价值观。

访谈对象：党政干部（A_1）

1. 能介绍一下您在高校从事价值观教育的经历和感受吗？

我出生于1981年，本科毕业后留校工作，起初担任学生辅导员，后来在二级学院分团委工作，自2016年开始担任学校团委书记。从我个人来讲，共青团工作不仅是一份工作，更是一份体现自我价值、甘于为之奉献的事业，我对共青团工作感到荣耀并且十分珍惜。“为实现中华民族伟大复兴的中国梦而奋斗”“奋斗的青春最美丽”“我与祖国共奋进”不仅仅是我们的口号，更反映出我们共青团人孜孜奋斗、报效祖国的决心。在共青团的大家庭里，我们始终传达党中央最新的方针政策，深入青年群体，也最能感受到青年满满的正能量。共青团坚持从主流的角度去感受和看待这个社会，带领广大青年学生践行社会主义核心价值观，感受祖国的温暖和强大，可以说，能够从事共青团工作是我的荣幸。

2. 您认为当前加强大学生价值观教育的重要意义何在？

大学阶段是一个人确立世界观、人生观、价值观，养成良好生活学习习惯，形成创造性思维的重要时期，对一个人的成长非常重要。近年来，我国社会主义经济建设取得了巨大成就，与此同时，随着全球化浪潮的影响，一些西方社会思潮也冲击着人们原有的价值观念。人们的价值取向日趋多元化。当代大学生价值取向上的自主性、多元化、多变性及其所面临的困惑，表明当代大学生亟须明确的导向予以指引。大学生活是五彩斑斓的，也是压力和挑战并存的。面对大学生思想意识活动的新情况和新问题，如何加强大学生价值观的引导成为高校教育工作者面临的首要问题。习近平总书记在党的十九大报告中指出：“青年兴则国家兴，青年强则国家强。青年一代有理想、有本领、有担当，国家就有前途，民族就有希望。”在当代大学生中加强社会主义核心价值观教育具有强烈的紧迫性和必要性，必须坚持马克思主义的指导地位，用习近平新时代中国特色社会主义核心价值观指导大学生价值观的构建。

3. 作为学校团委书记，您平时和学生接触比较多，您如何评价当代大学生价值观的现状？

我长期从事学生的思想政治教育工作，对大学生价值观教育较为熟悉，积累了一定的经验。依照我个人的认识，当代大学生主流价值观保持着良好的态势，大学生普遍思想政治方向明确，价值取向积极向上，能够做到爱国、爱党和爱社会主义高度统一。他们求知欲强，兴趣广泛，自我管理能力强，对个人职业发展有着较为明确的目标。在新冠肺炎疫情防控期间，学校加强对出入校门环节的检查和学生通行的登记把关，加强对返校人员的排查和处置，及时对相关人员安排检测和隔离，繁忙的抗疫工作中始终活跃着学生干部、学生党员的身影。不仅如此，大学生抗疫志愿者在当地部门的统一安排下，遵循就近原则，在家乡担负起志愿服务工作，参与当地的巡逻防控、物资配送、消毒杀菌等一线防控工作，身体力行地诠释了新时代大学生志愿者的责任和担当。我参与的课题组在江苏几个高校做过一次大学生价值观状况的调查。信仰共产主义的大学生占调查总人数的85.7%，有明确入党动机的大学生占75.2%，表示深刻理解社会主义核心价值观内容的大学生占73.5%。这些都表明当代大学生价值观总体是积极向上的，大多数学生能够正确认识自身服务社会、奉献社会的崇高价值。当然，不可否认，也有个别大学生在价值观选择上趋向务实和功利化，过于注重个人价值的实现。

4. 高校共青团在青年群体社会主义核心价值观教育中发挥了怎样的作用？

新形势下，高校共青团组织思想政治工作的首要任务是以培育和践行社会主义核心价值观为引领，积极创新高校共青团的工作方法，充分发挥高校共青团的育人功能，不断增强高校价值观教育的合力。以我校为例，共青团广泛开展了教育、科技、公益等主题鲜明、内容丰富、思想性强、时代特征明显的价值观教育活动，积极组织开展各类志愿服务活动，着力打造具有鲜明校园文化特色和强大育人功效的校园文化品牌。在价值观教育上，我校共青团积极搭建内化和践行社会主义核心价值观育人平台，充分发挥自身在凝聚大学生共识、引领大学生思想、坚定大学生信仰等方面的独特优势与重要作用，为广大学生全面发展提供坚强的思想保证、强大的精神动力及丰润的道德滋养。同时，在价值观教育与引领的实践过程中，增强团组织的政治性、先进性、群众性，使我校共青团更加坚强有力、充满活力。

深化高校社会主义核心价值观教育必须发挥好高校所有职能部门的作用，形成教育合力。高校核心价值观教育，不仅体现在教学环节，而且体现在管理与服务等环节。观念是行动的先导，只有高校各职能部门真正确立起“教书育人、管理育人、服务育人”的全方位教育观念，才能真正消除“核心价值观教育只是思想政治理论课教师的责任”的偏见，也才能在实践中形成各职能部门相互支持、所有教职员工相互配合的全方位育人格局，进而形成推进核心价值观教育的强劲合力。在实践中，高校党委宣传部、学生工作部、团委等职能部门要真正发挥职能部门的优势，联合教学部门，推动社会主义核心价值观教育深入发展。以全面贯彻党的十九大精神、深入学习习近平总书记系列重要讲话精神为契机，采取师生喜闻乐见的方式，加强以核心价值观为主题的校园文化建设，把社会主义核心价值观教育涵养于各类校园文化活动中。

访谈对象：思政课教师（A_2）

1. 您认为，大学生价值观教育仅仅是思政课教师的事情吗?

不是。我们现在都讲“三全育人”“协同育人”，指的就是全员育人、全程育人、全方位育人，多主体、多角度协同育人。大学生价值观教育不仅仅是我们思政课教师的事情。思想政治教育是价值观教育的一部分，高校要把立德树人作为根本任务，融入思想道德教育、文化知识教育、社会实践教育的各环节，把思想政治工作贯穿于教育教学全过程，把思想价值引领贯穿于教育教学全过程和各环节，形成教书育人、科研育人、实践育人、管理育人、服务育人、文化育人、组织育人长效机制。专业课教师可以教书育人、科研育人，管理岗、辅导员岗位的老师可以管理育人，学生工作部、团委等部门可以围绕文化育人、实践育人、组织育人做文章，后勤部门相关人员可以管理育人。在高校开展大学生价值观教育是人人可为，大有可为的。为什么这么说呢？大学生的价值观受到多方面的影响，出现了趋向利益化的倾向。现在的大学已经不是传说中的象牙塔了，相对来说比较开放，接触社会的机会很多，网络和社会风气对大学生价值观的影响很大。例如，有些大学生追星，盲目地认为与这个明星相关的一切都是好的，“爱屋及乌”，这是典型的晕轮效应，即使这个明星做了不好的事情，也觉得他是对的，甚至还去模仿、追随，以表“忠心”。又如，有人说自己的入党动机是考公务员，考公务员是为了收入稳定。这样的价值观都是不正确的，也不应该成为当代大学生的主流价值观。加入中国共产党应该是为了全心全意为人民服务的，考公务员也是为了做人民公仆的，而不是以此谋利的，更不是可以拿出去显摆的筹码。

2. 作为思政课教师，如何对大学生开展价值观教育？

习近平总书记在学校思政课教师座谈会上强调，办好思想政治理论课，要用好课堂教学这个主渠道。在价值观教育的过程中，思政课的作用不可替代。作为思政课教师，我们深感责任重大，使命光荣。我们要大力推动思政课改革创新，一方面不断提升自身理论素养，加强学习，依靠深厚丰富的内容感染学生；另一方面勤于思考，采用灵活多样的教学形式、贴近学生的话语表达，不断增强思政课的思想性、理论性、亲和力、针对性，将原本学生心中枯燥乏味的“低头课”变成人见人爱的“金课堂”。我们要牢记习近平总书记对思政课教师提出的“政治要强、情怀要深、思维要新、视野要广、自律要严、人格要正”这六点要求，把握正确的政治方向，传播马克思主义科学理论、培育和弘扬社会主义核心价值观，为培养大批中国特色社会主义事业的时代新人筑牢思想基础、提供价值引领。具体怎么开展呢？我举个例子来说明。例如，学生在课堂上直接问我：“老师，学习马克思主义哲学对我的专业有用吗？对我们做实验、建模有什么帮助呢？”我想这也是大多数学生想问却又不敢问的。我会耐心告诉学生，马克思主义哲学是科学的世界观和方法论，你做实验就体现了量变与质变的关系。这种指导对理论研究、对认识世界都大有帮助，对以后的工作更是大有裨益。“90后”和“00后”大学生的价值观念与思维方式，与以往的大学生相比有了很大变化。如果思政课教学依然停留在“教师照本宣科，板着面孔满堂灌”的传统模式中，就难以激发学生的兴趣。为提高课堂吸引力、留住学生的心，我们必须在教学设计上多思考，多下功夫。课堂上可以辩论、可以表演、可以唱红歌，把学生的积极性调动起来，让学生从“旁观者”真正转变为“课堂的主人”。我也会认真批改学生的作业，并且评语写得非常详细。课程结束以后，我会个人出资买书赠予优秀的学生，每人一册，并在扉页上写下勉励的话语，鼓励学生再接再厉，让学生进一步爱上思政课，进而引导学生增强中国特色社会主义道路自信、理论自信、制度自信、文化自信，厚植爱国主义情怀，把爱国情、强国志、报国行自觉融入坚持和发展中国特色社会主义事业、建设社会主义现代化强国、实现中华民族伟大复兴的奋斗之中。

3. 您会把大学生价值观教育作为学术研究的内容吗?

就个人成长来说，价值观教育应该作为个体毕生研究的课题。虽然到成年以后，个体的价值观基本形成，但是在如今倡导“活到老、学到老”的社会，应该不断加强学习。“问渠哪得清如许，为有源头活水来。”只有不断学习才能紧跟时代，不被社会抛弃。同时，就人类社会繁衍而言，还需要对下一代、再下一代进行价值观教育。我以前在学术研究课题中，没有关注大学生价值观教育，甚至还出现过“这已经过时了”的想法，现在细细想来，“社会主义核心价值观”正如空气一样，我们身在其中不觉其珍贵，若是缺少了这样的精神财富，可能就会精神缺钙、精神窒息了。确实，我们身处的时代发生着日新月异的变化，大学生也在变化，今天的问卷和访谈也触发了我的灵感，回去再做更加深入的思考，也许在大学生价值观教育和我现有的研究课题之间存在若干联系，如：大学生价值观和传统文化的关系；在疫情防控常态化的情况下，如何开展大学生价值观教育；等等。希望自己通过思考、实践、总结，也能为当今大学生价值观教育做出一点点微不足道的贡献。

思政课堂是大学生价值观教育的主渠道。思政课教师是大学生价值观教育的骨干，应该责无旁贷扛起价值观教育的大旗。如何在课堂教学中教育、引导学生树立正确的价值观，是高校价值观教育的题中之义。一方面，打铁必须自身硬，思政课教师要坚定理想信念，严守意识形态主阵地，加强师德师风的自我教育，与不正之风作斗争，追求马列主义，用习近平新时代中国特色社会主义思想武装自己，将马克思主义关于阶级和阶级分析的观点与方法作为我们观察社会主义与各种敌对势力作斗争的复杂政治现象的一把钥匙①，坚定不移地维护和践行社会主义核心价值观，落实好立德树人的根本任务，争做有理想信念、有道德情操、有扎实学识、有仁爱之心的“四有”好老师。另一方面，通过“感性+理性”“理论+实际”“大道理+讲故事”“线上+线下”的形式，创新教学方法，丰富教学模式，真正提高价值观教育的针对性和实效性。

访谈对象：专业课教师（A_3）

1. 您认为当代大学生是更需要接受价值观教育还是更应该学好专业课？

应该是两者都需要吧。我们常常说“先做人，再做事”。这句话说的就是先要学会做人的基本规矩、底线和为人处世的基本原理。我认为这些应该就是价值观教育吧。例如，见到长辈、老师要问好，与人相处要和善礼貌，要爱国，等等，都应该是价值观教育的内容。专业课是学本事、学技能的，当然本科生教育也学理论，这是为了知行合一。例如，机械类专业的学生仅学价值观，不学专业课，是没办法做好相关工作的。工作对于专业知识的要求比较高，如果让一个文科生做机械工程师，那肯定不行。在我看来，价值观教育应该是基础，是每个人都应该接受的教育。专业课有其独特性，是根据专业、行业分工来安排的。在现在这样的社会，社会分工越来越细，人与人之间的互相依存度越来越高，譬如你要吃饭，厨师负责烧菜，老板负责营销，骑手负责送外卖，每个人把自己的专业搞好，可以让这个社会提高运转效率，所以说专业的学习是非常必要的。但是专业学习必须建立在价值观正确的基础上。如果一个学生道德品行不好，或者说价值观不正确，那么他的专业学习得再好，都不值得培养。因为他的专业学得越好，越有可能利用专业知识来做不利于行业、不利于社会的事情。总的来说，大学生在校期间，应该同时接受价值观教育和专业课教育，二者缺一不可。

① 周新城．必须警惕民主社会主义思潮的泛滥［J］．理论视野，2007，87（5）：17-19.

2. 您认为当代大学生价值观及其教育的现状如何？

总体来说，当代大学生基本上都知道什么是真善美，什么是假恶丑。但是价值观的形成不仅受到学校教育的影响，还受到社会、家庭等多方面的影响，所以他们的价值观还不太稳定，集中表现在部分学生没有自己的主见，容易人云亦云。例如，有人在网络上发帖，学生很容易跟帖、转发，不加以深层次的思考，盲目随大流，不会辩证地看待问题。我在带学生做毕业设计的过程中也遇到过这样的学生，老师说他的毕业设计做得不好，建议他不要在外实习了，赶紧回学校先做好毕业设计。他就在网上发帖说“学校既要让学生出去找工作，提高就业率，又要让学生回来写论文做毕业设计，这是在为难人”。作为一个大学生，有这样的思想真的太局限了，不懂得辩证地看待问题，也没有从自身找问题，反省自己，我觉得其价值观教育还有待加强。又如，在学生考试的过程中，尽管我们三令五申，要诚信考试，不能作弊，但还是有学生抱着侥幸的心理，带手机或小抄。这些反映的就是当代大学生价值观教育的缺失，对纪律缺乏敬畏之心，对诚信认知不足，总想着不劳而获。别人辛苦复习，他却想着作弊，这是不可取的。如果价值观教育不到位，我们还怎么培养社会主义合格建设者和可靠接班人呢？

3. 在您的工作中，可以怎样开展价值观教育？

作为一名专业课教师，我肯定不如辅导员或马克思主义学院的老师专业，毕竟“术业有专攻”，我的主要工作也不是开展价值观教育，但是我认为大学生的价值观教育是人人有责的，我作为高校老师更是责无旁贷。现在都在尝试“课程思政”，其实也就是在专业课程中融入思政元素、价值观教育。例如，在“机械制图”课程的教学大纲中明确我们要培养什么人。要培养社会主义建设者和接班人，首先要培养学生一丝不苟、精益求精的工匠精神。在讲到“点、线、面、立体投影”的时候，我会引用个人与整体的关系来说明，并告诉学生个人要服从集体，进而引入集体荣誉感的教育、爱国主义的教育。在讲断面、剖面图的时候，告知学生表达方式具有多样性，人亦如此，事亦如此，所以要学会换位思考、推己及人，多为他人着想，同时要全方位、多角度去看待、评判一件事、一个人，在不了解全局的情况下，不要擅自下结论。这也可以理解为，遇到困难的时候不要轻易放弃，换个角度也许就柳暗花明又一村。又如，我们在带学生参加“挑战杯”的过程中，既要引导学生做出好的作品，也要和学生探讨学术作品创作过程中应该遵守的学术规范、道德规范，让学生做一个懂规矩、知敬畏的人。还有很多课程都能对学生进行价值观教育，很多行业也有职业道德底线，专业课教师都可以对学生进行教育。

专业课教师应落实立德树人的根本任务，把思想政治工作贯穿于教育教学全过程，把思想价值引领贯穿于教育教学全过程和各环节，达到教书育人、科研育人、实践育人的目的。在教学过程中将价值观教育融入教学全过程，做严谨又温暖的“最美课堂”。将价值观教育融入教学，更多体现于细微处。每一门专业课程都是学习专业知识的主阵地，也是思政育人的载体。专业课教师在教学过程中除了注重知识传授和强化专业技能外，也要注重价值引导。在进行课程全方位教学设计时，要全面分析、收集及整理相关知识点里的思政元素，梳理并提炼出专业知识与思政元素的结合点，进行“融入式”设计。专业课教师应重塑教学目标，梳理教学过程，将专业知识传授与思政育人元素有机结合，并贯穿于课程教学的全过程，培养学生的科学和专业精神，激发学生的爱国情怀和责任担当意识，达到润物无声的育人效果；在科研方面以身作则，抵制学术腐败、学术不端行为，营造风清气正的科研环境，为学生树立良好的榜样，实现隐性的价值观教育。

访谈对象：辅导员（A_4）

1. 您认为当代大学生价值观及其教育的现状如何？

作为在一线工作的辅导员，我接触学生的时间是比较多的。总体而言，当代大学生的价值观基本是符合主流价值导向的，大学生也是积极弘扬和践行社会主义核心价值观的。在大学生群体中，他们基本上都认可“爱国是最深沉最持久的感情”，也是这么做的，拥护中国共产党的领导，爱国、爱社会主义。特别是新冠疫情发生以来，通过“全国高校大学生同上一堂思政课”等活动，我们可以看出青年大学生深刻认识到中国特色社会主义制度的优越性，认可在中国共产党的领导下抗击疫情取得的成绩，坚定了制度自信。这些都能反映出当代大学生价值观总体是好的，但是依然有极少数学生价值观受到不良信息的影响，容易被别有用心的人“带节奏”。

2. 您认为当前加强大学生价值观教育的重要意义何在?

从个人层面而言，一个人的成长与其价值观的形成息息相关，开展价值观教育是为了更好地引领学生树立正确的价值观，进而完善其世界观、人生观。从社会层面而言，加强大学生的价值观教育既是大学生更好适应社会的需要，也是社会和谐稳定的需要。从国家层面而言，每个国家都对公民进行意识形态教育、价值观教育，国家想培养什么样的人，就要对其进行与之相对应的价值观教育。在中国，要加强对大学生的价值观教育，首先要弄清楚“培养什么人、为谁培养人”这个问题。我国是社会主义国家，培养的是社会主义建设者和接班人，必须对大学生加强社会主义核心价值观的教育，让“富强、民主、文明、和谐、自由、平等、公正、法治、爱国、敬业、诚信、友善”在青年学生心中生根发芽、茁壮成长，内化于心、外化于行。

3. 您在工作中是怎样开展价值观教育的?

价值观的内涵丰富，我作为高校辅导员，工作职责之一就是思想理论教育和价值观引领，引导学生深入学习习近平总书记系列重要讲话精神和治国理政新理念、新思想、新战略，深入开展中国特色社会主义、中国梦宣传教育和社会主义核心价值观教育，帮助学生不断坚定中国特色社会主义道路自信、理论自信、制度自信、文化自信，牢固树立正确的世界观、人生观、价值观。所以说，开展价值观教育是我的本职工作，而且根据我的工作经验，开展好价值观教育对于学生管理、学业规划、考研就业等工作都有促进作用。至于怎么开展价值观教育，我认为方式、途径挺多的。一是通过主题班会的形式。之前我们开展过“社会主义核心价值观”教育主题团日活动。虽然主题班会可以增加学生对知识的了解，是教育的一种形式，但是这种教育形式创新不够，对于当下“00后”的大学生来说不够与时俱进，他们并不喜欢，导致教育的效果不是很好。二是通过校园文化的创建，营造价值观教育的软性环境。有时候隐性的教育比传统的“灌输式”教育更有效，在课堂上、班会上让他们记住价值观的内容，或者在校园里悬挂优秀学生的事迹材料海报，或者将价值观的内容融入舞蹈比赛、主持人大赛中。今年我们策划舞蹈大赛的时候，就以“疫路有你，舞动生命”为主题，学生编排的舞蹈都围绕这一主题展开，最终在舞台上他们展现了对生命的敬畏、对抗疫英雄的赞美和对美好生活的向往，也体现了当代大学生的活力与创造力。这些节目在校园里多次表演，不就是针对大学生开展价值观教育吗？这种形式不比单纯的记忆、背诵、说教效果要好吗？所以我们作为辅导员，开展价值观教育时更应该想想怎么用学生喜闻乐见的方式让他们去接受教育，以达到更好的教育效果。

高校辅导员作为大学生价值观教育的中坚力量，承担着立德树人的重要使命，应该主动亮剑、敢于发声，把大学生价值观教育作为思想政治教育、意识形态教育的重要内容。面对“00后”大学生的身心特点、疫情防控常态化的时代特点，辅导员开展大学生价值观教育也面临着重要的挑战。一方面，要迅速适应时代，做到因事而化、因时而进、因势而新，利用学生喜欢的平台、媒介，与学生“云交流”，开展“云教育”；另一方面，要利用在学生工作一线的优势，将价值观教育融入学生学习、生活的每个环节、每个角落，润物无声地开展大学生价值观教育。

访谈对象：学生党员（A_5）

1. 请介绍一下您在大学期间思想、学业和生涯发展上的成长。

我2017年参加高考，当初在拿到录取通知书后，我就详细地规划了自己的大学生活，为四年的奋斗立下了明确的目标。9月份一入学，我就向党组织递交了入党申请书。大一时通过了英语四级和计算机二级考试，并担任班级团支部书记及学生会的职务。担任学生干部需要投入较多的时间和精力，要积极努力为集体和其他同学服务，在这一阶段我较好地处理了工作与学习、个人与集体的关系。大一、大二期间，我拿了三次一等奖学金，获得了国家奖学金。大三下学期我如愿成为一名中共预备党员。我很感谢培育我的老师给予我指引和帮助。这一路虽然非常辛苦，也有很多难忘的故事，但是我始终无悔于自己的选择和初衷。这几年新冠肺炎疫情让越来越多的人看到社会主义制度的优越性，感受到中国共产党引领国家走向繁荣、稳定、富强的决心和决策力。我身为一名中共预备党员，既感到由衷的自豪，同时也认识到自己的担当和责任。作为新时代的青年，应志存高远、忠于祖国，努力成为具有远大理想和坚定信念的爱国者、具有过硬本领和高尚人格的接班人。

2. 您认为自己在价值观的成长上得到了学校的哪些引导和帮助？

我们在大一时专门学习了一门“思想道德修养与法律基础”课程，详细地了解到什么样的大学生符合国家现代化建设事业发展的需要。“马克思主义基本原理”等课程进一步坚定了我们的马克思主义信仰。除了学习理论课程，我也参加了学校的党课培训，积极参加各类科技创新作品竞赛，在社会实践活动中增长才干。可以说，我的每一步成长都离不开老师们的指引和帮助。我入校初接触最多的老师就是我的辅导员。她对同学们的思想、学业、生活上的关心与帮助无微不至，教会了我很多做人做事的道理。在院学生会，我听从组织安排，认真工作，乐于奉献，同时在学习上严格要求自己。我们学院的党委副书记对学生都特别关心和照顾，有的时候在楼下相遇，他都会很细心地询问我们的生活和学习情况，如果得知哪个同学有难处，他都会想方设法帮助解决，这些都让我们很感动。可以说，正是这些点点滴滴，正是这些老师无私的奉献给我们带来深刻的触动。老师们不但以身作则，而且在工作的开展上也以人为本。比如，学院每年暑假都会对暑期留校考研的同学进行慰问，为考研的同学搭设各种信息交流、经验总结的平台。这些都在无形中感化着每一个学子，也同时不断内化为学生自己的价值观。

3. 作为一名大学生党员，您觉得自己的价值观或思想觉悟如何？

我一入大学就递交了入党申请书，可以说我的入党动机很单纯，也很强烈。我特别渴望在大学期间尽量多地学习知识和本领，强化素质，更好地为他人、为社会服务。我的偶像是我们淮安人都引以为豪的伟大总理周恩来，他在少年时就确立了“为中华之崛起而读书”的宏伟志向。我从小到大都生活在周总理爱国主义教育的熏陶和感染下，并发自内心地觉得每一个人都应该像一名共产主义战士一样光明磊落、无私奉献。我进入大学的梦想就是博览群书，全面发展，努力成为一名有理想、有道德、有文化、有纪律的有用人才。进入大学以来，我很充实地度过了每一天，我很珍惜面临的每一次锻炼和提升的机会，很感恩每一位帮助过我的同学和老师。可能我在行为方面难免会有一些瑕疵，但是以我的初衷来说，我是努力向上的，也是很严格要求自己的。

4. 从您身边的同学来看，您认为当代大学生的价值观状况如何？

我身边的榜样非常多。例如，我很敬佩一位学长，他是我刚入校时我们班的辅导员助理。记得他在给我们开班会时就说过，为了做到严于律己，他坚持一年365天每天早上5：30起床，这给了我很深的震撼。这位学长后来考取了省委组织部的选调生，他在个人成长方面给我树立了很好的榜样。我还有一位舍友也非常刻苦努力，他参加全国大学生课外科技创新竞赛获得金奖。荣誉的背后，是他每天在实验室的刻苦与坚守。用“白加黑、五加二”来形容他在实验室的辛苦付出一点都不为过。我从这些同学身上都看到了当代大学生不怕困难、勇往直前的精神。梁启超曾经说：“少年智则国智，少年富则国富；少年强则国强，少年独立则国独立…… ”当代大学生虽然生活条件优越，但是他们传承了上一辈人骨子里的坚毅和勇敢。在新冠肺炎疫情防控期间，冲到前线的医务工作者中大部分都是青年，从这一点就可得知，青年的素质是过硬的。当代大学生是幸福的一代，也是努力的一代。

大学生党员群体是高等学校中优秀学生的代表，做好大学生党员的社会主义核心价值观教育工作，充分发挥大学生党员的先锋模范和价值导向作用，是高校价值观教育工作的重点。要使大学生党员自觉、自发、自愿地接受社会主义核心价值观教育，并将其内化于心、外化于行。要通过丰富多彩的实践活动，真正发挥主流意识形态的作用，加强大学生社会主义核心价值观的内涵建设。在做好当代大学生党员思想状况调研的基础上，引导大学生党员开好内容充实的组织生活会，以社会调查、志愿服务、讨论交流会、参观访问等形式，带领大学生党员深入社会的各行各业，感受国家建设“富强、民主、文明、和谐”的发展环境，体验改革开放带来的“自由、平等、公正、法治”的社会环境，感知社会个体“爱国、敬业、诚信、友善”的人文环境。通过亲身体验式的党员活动，主动体会、感知、内化、践行社会主义核心价值观，从而促进大学生党员自身能力的提升。

访谈对象：在校大学生（A_6）

1. 请介绍一下您在大学期间思想、学业和生涯发展上的成长。

时间过得很快，转眼我已经上大四了，很快就要大学毕业了。还记得刚上大学时，我感到特别新奇，对四年大学生活充满期待。现在回首大学生活，感觉总体上是很充实的，也是很愉快的，不过也有一些遗憾和伤感。充实的地方是，我学习还是比较努力的，在所有的课上都很认真地听课、记笔记，没有旷过课，大学期间拿过三次奖学金。我跟同学们相处得很愉快，大家互相帮助，建立了非常可贵的友谊。我现在已经跟一家上市公司签了约，毕业后就直接去工作，我对自己四年努力的结果感到满意和欣慰。如果问我是否有遗憾，那肯定也是有一些的，毕竟生活的道路都是蜿蜒曲折的，不是一帆风顺的，总会有一些事情打扰我们平静的生活。大学期间为了减轻父母的经济负担，我一直在课余时间做兼职，用勤劳换回应得的报酬，但也遇到过一些困难，甚至受到过不公正的待遇。不过还好，这一路艰辛都走过来了。现在我即将大学毕业，回首这些事情的时候，倒觉得这些磨难让我得到了成长。

2. 上大学以来，您在价值观的成长上得到了学校的哪些引导和帮助？

学校对我们的帮助的确非常大。我现在即将毕业，也很留恋学校。老师们都是很真心地向我们传授知识及生活上的经验。有些老教师虽然站了几十年讲台，但是为了给我们上好每一节课，还是很认真地备课。记得刚上大一时，我参加社团组织的活动，需要排练一个小品。我们的指导老师利用晚上的时间给我们一遍遍地指导，具体到一个动作、一个眼神。我和同台的同学本来想，只是个小角色，应付一下就可以，后来看到指导老师的敬业精神，瞬间感到惭愧。我想这种言传身教就是最好的教育。我们的宿管员张阿姨，把我们当成自己的孩子，关心爱护我们。我们叫什么名字，有什么爱好，有什么缺点，她都特别清楚。看到宿舍里有卫生死角，阿姨自己拿着工具就来帮我们打扫。冬天下雪，怕我们在楼下滑倒，阿姨天不亮就开始铲雪。平时看我们不开心，阿姨就悉心开导。可以说，难忘的事情真的太多了。我很感激学校的老师们，他们让我收获了很多。

3. 您觉得自己的价值观或思想觉悟如何？

我这个人比较随和、干练，平时积极配合上级的决议，但我不善于表达，所以在思想觉悟上表现得可能并不是很突出。我坚持集体主义，希望能够为大多数人服务。虽然我没有担任学生干部，很少做决策上的部署，但是我从不影响集体的进度和计划。我平时也注重个人修养，注重良好习惯的养成。我人缘比较好，与同学们相处得都很愉快，班长遇到事情需要帮忙，通常都会找我，班级中谁有烦心事也常常找我倾诉。在宿舍里我注重内务整理，也不会因为自己的爱好而影响他人休息。我做事情通常都会尽力而为，我相信中国的那些老话，“天道酬勤”“吃得苦中苦，方为人上人”。不过我也不会过于强迫自己，不会让自己必须达成某个目标或为了达成目标而不惜一切代价。新冠疫情防控期间，我看到了无数的共产党员为了人民群众的根本利益冲上了抗疫一线，我在内心里给这些共产党员点赞。虽然我很普通，没有加入党组织，但是我非常拥护党的领导。

4. 从您身边的同学来看，您认为当代大学生的价值观状况如何？

现在大学生的生活比起以前的确是精彩很多，自由性更强，获得发展的机会也更多，但是大学生面临的压力却一点也不小，如考研、就业等。现在的社会竞争很激烈，反映在高校里也是如此，大学生每天都要被这种或那种奋斗目标所牵引，所以很多大学生每天都在考虑自己的得与失，久而久之就会表现得很务实或功利。假如安排他们做某些事情，他们会考虑这个事情对他们是否有实际、直接、快速的帮助，如果有，那么他们就会非常有兴趣去做它；而如果没有，那么他们就会考虑是否要去做这件事。现在的社会节奏太快了，对人们提出的要求也越来越高，大学生必须适应社会的发展。因为每个人的时间和精力都有限，甚至可以说每个人都失败不起，所以大家都希望把更多的精力投入到自己认为最有产出的事情上，我认为大学生的务实也是可以理解的。

大学生处在价值观形成和确立的关键时期，抓好这一时期的价值观养成十分重要。在新形势下，更好地对大学生进行价值观教育，提高价值观教育的针对性、实效性，是思想政治教育工作中的主要问题。当代大学生总体上价值观积极向上，具有强烈的爱国情怀、家国意识和社会责任感，但是由于其社会阅历不够丰富，因此易受外界不良思潮的影响，当面临问题时，不能做出正确的判断，一定程度上出现信仰迷失、追求物质享受、价值观不正确等消极现象。高校价值观教育要“接地气”，在落细落小落实上下功夫，开设一批大学生喜闻乐见、渗透社会主义核心价值观的“公开课”。鼓励科技精英、企业领袖、创业先锋等进校园，分享成功经验，传递正能量；充分发挥宣传舆论引导作用，借助微信、微博、微电影等新媒体形式，传播向上向善的精神力量；充分挖掘校内外文化教育资源，实施文化育人工程。发挥大学校训、校史、大学精神的育人作用，树立身边的优秀典型，让社会主义核心价值观在不知不觉中熏陶学生。

访谈对象：学生家长（A_7）

1. 能介绍一下您的家庭吗?

我今年46岁，本科学历，是地方税务部门的一名普通公务员。孩子父亲48岁，在银行工作，也是本科学历。我们的女儿今年21岁，现在是山东某高校生物工程专业三年级学生。我们的家庭很普通，夫妻俩尽心尽责地上班，回到家就扮演好父亲、母亲的角色。和中国千千万万个父母亲一样，我们也都含辛茹苦盼望孩子长大成人。我们的家庭比较和睦，经济收入也比较稳定，在家庭建设上总体来说还是比较理想的。

2. 能总结一下在孩子成长过程中来自家庭的价值观教育吗?

我们夫妻二人还是比较注重女儿价值观的养成的。例如，在她很小的时候，我们就教育她要有礼貌，做人要诚实，个人要服从集体，等等。女儿小时候，我和我先生工作都特别忙，家里一些比较简单的家务活都会安排给她做，她也很配合。爷爷奶奶家在农村，每到寒暑假我们也会带女儿回老家，到农村进行体验。我们也会给她灌输一些做人的道理，比如要善待他人、尽心尽责、耐心细致等。女儿心地非常善良，看到电视里一些山区的孩子没有好的学习条件，便会把平时攒的零花钱交给我和她爸爸，让我们把钱捐到那些学校去。女儿性格也很活泼，所以从小到大老师们都比较喜欢她，同学之间的人际关系也不错。在女儿的学习上我们也都很用心，从小就告诉她要努力学习，增强本领，长大了才能更好地适应社会。女儿在读高中时，学习压力非常大，会对我们有抱怨，觉得我们对她太苛刻。其实女儿在学习中已经尽力了，我和我先生也非常理解她。孩子成绩并不拔尖，距离那些“别人家的孩子”还有一些差距。现在孩子所在大学，我们认为还是比较理想的。我们一方面希望孩子出类拔萃，另一方面也希望孩子有个普通平凡的人生。

3. 您和您先生在价值观的教育上是如何发挥表率作用的?

我和我先生都是农村出身，我们年轻的时候想要离开农村去城市里工作，唯一的出路就是努力学习。我和我先生都是通过立志求学才改变了自身的命运。那是一段难忘的日子，我们都凭借个人的意志，克服了非常多的困难。到了城市之后，我们为了立足，也都非常努力地工作，用年轻人的话讲就是“打拼”。我们对女儿虽然没有很多的言辞说教，但是性格里的不服输还是明显地影响到了她。我和我先生待人很诚恳，与朋友交往时也都付出真心，我们对社会主流意识形态也都非常拥护，所有这些女儿都能感受得到，都会在无形中学习和模仿。我们相信女儿会传承我们夫妻二人的优点，同时会比我们两个人更优秀、更出色。

4. 您认为学校和家庭的价值观教育有什么不同?

我认为学校的价值观教育是面向全体学生的，因此更注重教育方式、方法的统筹，在教育内容上肯定也更综合和全面，而且也注重主流意识形态的教育和引导，而家庭中的价值观教育更多地站在个人发展的角度，相对来说较少从社会发展的角度出发，尤其是在意识形态的教育上还不够深入。这个社会需要精英型人才，稍不努力就会被别人赶超，所以大家的危机感也都比较强烈。现在的家长都希望子女成人成才，更期望子女能够赢得社会竞争，所以会把精力投注在孩子的学业发展和职业规划上，无形中都顺应和强化了应试教育。家长普遍对子女的学习成绩非常关注，相比较而言，对子女道德素质、政治态度的关注就少了许多。我们相信高校能够站在社会发展和社会主流意识形态引导的高度对孩子进行价值观教育。我们现在更多地把关注焦点放在孩子大学毕业后的发展上，希望她能考上研究生，或者有个稳定的工作。在孩子的价值观引导上，我们希望她诚实做人，待人接物时具备良好的素养，以后在同事、朋友那里有一个好口碑，这更有利于她未来的个人发展。

5. 您认为家庭和学校的价值观教育该如何形成互补?

家庭教育和学校教育的确应该形成非常良性的互补。我们在女儿读小学、中学时是非常注重与学校老师进行沟通交流的，对女儿在学校的表现和成绩都掌握得非常及时。女儿上了大学后，因为远离家乡的城市，开始了独立的生活，所以我们与高校辅导员之间的联系就非常少了。我们身边的一些同事、同学也都是如此，不知道怎么跟学校老师联系，总觉得孩子上大学了更应该自立自强。另外，中国的孩子大多数都是在父母的关爱下长大的，小时候对父母言听计从，一旦上了大学就特别期望独立，希望摆脱父母的管制，所以有的孩子上了大学后并不喜欢父母的说教，这也给大学生的家庭教育增加了难度。家庭和学校在价值观教育上的确应该形成互补，不过我现在脑子里似乎没有答案，不知道国外在这方面都是怎么做的，可能有一些值得我们借鉴的地方。作为家长，我们是乐于配合学校进行子女教育的，可能在这种联系沟通中，学校更应该起到牵头的作用。比如：高校可以创建微信公众号，及时发布学校的一些工作进展，给家长推送一些子女教育的短文；建立家长QQ群、微信群，举行线上的家长交流会；等等。大学生毕竟来自祖国四面八方，家长与学校面对面交谈的机会不多，多利用网络途径应该很有益处。

2016年12月12日，习近平总书记在会见第一届全国文明家庭代表时强调，注重家庭、注重家教、注重家风，紧密结合培育和弘扬社会主义核心价值观，发扬光大中华民族传统家庭美德。家庭教育在现代教育中发挥着重要作用。树立正确的家庭价值观教育观念，切实提升家庭价值观教育的质量，将社会主义核心价值观融入家庭教育，是提升大学生价值观水平的必然选择。近年来，人才竞争愈发激烈，“望子成龙，望女成凤”成为大多数家长的主流思想。很多家长都认为一个优秀子女的发展路线就是“上重点，考名校，找一份好的工作”，将家庭价值观教育片面地等同于“分数教育”。要走出传统家庭教育的误区，就必须树立新型的家庭价值观教育理念。第一，父母要做好表率。父母以自己的言传身教以及在生活中的每一个细节，影响子女。第二，构建家庭文化。倡导每一个家庭围绕社会主义核心价值观构建家庭文化，立家训、定家规、树家风，营造文明、和谐、健康的家庭氛围。第三，潜移默化地引导子女。家庭教育具有感染性，教育过程是亲子双方自主发现、自觉学习的过程，就是“润物细无声”地、自然而然地、“非正式”地发生的。第四，家庭教育要与学校教育、社会教育形成合力。有效发挥高校的主导作用，推动学校教育、家庭教育、社会教育密切配合，相互促进，最终形成同心、同步、同向、全员、全程、全方位的大教育模式。

2. 英国相关访谈内容

价值观决定个人对客观事物的认识、评价和选择。大学生的价值观直接影响他们的行为和自我认知，对个人成长成才具有至关重要的作用。大学生价值观教育的意义在于帮助他们形成正确的价值观、修正错误的价值观和升华已有的价值观，进而帮助大学生对社会形成正确的认知，不断调整他们的个体行为。鉴于价值观在大学生思想上的引领性和行为上的导向性，我们应高度重视大学生价值观教育在大学生综合素质形成中的重要作用。英国大学生价值观教育是在政府、学校、家庭、社会及社区的共同作用下进行的，建立了较为完善的、立体纵横的道德教育网络。政府在大学生价值观教育中位于主导地位，以制度的形式对高校价值观教育提出了明确的要求，同时为大学生价值观教育提供技术、设备、资金等人力、物力支持；学校是大学生价值观教育的主阵地，是价值观教育中最直接、最主要的施教主体；家庭是大学生价值观教育的基础，家庭教育对学生生理和心理都会产生极大的影响；社会及社区在价值观教育中也占据着重要地位，为大学生价值观教育提供了活动场所。

访谈对象：学校管理人员（B_1）

1. 请介绍一下您在高校从事教育管理工作的经历和感受。

我在谢菲尔德某高校工作二十余年，目前担任学院院长。总体而言，我认为英国的教育还是遵循人本主义教育的。在英国，价值观教育的人性化趋势也很明显。自由主义思想是英国的主流思想之一，也是主导英国高校价值观教育的意识形态。不过我认为英国所强调的自由绝不是放纵，不是违反纪律而获得的自由，而是在法律框架下，基于尊重他人的基本权利，尊重各个国家、地区、种族之间的文化差异而来的自由。一方面，英国价值观教育在自由主义的基础上，很重视学生的个体需求和个性特点，鼓励学生自我发展和自我提高。在谢菲尔德，无论是在教学内容、教学方法还是课程设置上都体现着以人为本的个性教育。另一方面，英国的实践教学理念类似于国际上比较流行的“能力本位教育”，根据学生的现实状况和就业市场的需求组织教学，强调学生应用和实践能力的培养。与传统的知识本位和学科本位教育不同，“能力本位教育”侧重学生创新实践能力的培养，它的教育理念、教学活动和教学素材等都围绕着“培养学生”这条主线。在教学过程中，强调培养学生在遇到陌生问题时，通过查阅文献自行解决问题的能力，而不是由教师在课堂上灌输现成的知识，同时注重提高学生适应环境、交流协作的综合能力，而不仅仅局限于课程内容的学习。这些理念贯穿整个教学计划。我们学校的学生在校期间会经历多个实训环节，包括作业实验、论文报告、项目设计和毕业设计等。

2. 您如何评价当代大学生价值观的现状？

总体而言，大学生群体还是积极进取、道德观念很强的，也很善于从各种课外活动中接受价值观教育。英国大学生的课外活动主要来自校园内各类大学生社团，包括文化、艺术、烹饪、体育等社团，甚至还有一些有趣而古怪的社团。通过社团成员的精心组织和策划，大学生有了很多创造和参与活动的机会，能够看到生活中有趣的一面。同时，社团活动还培养了大学生的公平意识、竞争观念、团队精神及自治行为等。参与课外活动很有趣味性和挑战性，大学生借机探索、尝试新角色，在团队中与他人合作，培养了自己的领导才能及协作精神。

3. 您认为当前加强大学生价值观教育的重要意义何在？

最重要的意义还是服务社会，适应社会需求。英国政府先后出台了很多高等教育政策性报告，要求大学生走出象牙塔，为振兴英国的经济做出贡献。同时，政府也提出了加强课程内容与社会需求之间的联系，以培养学生的应用技能和工作适应能力，这为英国高校的创新实践教学提供了政策性保障。英国政府颁布过多项法令，明确公民教育的合法地位，要求各大高校重视道德教育，规定公立学校要着重培养学生的道德品质、精神追求及智力能力，并开展国家公民教育课程。这一切都为将大学生培养成为更合格的公民发挥了积极作用。

4. 您认为宗教在英国大学生的价值观教育中发挥作用吗？

是的，有作用。从英国历史发展来看，英国大学生价值观教育总与国家宗教教育有着千丝万缕的联系。在社会中，众多宗教组织支持学校开展价值观教育研究，成为推动价值观教育的重要力量。宗教是英国人生活中不可缺少的一部分，在学生价值观教育中发挥了巨大的作用。英国是几乎全民都信仰宗教的国家，宗教信仰对人们的道德行为产生了深远的影响。英国基督教信徒总是把自己的成功归因于上帝的赠予和恩宠，他们努力工作，心怀感恩，推崇对社会和人类的博爱。英国大学生在这样具有浓郁宗教信仰氛围的环境中成长起来，往往都很推崇宗教神学的力量。所以，尽管如今实行政教分离原则，但不可否认的是，宗教教育是一种价值观传播的载体。

5. 看来宗教对于学生价值观教育的作用还是十分明显的，但这同时会不会给高校实施价值观教育带来一定的问题？

宗教和崇尚自由的英国教育体系之间其实存在着不少矛盾，比如：在宗教信仰不统一的大学环境中如何切实有效推行价值观教育？其推行是否会冒犯到一些宗教信仰？这是很多教师和管理人员都提出过的问题。这些问题目前仍然悬而未决，只能靠我们在实践过程中继续探索和总结。

英国高校管理人员对于大学生价值观教育的顶层设计积极思考，给予大学生价值观教育足够的重视，愿意通过有效的路径增强在高校进行大学生价值观教育的实效性，有意识地将大学生价值观纳入高校的校园文化建设，注重顶层设计、规划布局与管理监督三者的有机结合，从而更好地在高校进行大学生价值观的培育和践行，形成常态长效机制。同时，英国政府采用法律手段保证高校价值观教育的实行，让价值观教育有法可依。从各个英国教育大臣提出的价值观教育的号召，到一系列与价值观教育相关的文件法案，都强调着英国价值观教育的权威性和专业性。任何人一旦破坏了民主、法治、自由，就会受到法律的制裁。只有在法律的保障下，价值观对大学生的教育作用才能真正发挥到极致。此外，不可忽视的是，在英国，宗教教育是价值观教育的重要组成部分，传统的宗教价值观对人们的思想观念有着深远的影响。在多文化、多民族、多种族环境中，如何切实有效推行大学生价值观教育仍在实践探索中。

访谈对象：教师（B_2）

1. 能介绍一下您在专业课教学过程中是否会融入价值观教育吗？

我在利物浦某高校教授文学专业课。在专业课教学中，我会融入对道德冲突问题的探讨，强调社会公平、公正等方面的内容。据我所知，针对商学、法学专业学生，我的同事们也会结合团队意识和法律道德等内容进行价值观的教育。在生物、化学专业课程中，老师们不仅教授学生们常用的技术原理和操作要点，还引导学生了解相关技术对社会、道德、法律的影响以及该领域所认同的价值观念。事实上，我们的课程教学都要求学生具有批判质疑精神和独立思考的能力，有这样的能力，学生也会变得更加自信和关心社会问题，在学习中更加注重发挥自己的主体性，从而形成自己的道德观点和道德决定。

2. 在课堂价值观教育的过程中，您采取的主要方法是什么？

主要是在课程讲述过程中通过讲解、讨论等方法向学生传递正确的道德观念及行为规范，引导学生树立正确的价值观。当然，教师是教学的组织者，不能将自己看作最终提供答案的某个科目方面的权威。除了作为主讲教师讲授外，我还会在课堂中实行对话教学，也就是学生和教师在课堂中就问题进行讨论，并尽量保持话语量持平。课堂上通过频繁的互动沟通，让学生占据主导地位，为学生创造独立思考价值观问题的机会。在这个过程中我也会注意根据不同学生的性格特点，进行针对性教学。我从不会让学生死记硬背价值观的某些内容，而是对学生理解困难的地方进行针对性教学，通过案例教学、角色扮演等教学方法让学生加深印象，让价值观教育与学生生活实际相联系，在激发学生学习热情的同时还能够培养学生自主学习的能力。

3. 据您所知，英国有没有相关政策要求教师在课堂上融入价值观教育？

有。我注意到英国政府一直十分注重法律在国家建设和发展中的重要地位。英国强调采用公开、透明的方法对高校的价值观教育提出要求，让公民充分认识到价值观教育的重要性，以积极的心态对待价值观教育。英国政府提出“教育是最好的经济政策”的方针，并进行一系列的教育制度改革，教育被置于优先发展的战略地位。融入价值观教育的专业课程教学是英国学校教育近年来推崇的教育载体。英国教育部多年来不断强调应加强学校教育中的价值观教育，要求英国教育标准局对所有学校的核心价值观教育推进情况进行监察。因为专业课教学的价值观教育功能的认可度在英国高校和教师中普遍上升，所以学校教育更加侧重以专业知识传递为媒介引领价值观，在专业课程教学中融入价值观教育。在政府相关政策的引导下，我们学校会根据不同专业课程的特点渗透个人品行教育，通过课程模块的推行，以潜移默化的方式培养主流价值观和伦理观。

4. 您认为英国高校推行的价值观教育的最大特点是什么？

英国价值观教育最主要的特点是采用显性教育和隐性教育相结合的方式。一方面，很多高校会开设价值观教育、道德教育相关课程，通过课堂讲授、小组讨论、专家讲座的方式为学生讲解英国价值观的相关内容。另一方面，英国高校认为，脱离人际交往、脱离生活世界的价值观教育，学生无法对其产生兴趣，很难形成价值观认知，更难进行价值观的判断、选择和体验，也更难产生符合社会主流价值观的行为。所以英国高校在大学生价值观教育的过程中十分注重隐性教育，并将其贯穿于整个高校的教学全过程。正如我刚刚提到的，在专业课的教学过程中，教师会对学生进行隐性的价值观教育，在学生接受专业课程知识的同时以潜移默化的形式进行价值观教育。英国高校主张加强生活道德实践活动，也就是不仅仅在课堂上灌输价值观，还在生活实践中锻炼学生的道德意志，使他们实践道德信念。因此，在自然生活、社会生活、文化生活中都可以践行价值观。

英国高校教师对于价值观教育的意义，以及如何将自己的学科教育与之结合进行了一定的探索和实践。在课程设置上，要求促进学生的文化、精神、道德全面发展。在教学内容及方法上，会在教授专业课程的过程中，通过课堂渗透价值观教育，让学生在不知不觉中接受价值观教育。英国教师有意识地在教育内容中引入资料、案例，让学生更容易理解价值观教育；对不同专业的学生进行价值观教育针对性教学，相对人性化，体现出价值观教育的针对性和实效性。英国的价值观教育采用显性教育与隐性教育相结合的方式，通过课堂教学和实践活动两种方式对大学生进行价值观教育，强调寻找第三方资源，增加学生社会实践的机会，在保证显性教育质量的同时注重通过隐性教育影响学生的价值观念。

访谈对象：导师（B_3）

1. 您能介绍一下英国的导师制吗？

英国高校对导师专业水平和道德素养有较高的要求，我们作为导师都是获得教师资格认证的，这也是导师制能流传至今的原因。英国的导师制起源于牛津大学，后来渐渐应用于高校本科教育，现已在英国各大高校普遍存在，是英国高等教育体制和培养学生的重要方式，成为英国高校教育的一大特色。在我看来，导师制的实施能在很大程度上保证每一位学生在刚进入大学时就有专门的导师负责学生的学习、生活等日常工作。

2. 请介绍一下您在高校担任学生导师对学生进行价值观教育的经历和感受。

我在高校工作已经超过10年，目前担任3位学生的导师。在学生进入大学之后，我首先会关注学生的学习发展，提醒学生改进学习方法，帮助学生科学、合理地安排学习时间。在我带领的小组讨论中，我不会根据自己的科研能力来确定学生的研究方向，而是根据学生的性格、专长和兴趣点等情况来布置作业，至于如何实现目标，则完全靠学生自己。在小组讨论会上，学生阐述自己论文中的观点，而并非对课本内容进行复述。导师和其他学生发表各自的观点，在这个讨论中积极的辩论有助于开拓思维，激发学生深入思考，吸收精华，使学生的思想进一步得到提高。平时我也会对学生进行生活指导，妥善处理学生之间产生的摩擦，在给学生留有私人空间的情况下主动询问学生是否在生活中遇到了压力和困难。此外，我还需要对学生进行思想指导，每周和学生进行一次面对面的交谈，这样的交流互动拉近了我们之间的距离，让我能了解到学生的真实想法，在第一时间发现并解决学生在思想方面存在的问题。临近毕业的时候，我还会对学生进行职业发展指导，鼓励学生积极参加社会实践活动，培养学生的沟通能力，为毕业后顺利进入职场打下良好的基础。

3. 您认为导师制中对学生进行价值观教育的要点是什么?

我认为是针对性教育，也就是根据学生对价值观的接受程度以及不同的个性特征对学生进行不同的教育。英国的教育法要求学校基于平衡和广泛的课程来促进学生的精神、道德、文化、心理和身体的全面发展。英国学校道德教育以制度的形式对道德教育提出了明确的要求，以尊重学生的个性自由和学生的理智能力，也就是道德推理、判断、批评性思维的能力以及选择能力作为教育的重要指导思想，教育的重点在于发展批评性思维，在于帮助学生发现、创造，而不是仅仅让学生习惯于固定的道德规则或教条。导师在价值观教育中强调学生的主体性、创造性，注重培养学生的探究精神、批判质疑精神。所以我们会根据学生不同的个性需求不断进行规划和整改，设计出最适宜学生的模式进行价值观教育。通过这样的针对性教育，我们能够将学生的共性与个性相融合，提高价值观的教育效力。

4. 您认为网络对大学生价值观教育的影响有哪些?

随着社会信息化的发展，知识高度信息化，且信息量巨大，这些变化都时时刻刻影响着大学生的价值观教育。学生很擅长从网络渠道获取信息，有时候会认为自己通过网络了解到的东西已经远远超过了老师所教授的知识，而出现自大、自满的情绪，对学校教育不屑一顾，不受管教。此外，网络不仅能让学生学习知识，还能让学生娱乐放松或寻求刺激。一些缺乏自制力的学生便会沉迷其中，导致逃课现象严重，多科目成绩不合格。因为网络没有得到社会、学校、家庭的把控，所以对学生来说网络是相对自由的环境，但这也造成网络环境不安全。我还注意到，因为网络的存在，人和人之间变得更加冷漠。人们已经越来越习惯用 App 交流，在现实生活中见面时却变得无话可说，缺少了人与人之间的温暖和热情。

英国高校采取导师制、针对性教学、显隐性结合等教育方法，采用立体化、多元化的教育模式，根据各类学生的需要来制订教学计划和教育方式。导师制已经在英国各大高校普遍存在，是英国高等教育培养学生的重要方式，成为英国高校教育的一大特色。导师制保证了每一位学生在刚进入大学时就有专门的导师负责其学习、生活等，通过言传身教和自由宽松环境的营造，教育和引导其形成正确的价值观，培养其独立人格和内在涵养。同时导师们也注意到，网络以其交互性、开放性、及时性、平等性等特点和优势深受广大学生的喜爱。网络作为信息传播的载体，对高校的价值观教育产生了深远的影响。然而，在社会信息化快速发展的背景下，新的观念和文化差异给大学生的价值体系带来了全新的挑战，需要教育工作者不断思考和寻求出路。

访谈对象：在校大学生（B_4）

1. 请介绍一下您在大学期间思想、学业和生涯发展上的成长。

我 2018 年入学，目前是格林尼治某高校大二学生。在思想上，我有了新的收获，如课堂上老师们会通过课程进行价值观教育，或通过示范作用对我价值观的形成产生一定的影响。在学业上，我目前的主要目标就是把每一门课程学好，提高平均学分绩点（GPA），争取拿到一等学位，为后面读研做好准备。

2. 您认为自己在价值观的形成中得到了学校的哪些引导和帮助？

课堂上老师们与学生友善相处，关心我们的思想、学习、生活和职业规划，有的老师会在授课中介绍很多议题，如英国的历史渊源和多样化、英国与欧盟的关系、联合国与国家政治实体等，用来激发我们思考，有的议题是寻求价值判断，有的议题是寻找信息。老师会在这个过程中为我们的思想观念、理想追求提供指导。我认为在我们学校的整体氛围中也渗透了价值观教育。英国的教育十分注重学生的个人体验，强调学生要在活动中感受、在活动中形成正确的价值观。大学的生活很丰富，我们可以参加学校内部组织的各项社团活动、校园活动。每个人都有自己的导师，导师很尊重我们。导师对我们的个性、情感都很关心，引导我们加强对自我的认识，也很关注每个人的品质发展和人格尊严，最终努力使我们都成为合格的公民。

3. 您觉得自己的价值观或思想觉悟如何？

一直以来我都积极参与学校的各项社团活动，也参加了很多社区、社会活动。我觉得参加社区活动也是在接受一种价值观教育。通过社区的各种活动，我知道了国家的规章制度，增加了对社会结构和进程的认识，了解了社会文化、种族之间的差异，也了解了不同社会群体的需要，这些对我的社会道德价值观的发展十分有益。目前在价值观方面困扰我的是，网络带来的影响。不可否认的是，网络世界给我带来了很多课本教育之外的知识，让我能够更加快捷、便利地获得各种信息。因为网络是虚拟性的，具有隐蔽性，在网络上大家可以发表自己的言论，也可以接收其他网民散播的消息。我注意到，有一些网民为了扰乱社会秩序或引起他人关注，在网络上散布虚假消息。网络上的信息鱼龙混杂，甚至有很多暴力、不良的信息，如果不认真分辨，就容易被它们误导，盲目跟风，甚至有时候在不知情的情况下被利用。这是我目前需要格外注意的。

4. 从您身边的同学来看，您认为当代大学生价值观状况如何？

我认为我周围大学生总体价值观比较好。我在刚进入大学时就能够感受到独特的校园风气，我们学院、学校里的社团、学生组织都会举行各类欢迎仪式等让我们更好地融入校园生活，建立起友好的同学关系。学校里的社团组织也发挥了重要的作用。我们学校社团有学术类、体育类、社政类、公益类等类型，可能有上百个，这些社团都会有意识地引导我们参与社会政治，参与大学管理，发挥高度民主、自治和协调的作用。例如，我参加的一个慈善社团，完全由学生组织、参与、策划慈善活动，在活动里能获得价值观方面的启迪。不过就像我刚刚说的，跟我个人一样，有很多大学生都会受到网络信息的冲击，有一些大学生欠缺辨别是非的能力，导致他们受到负面信息的影响，偏离正确的价值观。

5. 您认为恐怖主义及相关事件对大学生的价值观有影响吗？

是的，有一定影响。我印象比较深刻的恐怖袭击事件有 2014 年的伯明翰“特洛伊木马”事件和 2017 年的曼彻斯特竞技场爆炸。恐怖袭击事件的发生，对大学生的心理、身体都容易造成危害。在一次次的恐怖袭击事件中，我们都感受到社会的慌乱和不安定。我的一个同学有亲人在恐怖袭击事件中去世，面对亲友的离去只能感受到自己的无助和社会的冷漠，这对于一个本应该好好享受大学时光的大学生来说是一种巨大的打击。大学生是年轻而充满活力的，积极向上、朝气蓬勃的人群，但是我也注意到，英国的恐怖主义势力会抓住大学生对社会的好奇和无知，慢慢渗透，导致缺乏自制力的大学生误入歧途，被恐怖主义势力“洗脑”，甚至被教唆参与自杀式恐怖袭击活动。还有学生受到恐怖事件的影响，在社会或学校中受到压力和刺激，危害自己和他人的生命。恐怖袭击事件的发生还会减弱学生的爱国意识。恐怖分子为了达到自己的目的，会不顾国家的安全稳定来报复社会，以表达自己的不满，给国家的安全造成极大的隐患，使学生和公众成为无辜的受害者。我认为英国政府应当采取更多适当的措施来维护社会的安全，否则，公众就会对国家的安全失去信心。

对于在校大学生而言，专业课教师和导师会有意识地进行价值观教育，同时学校环境和氛围作为育人的隐性课堂，是学校育人的重要组成部分，是价值观教育的重要手段。良好的学校环境和氛围反映了教育者的现代教育理念和育人构想，在学校教育活动中发挥着特殊的作用，可以积极地促进大学生价值观的形成和发展。英国大学生关注课外活动、校园文化、社会实践等课堂以外因素的作用，而不是将课堂相关理论作为教育的唯一途径。高校能够认识到，如果缺少社会道德教育，那么一些缺乏辨别是非能力、处于迷茫状态的大学生就容易受到错误价值观的影响，沾染社会上的不良风气，崇尚暴力、叛逆，出现种族歧视甚至参与暴力恐怖活动等现象。青年大学生群体如果接受的道德教育不够全面，则很容易缺乏理性思维，失去判断是非的能力，形成错误的价值观念。

访谈对象：学生家长（B_5）

1. 您能介绍一下您的家庭吗？

我和我的丈夫都是公司职员，我们有一个儿子、一个女儿，目前都在英国上大学。

2. 请您总结一下在孩子成长过程中来自家庭的价值观教育。

我们对家庭中的价值观教育比较关注，希望家庭氛围可以发挥一定的作用。孩子们很小时我们就有意识地选读各类家庭教育的书籍，让他们从绘本中了解道德问题、行为规范等，也会经常带他们外出参观或参加社会实践，从而进行价值观教育。英国博物馆众多，光伦敦的博物馆就有两百多所，犹如百科全书。我们带孩子们参观过伦敦国家美术馆、丘吉尔故居、南丁格尔博物馆、威斯敏斯特宫、伦敦科学博物馆等，使他们了解到英国的物质文明、历史和文化价值观。我们也经常鼓励孩子们积极参加社会实践，从活动中学习到价值观教育的内容，在活动中更好地进行价值观教育，如通过旅游机构带孩子们参加夏令营活动，通过社区民间组织或公益服务组织进行慈善活动。

3. 您和您先生在价值观的教育上是如何发挥表率作用的？

事实上，我们把自己定位为“家庭教师”，不断阅读和学习以获得教学指南，为孩子们提供职业、道德品质、个性、宗教等方面的教育。同时，我们也努力工作，让孩子们了解我们的工作内容，这对他们日后的职业选择和继续发展具有很强的导向作用。

4. 您认为学校和家庭的价值观教育有什么不同？

学校是专门教书育人的场所。学校教育与社会教育、家庭教育相比主要不同之处在于学校教育的专门性。学校教育相对严谨、系统，对大学生的世界观、人生观、价值观、行为规范、思想观念等各个方面都有重要的影响。家庭通过言传身教和自由宽松环境的营造，教育和引导孩子形成符合社会主流的思想道德和价值观念，培养他们的独立人格和内在涵养。我们家庭的教育就比较强调孩子个性、自由的发展，孩子们可以大胆地说出自己的想法与我们进行沟通交流，宽松的管理方式可以让孩子释放天性，尽情探索和发表见解。当然我们也注意到，在相对自由的家庭环境里，监管不力容易使孩子缺乏约束，这是我们常常互相提醒需要掌握好尺度的地方。

5. 您认为家庭和学校的价值观教育应该如何形成互补?

学校有基本的道德准则和价值观念的授课内容，而在家里我们会更注重通过自己的行为对孩子进行道德教育。在我们的家庭环境中，家长以身作则，孩子们也能够树立尊重生命、公平自由、诚实独立等基本的价值观。我们认为道德是被感染的，而不是被教导的。因此，我们主要是希望孩子们能从心灵深处认可这种价值观教育观念，理解伦理道德，并在日常生活中表现出来。在这样的家庭和学校互补的过程中，我们希望能够实现家庭和学校整体价值观教育的良性发展。

家庭教育是英国非正式教育的重要形式，在英国教育发展进程中一直发挥着重要作用，并且越来越受到各阶层的重视。家庭是青年大学生树立价值观的重要场所，同样，家庭教育对大学生的价值观教育也起到非常重要的作用。英国家庭注重孩子的“个人社会健康教育”，即道德教育。英国的家长不要求青年大学生死记硬背基本的道德准则和价值观念，而是要求他们从内心认可这种价值观教育观念，理解伦理道德，从而在日常生活中践行之。英国的家庭教育强调自己的孩子可以享受自由、平等，有属于自己的私人空间，父母也会尊重孩子，把选择的权利交到孩子的手中，使孩子从小就有自己的想法，有助于培养孩子独立思考的能力及创造性思维。

访谈对象：社区工作人员（B_6）

1. 请介绍一下你们社区在学生价值观教育中发挥的作用。

我在英国威尔士锡尔迪金郡，我们社区与区内学校联系很紧密。英国的社会和社区在学生价值观教育中占据着重要地位，它们为大学生价值观教育提供了活动场所。社区教育既是社区发展的核心内容之一，又是教育体系中的一个重要组成部分。社区学校一般称为社区中心或社区学院，主要供年满 16 周岁的人在此学习。我们社区学校很重视学习支持服务，对于全日制学生，一般会指派一名导师，每周进行一次小组辅导和定期个别辅导，根据学生的需要为他们提供充分的学习支持，对学生的个人困难，包括人际关系、家庭、学习等，提供免费心理咨询。学生可以通过电话与导师或学生服务中心的工作人员预约。在与区内学校合作的过程中，我们的关注点主要在于课外活动、社会实践等课堂以外因素对学生道德教育的影响。我记得我看过一份报告，这些年来英国志愿者人数逐年增长，超过一半的年轻人都会参与到志愿活动中去。通过这些活动，学生能了解不同社会群体的需要，增加对社会结构和进程的认识，有利于个人、社会道德价值观的发展。参加各项活动还能增强学生的团队意识，发挥学生自身的协作精神。我们十分注重学生的个人体验，强调学生要在服务中学习，在参加社会实践活动、社区服务的同时学习国家的规章制度、社会文化、种族之间的文化差异等，强调学生要在活动中体验、感受，从而形成正确的价值观。

2. 您认为社区教育遵循的核心理念是什么呢？

英国社区教育体现的是一种教育哲学，是对英国义务教育的延伸和对高等教育的补充。英国遵循“终身学习”的教育理念，为教育社区中的每个个体提供终身学习的机会，社区教育内容广泛、渠道多元化、教学形式与方法灵活多样，为人们提供了学习的舞台。另外，我们社区与区内学校有着长期的合作，供学生在社区开展实践活动，让学生为社区提供一些服务和帮助，将价值观教育落到实处。同时也增加了学生与社会之间的接触，让学生走出校园，更加了解自己周边的社会环境，提高公民意识，促进社会的和谐稳定发展。

3. 您认为在社区对学生进行的价值观教育中最明显的特点是什么？

最明显的特点是隐性教育。英国非常重视通过社会环境这一因素来培养学生的价值观念，希望能够通过社会公共环境的情景熏陶、渲染，渗透价值观教育。我们致力于将知识、价值观、思想道德、行为规范，通过社区文化、社会活动、氛围环境等方式，在非正式的教育活动中潜移默化地传递给学生们。我们社区中随处可见名人雕塑，在宣传栏上还会定时更新思想教育的宣传标语，同时也会邀请本社区中先进典型开设讲座，对大学生进行正确的价值观教育。我们经常联合家庭，鼓励学生参加公益活动，希望学生能在活动中磨炼自己的意志，也能培养学生团结协作、拼搏进取的精神。可以说，社区的支持为英国学生的价值观教育提供了极大的帮助。

4. 您认为隐性教育的主要优势是什么?

隐性教育相对于显性教育而言，虽然教育方式是间接的，但是渗透性更强，更能体现出学生的主体地位，增强学生的主动性，能够让学生从个人角度出发亲身实践、看待问题、分享经验，提高价值观学习的效率。

5. 你们是如何加强和改进自己的服务的?

我们非常重视学生的意见，采取多种措施鼓励学生为社区教育的发展建言献策。我们规定：学生每次提出切实可行的建议，社区都会奖励他们社区消费券、手机消费券等。学生只需在学习中心、学生服务中心、数据中心等办公室领取建议表，填写并投入在这些地方设立的专用邮箱。此外，学生对学校有任何意见，都可以与自己的导师、系领导或学生服务中心的工作人员进行沟通。如果问题仍未解决，还可以向有关部门提交正式投诉信。

6. 英国政府对社区教育的支持主要体现在什么方面?

社区教育的顺利发展离不开稳定的收入，社区教育工作的巩固和发展也需要财政支持。为了支持社区教育的发展，英国政府向社区拨付了大量资金，以完善社区教育服务体系。例如，政府为我们社区工作人员提供资金保障，如工资等，这是社区工作人员的主要资金来源。政府还积极联合企业和社区，促成社区与企业项目的合作，以免费获得企业提供的赞助资金。每年政府向社区拨付的款项，除了大部分用于支付职员酬劳外，还有一部分用于工作人员培训，这为英国社区工作人员专业化队伍的组织与建设提供了稳定的经济保障。

英国是世界上最早发展社区教育的国家，并形成了自己鲜明的特色。在英国，社区教育不仅是社区发展的核心内容之一，也是英国教育体系的重要组成部分，涵盖于继续教育体系之中。社区教育作为教育的重要力量，直接影响着受教育者的个体发展。英国的社区教育体现了“终身学习”的教育理念，其作为英国义务教育的延伸和高等教育的补充，为教育社区中的每个个体提供终身学习的机会。社区教育以其广泛的教育内容、多样化的渠道、灵活的教学方法和手段，为大多数英国人提供了终身学习的舞台。此外，地方教育当局、大学推广部、民间团体独办或联办的社区休闲教育也是英国社区教育的一大特色。

三、中英大学生价值观教育的差异分析

通过对中英大学生价值观教育的理念源泉及发展历程比较，阐释中英两国在大学生价值观教育方面的理论依据、制度与模式、教学内容与方法、教育发展趋势等方面存在的差异。尊重不同事物发展的客观性，强调实事求是，在分析问题方面运用联系和发展的观点，贴近实际、服务实践。对价值观相关的概念以及价值观教育的不同理念进行系统梳理和分析，在比较中推进我国大学生价值观教育的深入全面研究。

（一）价值观教育的比较教育学阐释

1. 比较教育学概述

比较教育学的概念最早由法国教育学家朱利安提出，但这位“比较教育之父”并未明确定义比较教育学的概念，只是阐述其本质在于以客观而又公正的思维意识教化于人，从而使人形成一种相对成熟或理性的思维认知，从此渐入佳境并从把握一种事物的感官触摸到对此事物拥有一种正确认知理解的状态，最终走向最理性的自我并推动其拥有正确的思维认知。除此之外，美国教育学家康德尔认为，比较教育学是将比较的任务融入现代教育史：“比较教育的研究是把教育史延伸到现在，继续教育史的研究，并阐明教育和多种文化形式间存在密切的联系。”日本教育学家冲原丰认为，比较教育学是将教育的整个领域作为对象，对两国以上的现行教育进行比较，并把国外教育学包括在内的科学。

首先，坚持马克思主义的基本立场，必须用辩证唯物主义和历史唯物主义的观点和方法进行研究，以发展的眼光科学地利用新技术、新手段，研究当前世界不同国家、民族和地区的教育。其次，要透过现象看本质，揭示教育现象背后蕴藏的教育规律与趋势，在研究各国个性的同时总结归纳在教育方面的共性，并加以预测与广泛借鉴。最后，比较是为了借鉴与利用，要根据本国的国情、教育特点等进行筛选，“取其精华，去其糟粕”，并因地制宜地加以推广，以发挥其最佳的教育功能，进而提升教育质量。随着我国对外开放进程的不断加快以及教育科研事业的持续发展，越来越多的学者开始在借鉴他国教育经验的基础上，运用

比较教育学研究我国教育发展中存在的问题，并探索解决问题之道。

（1）比较教育学的内涵与发展

比较法是社会科学的一种重要研究方法，比较教育学就是分析探究两个或两个以上事物之间教育的共性与个性的学科。以比较教育学为视域开展研究可以分为三个阶段。第一阶段主要是“借鉴”，对照自身发展并在与他国的比较中总结不足之处，进而全面结合国情、教育根本，借鉴他国优势并转化成自身的教育内涵，促进自身教育发展“增值”。第二阶段主要是对世界各国教育制度的发展进行对比研究，探索支配各国教育制度的基本因素。美国教育学家康德尔是比较教育学的代表人物，1933 年他的著作《比较教育》的问世，深刻影响了当时比较教育的教学与研究。第三阶段主要是以国际教育经验为基础，加深和扩大研究成果。

对于比较教育学的定义，各国相关领域的专家学者都持有不同的看法。美国教育学家康德尔认为，比较教育学以教育现状为基础与各国教育制度相比较；苏联学者索科洛娃等在他们编纂的《比较教育学》一书中，将比较教育学定义为一门研究当前世界教育模式制度、教学理论方法及教育发展趋势的学科；也有一些学者将比较教育学定义为一门专门研究外国教育教学制度的学科。近年来，我国学界比较认可的观点是将比较教育学定义为一门综合性教育理论的学科，这种综合性的教育方式通过寻找存在差异的原因，根据本国的基本国情并结合教育学自身发展的特点进行分析调整，其根本目的在于将其作为本国教育发展的经验借鉴。综合凝练中外学者对比较教育学的定义，概括出比较教育学具有以下四个基本特征。一是研究方法主要采取比较法。中外学者都认为比较法是比较教育学中最基本和最重要的研究方法，通过比较各国教育观念、制度、模式等，找出适合本国国情的教育发展之路。二是研究内容具有国际性。比较教育学以当代各国的教育理论和教育实践为主要研究对象，一般在两国或多国间进行比较研究，研究内容跨越国家、民族和学科。三是研究对象具有全面性。比较教育学的研究对象涵盖各国的历史教育、文化教育、经济教育、政治教育、社会教育等多个方面，包含教育理念、教育制度、教育方法、教育内容等多个模块，通过比较加强本国教育发展。四是研究目的具有针对性。探究揭示教育发展规律的知识或知识体系和借鉴他国的教育经验来改进本国的教育是比较教育学的重要目的。

各国比较教育学者为实现这两个重要目的坚持不懈，使得比较教育学成为一门兼具理论性与实用性的学科。①

（2）比较教育学的作用与方法

教育的发展有一般规律和特殊规律，通过对国家之间的教育进行比较研究，可以认识到什么是一般规律，什么是特殊规律。首先，比较教育学能够让研究者看到本国教育存在的现实不足，通过对其他国家教育理论、制度、内容、模式等方面进行研究，为本国教育改革提供借鉴。其次，比较教育学能够促进国家之间的了解与互动，增加国际教育交流与合作，提高本国教育教学的实践能力。比较教育学迎合了国家教育事业迈向新阶段的迫切性，强化了多维理论研究和多元实践应用的可行性。此外，比较教育学也能够让教育学者总结经验教训，反思问题并研究总结解决措施，通过吸取别国教育制度、教育改革及应对教育危机的经验教训，规划本国教育发展的有效实施路径。总之，比较教育学能够为本国教育发展与改革提供思路，帮助本国学者深入理解各国的教育与文化，促进国际教育交流与合作，进而丰富和完善教育学学科体系。②

比较教育学在当今对比研究各国教育理论和实践的过程中，主要以比较法为研究手段。比较法的应用使比较教育学研究相比传统意义上的教育学研究更为精准和深入，横向和纵向的比较方法为教育学的发展带来了多样的视角，在当下教育理论的创新发展上抛开了对僵化体制和老旧思想的刻板盲从，做到了有迹可循、有理可依。在学科理论和实际应用的鸿沟之间，比较教育学巧妙地充当了桥梁。在学科理论研究中，比较教育学的专业训练使受教育者的知识体系得以高度丰富，分析问题和解决问题的能力得以提高。在实际应用过程中，教育工作者扩大眼界、增长见识，加深对本国教育制度和工作的认识；吸取外国教育中的成功经验和失败教训，为本国教育的发展提供借鉴；增进国家之间的相互了解和文化交流。从教师与学生的角度来说，一方面，比较教育学的发展能够拓宽教师的教育视野，使教师不仅认识到本国教育的优势与差距，而且了解到各国教育发展的现状与规模，从而更好地吸收先进教育理念，

---

① 杨汉清. 比较教育学［M］. 3版. 北京：人民教育出版社，2015.

② 饶从满，吴宗劲. 比较教育中的国别研究：价值重申与方向探寻［J］. 外国教育研究，2019，46（12）：3-19.

转变教育教学方式方法，提高自身的教育教学质量。另一方面，比较教育学能够让学生获得更高水平的教育教学体验①。通过比较教育研究，学者更加关注与教育相关的国际问题，从而加强了各国之间的交往和沟通，为相互理解建立沟通桥梁。

比较教育学研究法主要有描述研究法、因素分析研究法和历史分析研究法。19 世纪前后，描述研究法就被比较教育学家发现并普遍采用。该方法对教育对象、教育过程、教育现象进行系统描述，保留了教育资料的原始性与真实性，因为资料翔实，能够对教育活动进行全面、具体、感性的描述，比较直观，所以成为比较教育研究的重要方法之一。后来，描述研究法被法国教育学家朱利安充分运用到调查研究中，并形成了《比较教育的研究计划及初步意见》，分列了关于中等与古典教育、初等与普通教育、高等与自然科学教育、师范教育、女子教育，以及公立机构和社会机构相联系的教育等六个方面的调查项目。发展到今天，联合国教科文组织的相应教育机构依然推荐使用描述研究法对各国教育发展状况进行研究。描述研究法中四个研究步骤缺一不可：第一，通过科学的方法与技术手段广泛收集各种教育资料；第二，为获得丰富的感性认识，需要对研究对象进行全面考察；第三，对已有文献资料和调查报告进行整理筛选，并分析归纳；第四，在对研究对象表象感知的基础上做出相应的概括、比较和评价，进而更加生动地描述教育对象。因素分析研究法研究的是影响教育发展的各种因素和变量，通过控制变量探讨其与教育之间的关系及作用机制等。汉斯、施奈德和马林森是因素分析研究法的主要倡导者。汉斯在萨德勒和施奈德研究的基础上，对因素分析研究法做了最系统的总结。他最重要的贡献是，通过因素分析研究法挖掘出传统、社会环境、自然环境以及精神因素是影响一个民族的因素，并总结出影响教育的三大因素：自然、宗教和世俗。得克萨斯大学教授阿瑟·H. 莫尔曼从文化研究的角度，进一步细化了社会结构，设定了教育运行的三大要素，即定向、组织、实施，认为影响社会发展的重要因素是文化移入与民族风格。因素分析研究法在 19 世纪 60 年代为比较教育研究的繁荣发展起到了推动作用，它从微观的角度进行比较教育研究，

① 杨汉清. 比较教育学［M］. 3 版. 北京：人民教育出版社，2015.

除了强调历史因素的作用外，还对政治、经济、宗教等方面的因素进行比较，注重对国家教育整体模式因素组合的研究并挖掘深层次的因素。历史分析研究法主要通过对各国教育制度的历史沿革、发展原因及阶段进行比较，从而揭示不同国家和地区教育发展的内在动因、作用因素及发展趋势等。该研究法重视研究要建立在史料充分的基础上，同时具备正确的历史观，对历史背景了解清晰。采用历史分析研究法时必须清楚界定研究的年限及阶段，否则会陷入无序、盲目的状态。在此方法研究中还要重视采用横向和纵向研究方法相结合，以便梳理清楚历史脉络，进而对未来发展做出适当合理的预测。萨德勒是历史分析研究法的最早倡导者，早在1900年，他在吉尔福德大学发表演讲时，就提出了历史分析研究的基本思路。后来经过康德尔、乌利希等的大力发展，该方法逐渐成为一种很重要的分析方法。康德尔在《比较教育》中采用的便是历史分析研究法，通过对六个国家的历史进行考察分析然后撰写完成。美国教育学家卡扎米亚斯给出历史分析研究法的具体操作步骤：描述研究阶段、历史分析阶段、比较教育分析、理性认识、抽象概括、形成概念。美国比较教育学家乌利希在前人研究的基础上进一步发展了历史分析研究法。他在研究中结合社会科学的分析方式，侧重寻求决定教育发展的先行条件，认为仅有单一国家的历史分析是远远不够的，要实现立体的研究，必须与多个国家的比较研究相结合。在他的论著《各国教育：以历史的观点进行比较》① 中，所运用的研究法具有以下三个特点：一是注重从文化的层面对教育发展进行研究；二是强调借鉴的前提及条件；三是强调历史分析研究法的必要性，认为其是揭示教育本质的重要一步。历史分析研究法从历史角度阐释不同国家和地区教育制度生成和发展的原因，并注重结合历史发展和宏观文化背景来分析教育发展的动因和发展趋向，有着重要的方法论意义。②

2. 比较教育学选择的意义与价值

比较教育学在时间上以当代教育为研究中心，在空间上以不同国家

① Ulich R. The education of nations：a comparison in historical perspective ［M］. Cambridge：Harvard University Press，1961.

② 包雅玮，程雪婷. 青年大学生社会责任感培育研究［M］. 北京：中国社会科学出版社，2017.

和地区的教育为研究对象，在范围上涵盖教育模式、教育制度、教育教学理论及教育发展的趋势等教育领域。比较教育学基于求是性原则，从各国客观存在的教育实际出发，实事求是反映客观现实，从而总结归纳出教育学的一般性规律，借此避免先入为主、唯感性论和唯生产论的观念；贯彻“实践是检验真理的唯一标准”的思想基础，认为只有在实践的基础上才能不断发展理论；结合教育系统的整体性、结构性、层次性和开放性，突出比较教育学的系统性原则；重视来龙去脉，并通过全面分析研究各国教育发展与改革的普遍矛盾与特殊矛盾，在研究分析教育发展的内因和外因以及各类学校教育过程中出现的各种矛盾的基础上，有选择性地继承与创新，培育新的学科增长点，赋予其新的意义与内涵，从而促成从量变到质变的飞跃。①

（1）比较教育学选择的意义

广义上的教育涵盖影响人身心发展的一切社会实践活动，内容十分宽泛，贯穿于人发展过程的始终。从教育内容来看，教育可分为道德教育、智力教育、体质教育、美感教育、劳动教育等各个部分。从施教者来看，教育涵盖学校教育、家庭教育、社会教育等各个环节。教育具有多样性，主要表现在以下两个方面。

① 对于“比较教育学”主体：完善学科体系，丰富理论框架

从比较教育自身的研究视角探究，其选择的意义一方面在于可直观有效地减少学术研究的盲点、难点，紧扣核心重点，以丰富理论框架，充实学科内容，提升学术地位。近年来，越来越多的专家学者在学术和科学中将新的理论运用到比较教育学中，与比较教育学相融合并丰富理论框架。例如，为打破“西方中心主义”和“以发达国家为基本单元”的框架，促进各国家和民族之间的平等沟通与交流，彰显多元文化魅力，实现民族文化平等对话，有学者将哈贝马斯的“公共空间”理论运用到比较教育学中，构建比较教育学“公共空间”。② 由此可见，比较教育学在与其他学科相融合时，在促进实际问题解决的同时还能够突破现有理

---

① 陈时见. 比较教育学的概念建构及其现实意义［J］. 比较教育研究，2013，35（4）：1-10.

② 杨茂庆，陈时见. 比较教育学理论选择：意义及可能［J］. 外国教育研究，2015，42（4）：27-34.

论的束缚，丰富和完善比较教育学的理论框架。另一方面，比较教育学的发展对于学科体系的完善和研究方法的充实，同样具有改革创新性质的意义。比较教育学是一门由政治学、教育学、经济学、历史学等多门学科交融形成的呈立体结构的学科。在当下新时代的学科发展形势下，其学科体系亦会呈现出多元、多面和多层次的发展趋势，同时呈现出多种界说，彰显出其所涉及内容的跨学科性和方法的多元性，建立起一个完善的知识体系。比较教育学的发展伴随着不断创新的理论特色与成果，具有鲜明的理论功能与性质。它的真正对象是从两个或更多的教育领域中发现的抽象关系；它的真正目的在于从更高的抽象水平上建立和阐述这些类型之间新的关系。比较教育学从诞生伊始便强调实证研究的方法，在其发展演变过程中逐渐融入描述法、统计法等多种研究方法，近年来又有不少学者倡导回归历史，推崇沃特森和卡扎米亚斯的思想："我们不仅要在历史文化中重找比较教育的根基，还要找回比较教育遗失的历史遗产。"① 汲取传统历史精粹，结合时代发展潮流，以"比较历史分析"方法改革比较教育学科的研究范式，弥补历史文化因素的匮乏，克服结构功能主义的局限，在挑战中寻求比较教育学新的发展机遇，从而使人类文化发展呈现出"和而不同"的多元取向的愿景，这种愿景将通过全球的不断开放交流、对话合作、理解沟通、尊重宽容，以及互识、互证、互补实现。这种理念和精神正与比较教育学的本体特质不谋而合，可以说，比较教育学将在人类多元文化共存愿景实现的过程中，发挥其他学科不可代替的积极作用。

② 对于"比较教育学"客体：创新教学方式，提升能力素养

在教育的大范畴下，比较教育学的客体自然就是专注于学科发展的科研人员或应用理论于实践的师生。不论是科研人员还是授课人员，都能随着比较教育学的迅速发展在专业实践活动中大有作为。在学术研究中，随着比较教育学理论体系和研究方法的多元化、立体化，科研人员的素质能力也必须进行综合提升和创新转变。一个学术命题要顺利完成，除了需要明确研究目的和技术路线，还要重视研究人员的研究能力，例

---

① Kazamias A M. Reinventing the historical in comparative education: reflection on a protean episteme by a contemporary player [J]. Comparative Education, 2001, 37 (4): 439-449.

如其理论知识储备、对研究方法和技术的掌握水平、外语能力等。所以，未来我国比较教育研究功能目的的调整、技术路线的变革也将促进我国比较教育研究人员培养方向的转变。有序梳理学校教育发展的各种逻辑和因果关系是比较教育学在学校体制改革、教师教学创新及学生能力提升等方面发挥作用的独特优势所在。有不少学者认为，忽视比较教育学的作用即舍弃了历史文化的精粹，轻视了行业佼佼者的借鉴引领作用，使学校教育体制改革成了无源之水、无本之木，只能天马行空，因而比较教育学是构建当代教育理论和激发学校体制改革的引导之力。对于教师而言，比较教育学可以帮助他们更好地掌握教育规律、了解教育方法、熟悉教育原则，有助于教师在教学中更有效地实现理论联系实际，是支撑教师理论素养和教学创新的高效媒介。对于学生而言，比较教育学既可以从专业的角度丰富学生的知识结构，也可以培养学生深入思考的能力，让学生学会用对比、系统的观点分析问题，从而更加全面、透彻地解决问题，增强学生解决复杂问题的能力。

（2）比较教育学选择的价值

比较教育学不但对于教育自身意义重大，而且在更宏观的视角下内环外扣、横见侧出，极具现实价值。借助各国、各地区教育之间的比较研究，汲取他国教育模式、教育制度、教育教学理念等方面的经验和总结有效措施，比较教育学改变了人们对教育的认识，为本国教育发展提供了正确的路径借鉴，有助于促进本国教育的发展，同时也可以增进国家之间的了解，促进国家之间的交流与合作，加深国内外教育研究的层次，实现教育国际化。①

① 增强内部综合实力

英国学者埃德蒙认为："比较教育研究更重要的任务就是指导教育的政策制定和发展方法。"② 对于新形势下的教育事业而言，比较教育学正是新兴的知识生产力，其认识论和方法论不断与时俱进、推陈出新，以此为研究视角可以为我国科学制定和实施教育政策提供科学的指导意见，对我国教育改革实践起积极的推动作用。在倡导实用主义的思潮下，比

① 大塚丰，高益民．比较教育有区别于其他教育学科的独特价值［J］．比较教育研究，2017（9）：18-20.

② 马健生．比较教育［M］．北京：高等教育出版社，2010.

较教育学的功能已在不知不觉间从原先呆板生硬的“拿来主义”，升级为带有主观创造意识的理论生产。在比较分析的基础上，增进对教育发展在不同时间、不同地点的整体认识与理解，比较凝练出科学的教育理论规律，预测教育发展前景，分析教育发展趋势，指导教育改革和实践规避风险，从而达到方向准确、少走弯路的效果。

比较教育学具有预测功能，在对教育发展共性规律、发展趋势科学总结的过程中，自身便具备了预测教育发展和改革结果的功能，可为我国教育教学改革发展提供强有力的预测和决策支持。我国对比较教育知识需求的增加，为国家加速发展中的重大战略提供知识咨询服务的契机。随着我国比较教育研究“不断开疆拓土，为国家发展战略提供知识服务”功能的调整，以及我国比较教育知识消费者对此支付力度的加大，未来我国比较教育研究将会更加清醒地认识并主动承担更多的使命与任务，为国家发展战略提供知识和咨询服务，从而促进我国社会经济的可持续发展。①

② 提升外部竞争实力

基于世界各国发展不平衡的现状，在各国之间开展跨国比较教育研究，有助于先进的教育发展模式发挥出最佳的示范作用，形成比学赶超的氛围，促进后进国家的教育改革；有助于不同国家教育信息、教育资源的共享，建立互学互鉴、相互促进的合作关系；有助于打破封闭，转变思想，建立兼容并包、多元发展的全球化教育体系；有助于加强国际交流，增进国际了解，通过对各国教育多方面的比较研究，了解国家之间的民族文化和教育背景差异，对各国教育模式、教育制度、教育教学理论、教育发展趋势等进行更深层次的研究，促进国家之间的沟通交流和学习借鉴。

在比较教育学的影响下，教育的全球化趋势同样不可逆转。在运用比较教育学的分析范式进行对话时，也许各个国家的教育体系多有差异，然而其中必定暗含着相同或相通的教育价值观念，即使在解决矛盾和冲突的过程中也会促进一定程度上的理解、尊重和包容，甚至是吸收和接

① 马健生，时晨晨．试论中国比较教育研究的可能转向：基于知识生产三要素的分析[J]．比较教育研究，2019，41（9）：43-51.

纳。不同的国家和地区教育文化虽有差异，但从古至今已然有不少不同国家之间跨文化的交流，其中奥妙便是比较教育学所创造的共识性现实价值。比较教育学在全球化共识和多元文化意识的催生下，积极促使新时代大学生参与全球教育变革，勾勒未来教育图景，以更加民主公平的教育体系扩大“进步教育”在社会改革和经济发展中的作用。因此，比较教育学是一个融合了多门学科的研究领域，边界相对模糊，在研究的过程中经常融合其他学科的概念和理论框架以完善和充实自我理论体系，借鉴他国的经验来寻求本国问题的解决之道，为国家和地区的教育发展提供助力。① 这恰恰反映了比较教育与一般教育的宗旨相一致之处，即都是以文化教育的革新促进经济和社会的发展。

③ 带动平行领域迅速发展

在科学技术的推动下，比较教育的现实价值已经不再局限于教育本身，作为一门跨专业、跨文化的学科，它对平行领域的发展也起着举足轻重的作用。法国教育学家朱利安是比较教育学的先驱，他的初衷就是对人类的共同利益的考量。以学科交叉和比较分析为主要研究方法的比较教育学，使人们对本国及全球教育的理解更加深入和全面，而这种核心思想使得其他领域也受益甚多。比较教育学的诞生源于民族建构，在与别国的比较研究中得到发展，其最终目的是推动教育学成为一门科学，继而推动其他学科的科学化。美国学者诺亚和埃克斯坦在他们的著作《比较教育科学的探索》中详细论述了将一般社会科学方法应用于比较教育研究的可行性和实现路径。② 简言之，只要是社会科学研究，都可以采用比较教育的研究方法进行多维度的深入探究。比较教育学既是理论科学又是应用科学，大量国际教育发展和改革经验的研究为研究者提供了全方位审视教育的视野，扩大其眼界，增加其见闻，推进教育现代化进程，推进社会与经济发展。当前，比较教育研究的理论知识和具体方法可以运用在其他平行研究对象上。

④ 加强对世界各国基础制度和教育工作的认识

我国基础教育的改革，不仅要充分学习国外教育的先进经验，更要

---

① 罗伯特·阿诺夫．比较教育的经验和伦理之维［J］．臧玲玲，译；刘宝存，审校．比较教育研究，2019，41（11）：13-19.

② 薛理银．当代比较教育方法论研究［M］．北京：人民教育出版社，2009.

从国外教育的不足中吸取教训、进行总结，以系统的、整体的和动态的、发展的观点分析问题，特别是要把相关理论运用于实践，使其真正有利于增强学生分析问题的能力，帮助学生在解决问题过程中成长。比较教育具有三个目的：提供事实、了解原因、借鉴经验，其最终目的还是借鉴。比较教育学主要从历史的角度分析研究，比较各国由这些因素产生的问题及解决方法，借鉴符合现代制度社会发展的方法，促进新经济条件的改革发展。将教育与决策、改革和发展密切结合起来，强调建议和借鉴的实用性，从而强化比较教育借鉴的目的，把借鉴的目的推向一个新高峰，即为实践服务。比较教育更需与国际紧密相连，即以分析借鉴为目的，采用比较的手段，对国外的教育进行研究。

以比较教育学视域研究价值观教育，主要目的在于借鉴、交流、评价、选择，最终阐释或理解一种教育，为比较教育的重要价值取向定位。同时，比较教育学向人们提供了一个参考系，帮助人们认识本国的教育或他国的教育，进而借鉴吸收。对于学校教育，通过比较了解不同国家的教育事业的发展，教学的方法与优势，而后充分发挥比较教育的正向引导功能，将国外的成功经验因地制宜地加以改造、运用到我国的教育事业中，更好地提升我国教育质量，发挥为党育人、为国育才的实际效能。

（二）价值观教育的体系比较

中英两国价值观教育的思想在符合本国国情的基础上又各具特色。面对经济全球化、互联网普及的挑战、多元文化思潮渗入的利弊和恐怖主义的侵袭，中英两国价值观教育都主张发挥家庭、学校和社会三者的协同作用，从而培养出优秀的社会领军人才，促进社会的可持续发展，进一步实现国富民强。两国高校价值观教育都具有显性、隐性、多样性三者统一和家庭、学校、社会三者结合的特色，主张教育突出共性与个性，且都指向人的生存意义，基于生命，立足生活，为生活而教育，以实践而教化，培养大学生的专业素养和个人品格，增强大学生的创新能力和创新精神，锻炼道德素质，提高人生境界，从而形成以包容、开放的积极心态接受别国文化，吸取别国优秀成果，并结合本国发展现状，构建符合本国历史进程的价值观教育模式。英国的价值观教育强调培养具有社会责任感的公民，形成以尊重他人、遵守法规为主的公民教育，内容具有灵活性，大学生可按照意愿自己选择教育方式。受到传统价值观、教育理念、社会制度等因素的影响，学校采取的也并非一成不变的教育模式，这反映在价值观教育中更为明显。学生的主体意识得到了提高，与经济和社会的发展相适应的是学生日益多样化的学习、生活、思想的需要。主体意识的提高体现了主体价值观念的多元化，从而使价值观教育的内容具有创新性、丰富性，使学生在价值取向中注意兼顾个人利益与集体利益，力争做到个人发展与社会发展平衡、协调、统一。中国的价值观教育注重培育社会主义的建设者和接班人，使其形成与中国特色社会主义社会发展相契合的核心价值观；凸显马克思主义中国化的理念和历程，为形成良好的社会风气和培养高尚的道德情操奠定坚实的基础。马克思说过："意识在任何时候都只能是被意识到了的存在，而人们的存在就是他们的现实生活过程。"① 在马克思人本思想的指导下，教师不再是知识的所有者，而是通过提供资源和营造氛围成为学生自主完成学习的促进者。由此可见，生活实践是价值观教育的逻辑起点和最终旨归。价值观教育的内容是教育的本体，也是社会风貌、道德水准和自我品格的体现。价值观教育的内容根植于个人生活，成为我国学校价值观教育前进的方向。使价值观始于生活、忠于生活，贴近学生主体意识，开拓学生思维能力，实现学生自我价值，最终作为教育的使然和历史发展的必然，成为价值观教育内容的集中表现。

1. 教育背景比较

新的历史背景下，中英两国高校价值观教育都深受互联网的冲击，虽然互联网能够为价值观教育提供众多便利的条件，为实现价值观教育拓展新的途径，但是，复杂的互联网环境也会导致两国大学生难以甄别虚拟世界纷繁的信息。对于受移民热潮影响而形成多文化、多民族、多种族的英国而言，多元文化带来的种族危机是英国真正重视价值观教育的重要原因之一。② 中英价值观教育背景的比较主要体现在三个方面：

一是互联网时代与全球化的挑战。在经济全球化浪潮下，互联网飞

① 中共中央马克思恩格斯列宁斯大林著作编译局. 马克思恩格斯选集：第 1 卷［M］. 3 版. 北京：人民出版社，2012.

② 邱显平，王翔. 英国多元文化主义政策的实践及其困境［J］. 社会科学，2019（12）：25-32.

速发展，对中国和英国的价值观教育都提出了严峻的挑战。作为学习的重要补充与拓展，互联网已经渗透到大学生学习和生活的方方面面。显然，利用互联网查询资料、观看课程视频给当代大学生的学习提供了很大的便利，使其可以在互联网上进行科学研究的互动与交流，不拘泥于课堂教学与书本知识，开拓学生的视野，丰富学生的学习生活。但同时，互联网复杂的环境容易对大学生的价值观教育造成不良影响。首先，网络的开放性促使信息传播极为迅速，但互联网呈现的信息错综复杂，部分青年大学生缺乏明辨是非的能力，很容易被不良信息所影响，若不能及时甄别，则思想容易偏离正轨。其次，互联网的虚拟性也会对大学生产生一定的影响，形成两种极端状况。一方面，无论是在中国还是在英国，都有不少大学生热衷于网络游戏，将大量时间、精力和金钱都花费在网络游戏中以寻求刺激，满足在现实生活中无法满足的“心理需求”，久而久之容易脱离现实生活。一些大学生甚至会因网络游戏而产生暴力倾向，一旦他们将虚拟世界中形成的暴力倾向带到现实生活中，将会对社会造成极大的威胁。另一方面，目前，在英国，Twitter，TikTok 等社交软件受到大学生的欢迎；在中国，“抖音”“快手”“美拍”等社交软件也十分流行，深受大学生喜爱。其中部分内容虚假成分较多，甚至十分低俗，难以给青年大学生带来正能量。最后，互联网存在风险性。2015 年英国的学术网站珍妮特曾遭到网络黑客的攻击，严重影响了全英高校师生的学习和工作。除此之外，近年来，网络上的不法分子通过多种渠道获得用户个人信息，并将其作为商品进行非法出售，互联网上因此而出现的隐私泄露事件层出不穷，已经影响到人们的日常学习和生活。中国高校大学生在互联网客户中占了很大的比例，“00 后”作为网络“原住民”，深受网络文化冲击，对新鲜事物充满了好奇心，但又缺乏明辨是非的能力，因此，高校要加强对大学生价值观教育的引导，从而减轻互联网对大学生价值观念的负面冲击。

马克思曾经说过：“各个国家各个民族过去那种狭隘的民族界限必然会被新的世界历史潮流所取代。”中国处于极为特殊的位置，既是一个最能实质性地促进世界各国利益汇合的国家，又具有重塑国际秩序的可能性。中国按照购买力平价已经是世界最大的经济体，同时它又是一个真正热爱和平的国家，并且拥有非常强大的止战能力。[①] 经济全球化进程的加快促使各国经济贸易往来频繁，也促使各国的精神文化产生剧烈碰撞。同时，在全球化的时代背景下，经济的发展、科技设备的更新、信息技术的进步拓宽了大学生的视野，增长了大学生的知识，每个国家都希望能在全球化时代背景下培养出一批符合本国发展需要且适应国际化发展要求的高端创新型人才。近年来，我国选择赴英国留学的学生人数和英国到中国留学的学生人数都逐年增加，有效推动了中英两国文化的融合发展，让大学生体验到了世界各国不同文化的魅力。大学生的思想价值观念还不够成熟，对于全球化发展中错误的思想比较缺少清醒的认识，易受到新鲜事物和新观念的影响，抗打击能力差且易在遭遇挫折时产生消极情绪。因此，我国应加强大学生的价值观教育，让大学生以更广阔更理性的视角关注全球问题。

二是恐怖主义的侵袭影响。当今世界，和平与发展是时代发展的两大主题，但在小范围内恐怖主义仍然较为猖獗。如今恐怖袭击或是为了博得大众的关注，或是为了宣扬政治或宗教，但无论出于何种目的，最终受到严重伤害的还是普通民众。英国作为老牌资本主义国家，受恐怖主义的影响比较严重。2005 年伦敦地铁爆炸案共造成 52 人遇难和 700 多人受伤，对英国造成了严重的打击。此次事件发生之后，英国政府在学校教育中加强了关于宗教和种族的教育，强调公民价值观教育和国家认同感的重要性。2014 年伯明翰“特洛伊木马”事件在英国社会各界掀起了轩然大波，直接推动英国核心价值观教育成为学校教育的重要内容。大学生的思想意识尚未成熟，如果没有及时得到正确价值观念的引导，很容易被恐怖主义思想所影响甚至被控制，进而导致个人价值观念发生扭曲。因此，在遭遇恐怖袭击以后，英国政府关注恐怖主义对青年和在校大学生的伤害，高校在积极主动地宣传英国核心价值观的同时也注重关心大学生的身心健康，定期为大学生做心理辅导，及时发现学生心理健康问题并进行疏导。我国在大学生价值观教育中强调各民族平等的重要性，加强大学生对多民族团结、国家统一的高度认同感，同时要求他们充分尊重各民族的风俗习惯。

---

① 这段话引自思想政论节目《这就是中国》第 27 期.

三是多元文化思潮的渗入与并存。移民问题是英国文化多元化形成的根源，早期在工业革命的带动下，经济迅速发展的英国就已开始殖民扩张。第二次世界大战结束之后，英国的人口数量急剧下降，为了扩大劳动力以恢复国家的经济发展，英国只能依靠移民来填补劳动力的空缺，因此英国本土涌入了大量的外国移民，这在促进英国经济发展的同时，也极大地促进了英国文化的多元化发展，产生了安全问题、住房问题和劳动力过剩带来的就业困难等一系列问题，这些都成为英国政府急需解决的问题。由于移民来自不同的国家和民族，成长于不同的环境，信仰不同的宗教，受到不同程度的教育和不同文化底蕴的熏陶，因此种族冲突、种族歧视等问题也随之产生。① 多元思潮涌入英国，英国大学生是否能以开放包容的态度接受它？这给英国高校核心价值观教育带来了很大的挑战。文化多元化是主观意愿不能随便改变的社会客观现实，价值观教育应重视将多元文化发展成为各国文化间的互动和交流，减弱多元文化对个人价值观的冲击及其带来的负面效应。在文化价值多元和多种社会思潮交融的当代中国，整个社会的文化氛围也变得开放多元。随着网络媒介技术的发展，年轻人使用的语言、表情、影像等符号能够更为鲜明直接地传递信息。中国青年大学生是伴随着互联网快速发展和中国经济高速增长成长起来的年轻一代，他们眼界开阔，爱好广泛，观念多元且关注个人感受。近年来，中国国际地位和影响力显著提升，他们的爱国情怀也越来越浓厚，民族认同感越来越强烈。

2. 教育目标比较

中英两国大学生价值观教育的目标既有相同之处，又存在差异。相同之处体现在两个方面：一方面，两国都把大学生对于国家核心价值观的内化作为本国高校价值观教育的主要目标；另一方面，两国都把提高青年大学生的思想道德品质作为本国高校价值观教育的重要目标，希望通过高校价值观教育，让大学生意识到拥有高尚道德和良好素质的重要性。中国高校的价值观教育始终坚持培养学生的爱国主义情怀、优秀的中华民族传统美德和互帮互助的民族意识，促进大学生价值观的形成。

---

① 徐晓红．英国移民多元文化主义政策述论［J］．哈尔滨工业大学学报（社会科学版），2018，20（4）：14-20.

现阶段中国在对大学生进行价值观教育时，把社会主义核心价值观确立为主要内容，让大学生在接受教育的同时，将其内化于心，外化于行。英国在国家范围内建立起来的个人价值观，源自因商品介入打破群体意识，是英国价值观形成的理论基础，体现了英国价值观的特征。身为资本主义国家，英国突出强调个人主义的重要性，提倡公民追求个人自由、维护个人权益，以自我发展作为价值核心。受个人主义的影响，英国逐渐形成了绅士文化，即强调公民能够享受高雅的生活、拥有较高的道德修养，不断接受文学、艺术等的熏陶，在感性的艺术气息中追求理性的现实。在绅士文化的推动下，英国高校价值观教育让学生在现有的政策框架下追求个人自由。

3. 教育内容比较

核心价值观是一个国家、社会及公民价值观教育的重要内容，因此，对任何国家来说，都需要明确一种符合本国发展需要的核心价值观。一个国家的核心价值观浓缩了对本国当前基本国情以及社会发展状况的科学认知，指明了这个国家往后数十年价值观教育的发展方向和目标。中英两国高校都是以核心价值观为主对大学生进行价值观教育。中国明确提出要对大学生进行社会主义核心价值观教育，英国虽然没有发布明确的、正式的文件，但是从历任英国首相、教育大臣的演讲中可以看出，英国要求高校对大学生进行英国核心价值观教育。此外，中英两国高校都在大学生价值观教育中增加了爱国主义教育和道德品质教育，为更好地实现价值观教育目标奠定了坚实的基础。价值观教育的最终目的是维护国家利益，向学生灌输爱国主义的内容，培养学生的国家意识和爱国情怀。随着政治、经济的发展和经济全球化进程的加快，价值观教育更重要的是培养学生对于国家价值观的认同感，通过认同本国价值观思想，进一步认同本国政治制度，规范学生的行为模式，突出反映社会、政治制度的本质要求。同时，大力加强学生创新精神、国际意识的培养，使其思维方式、思想观念适应新时代的发展需要。中国的传统文化经过几千年的积淀，形成了以儒家伦理思想为基础的传统价值观念，其中既有封建性的糟粕，也有具有重要意义的精华，需有效区分并结合现阶段时代发展的新形势、新特点、新要求，不断改进和充实，优化价值观教育内容。在我国改革开放和发展社会主义市场经济的进程中，价值观教育工作的内容总是随着我国社会发展的变化而变化。中国的传统教育偏重德育和家国情怀，讲究诚信、民族团结等，这是具有明显社会主义特色的传统文化教育，由此也形成了特定的、具有明显社会主义特色的价值观教育内容。在英国，宗教与文化教育、个人品行教育、智力和学术价值教育是价值观教育的主要内容。

4. 教育特征比较

中英大学生价值观教育的共同特征在于都强调学生在价值观教育中的主体地位，且都具有多样性的特点。一方面，中英两国的价值观教育都强调尊重学生。英国一直以来秉持自由原则。自由主义思想从17世纪开始成为英国的主流思想，也成了主导英国高校价值观教育的意识形态。因此，英国价值观教育在自由主义的基础上，重视学生的个体需求和个性特点，尊重学生的人格尊严和主体地位，鼓励学生自我发展和自我提高。① 但自由需在法律框架下获得，应基于尊重他人的基本权利，尊重各个国家、地区、种族之间的文化差异。英国价值观教育因强调个体需求和个性特征而难免出现不受控制的情况。在中国高校，长期开展的思想政治理论教育课程以立德树人为根本任务，以价值观传播为根本使命，围绕学生的思想发展，不断激发学生的主体意识，并寓价值观教育于时代背景、政治背景、历史背景之中，不断提高学生的甄别能力、思考能力、判断能力。另一方面，多样性是中英两国价值观教育的共同特征。英国是一个多文化、多宗教、多种族的国家，其价值观教育的内容除英国核心价值观教育之外，还包含宗教教育、自由主义教育、道德品格教育等。伴随着移民热潮的来袭，拥有不同国籍、历史文化背景、宗教信仰的人汇集在英国，为英国价值观教育的多样性奠定了基础。中国大学生不仅深受中华优秀传统文化的熏陶，而且在习近平新时代中国特色社会主义思想的指导下，面向世界和未来弘扬和发展中国精神、中国风尚、中国气节，为努力实现中华民族伟大复兴的中国梦而奋斗。

5. 教育路径比较

中国与英国在价值观教育路径上存在相同之处，均在政府、学校、

---

① 易红郡，姜远谋. 19世纪英国古典大学自由教育传统的坚守与变革［J］. 高等教育研究，2019，40（3）：86-94.

社会的合力作用下完成。首先，中英两国政府、高校及社会都非常重视大学生价值观教育，但其在价值观教育中的角色、定位及作用程度有所不同。从价值观的起源、发展、形成和确立的角度来说，中英两国政府在价值观教育中都起主导作用，当然，两国公民对政府政策的理解、响应与支持也在价值观教育的开展中起到非常重要的作用。相对于英国而言，中国高校开展价值观教育实践活动的场所和载体相对局限，倾向于开展有目的、有计划的进社区、企业、福利院等的社会实践活动，程序设计往往不够简化，需要通过比较复杂的沟通、协调和审批环节才能实现。而在英国，社会的支持为学校价值观教育提供了极大的便利，大学生可以有计划地参加各种慈善活动、志愿服务、社区活动，如学校与当地旅游机构合作，共同为学生举办国内外的各类夏令营活动，通过社会实践活动的方式促进大学生的价值观教育。其次，中英两国都强调显性教育和隐形教育相结合的教育模式，以教材内容和教师课程的讲解为主的显性教育与以非正式课堂的潜在指导为辅的隐性教育相互融合，深入开展两国的价值观教育。中国价值观教育多体现在以课堂教育为主的显性教育层面，学生通过学习教材认知中国核心价值观在思想观念、价值层面的内涵，但从认知到认同还有一段距离。近年来，我国对于价值观教育载体的拓展进行了更多有益的探索，并取得一些成绩。英国的价值观教育多以隐性教育为主，这也是英国大学生比较容易认可和接受的价值观教育方式。① 在进行价值观教育时，学校鼓励学生积极参加社会活动，并在活动中实现个人价值，体会到荣誉感和成就感。最后，中英两国都根据学生对价值观的接受程度以及各自不同的个性特点，对学生进行具有针对性的价值观教育，学生更容易接受共性与个性相互融合的教育方式。

中英两国因为文化不同，其学校教育理念也有所差别，所以两国价值观教育在路径上也出现了差别。中国高校注重把核心价值观教育贯穿价值观教育的始终，强调核心价值观的主导作用。党的十八大明确把社会主义核心价值观概括为“倡导富强、民主、文明、和谐；倡导自由、

① 宁曼荣．英国高校隐性德育的特点及启示［J］．学校党建与思想教育，2017（6）：94-96.

平等、公正、法治；倡导爱国、敬业、诚信、友善”。由此可见，社会主义核心价值观的确立为我国高校大学生的价值观教育指明了方向，其不断完善的过程也是高校价值观教育不断深化发展的过程。2019 年，十九届四中全会创造性地提出坚持以社会主义核心价值观引领文化建设制度，并从推动理想信念教育常态化制度化、完善弘扬社会主义核心价值观的法律政策体系、推进中华优秀传统文化传承发展工程、健全志愿服务体系、完善诚信建设长效机制五个方面提出深化价值观教育的战略部署。2020 年，党的十九届五中全会审议通过《中共中央关于制定国民经济和社会发展第十四个五年规划和二〇三五年远景目标的建议》，其中建立了社会主义核心价值观践行的规范机制，把社会主义核心价值观的践行要求融入市民公约、乡规民约、学生守则等行为准则，不断健全和完善各项规章制度，用有效的制度机制来规范人们的行为，使符合社会主义核心价值观的行为受到鼓励，反之则受到制约。在英国，核心价值观是其资本主义制度的重要保障，高校在教育理念中体现利益至上、个人主义至上的原则，充分体现了英国核心价值观的主流价值。此外，中英两国大学生价值观教育都联合家庭、学校、社会、国家形成合力，共同引导大学生认清文化意义、达成价值认同，培养他们的社会责任感，使青年大学生在实现人生价值的道路上少走弯路。

中英两国大学生价值观教育都是在互联网高速发展、经济全球化、思潮多元化的大背景下产生的，因此必然存在共通之处，但社会主义制度和资本主义制度本质上的差别决定了两国价值观教育必然存在差异。中英两国大学生价值观教育的目标都是使学生将国家核心价值观内化，形成高尚的道德和良好的素质，但英国大学生价值观教育强调“公民性”，这体现了西方新自由主义的政治话语，中国高校对大学生的价值观教育强调促进可持续发展。在教育内容上，中英两国的价值观教育都是以核心价值观为主要内容，并且都强调爱国主义教育和道德品质教育，都强调学生在其中的主体地位，但中国大学生价值观教育最明显的特征是开放性，而英国则是实践性。在实践路径上，中英两国政府、高校及社会都非常重视大学生价值观实践教育，政府在价值观教育中都起着主导作用，但英国更倾向于利用社会支持系统通过实践进行隐性的价值观教育。通过对比中英两国大学生价值观教育的背景、目标、内容、特征和路径发现，中英两国都非常重视大学生的价值观教育，既存在共通点，又由于两国传统文化、新时代国情以及社会背景等方面的差异性而存在许多不同点，但最终都期望通过调整和改善来适应时代的变化和发展。

（三）价值观教育的发展历程比较

1. 价值观教育历程的差异化分析

价值观决定个人对客观事物的认识、评价和选择。大学生的价值观会直接影响他们的行为和自我认知，对大学生成长成才具有至关重要的作用。随着政治、经济、文化等的发展变化，不同时期的个体价值观呈现不同的特点和表现形式。① 大学时期是一个人确立世界观、人生观、价值观的黄金时期。当前，中国高校重视把社会主义核心价值观教育融入大学生教育的全过程，使大学生在实践中增强社会主义核心价值观教育的仪式感，进而使大学生对社会主义核心价值观的敬畏心和敬重感大幅提升，促进大学生对社会主义核心价值观的情感认同，在分层分类的教育方式下促使大学生形成良好的实践行为和习惯。英国是一个多种族的国家，多元文化的碰撞给英国文化和教育带来了生机和活力，同时也给英国社会的稳定带来了诸多挑战。在国内外环境的综合影响下，英国于 21 世纪初在长期培养“共同价值观”的基础上，提出“核心价值观”的教育理念。这种核心价值观起到了增强民族凝聚力、加强英国公民“公民意识”的作用。英国政府深知核心价值观具有价值导向、价值标准的功能，因此也提出了有针对性的新型教育方式。中英两国教育方式的差异是由不同的价值观念导向造成的，具体包括时代背景、成长环境、社会阅历和角色设定四个因素：一是两国时代背景不同。中国从站起来到富起来，再到强起来，最终迎来新时代中国特色社会主义道路自信、理论自信、制度自信、文化自信。习近平总书记将我们的新时代比作浩荡的东风，它正以高速稳定的趋势发展。英国是一个历史悠久的资本主义国家，在民族认同上一直存在着很多争议，因此大部分英国人存在价值观认同意识较弱的问题。布朗曾说：“如果我们对自己的价值观足够自信，英国将逐渐成为欧洲的核心、全球世界经济的领先者，并由此帮助

① 包雅玮．价值观教育引领下的大学生创新创业教育实践［J］．湖州职业技术学院学报，2018，16（4）：10-13，91.

经过改革的、更加灵活的、更加外向的欧洲在国际社会中发挥更重要的作用，更不用说改善欧洲与英国的关系。”① 二是成长环境不同。一个人的成长环境主要来自其家庭，家庭是最基层的社会组织。良好的家庭教育有助于培养个人最基本的价值观念。中英两国在文化传统、观念意识、生活方式以及社会风俗等方面存在诸多差异，在家庭教育方面也存在明显差异。在中国，受20世纪80年代计划生育的影响，“80后”和“90后”甚至“00后”大多是独生子女，是家庭中的重点保护对象。他们进入大学后，生活、学习、人际交往环境发生了巨大变化，从被父母呵护宠爱的生活过渡到独立自由的集体生活，从过去较狭窄的交往圈、生活圈进入小群体社会，诸如此类的变化导致部分大学生短时间内陷入心理矛盾突出、价值观念迷茫、人际关系紧张等困境。英国的家庭教育主要采用包容自由的方式，以锻炼孩子的实践能力与自立能力为主，大学生需要通过打工或勤工俭学赚取生活费。这种方式虽然能培养他们独立自主的价值观念，但由于缺乏监管，部分大学生会出现价值观的偏差。三是社会阅历不同。一个人的社会阅历不仅与时间的积淀有关，还与其自身的能力密不可分。中国的大学生在进入大学之前大多接受封闭式教育，这种教育模式的弊端是社会适应能力与自我生存能力缺失。而年龄相仿的英国大学生则在勤工俭学的经历中积累了相对丰富的社会阅历。四是角色设定不同。个人的自我认识和定位是与国家主流价值观理念教育密切相关的。国家政治、经济、文化的发展和变化都会导致公民价值观念和行为方式上的差异，引发主流价值导向与个人价值观念的冲突，进而导致自我价值的突显和权威效应的丧失。英国的价值观教育以公民教育为主。而中国的价值观教育把大学生看作“社会关系的个人”，在削减对大学生群体抽象化理解的同时，也进一步突显了大学生实践所特有的丰富性和具体性。大学生能够通过价值观教育正视自己，充分认同自身所处时代既有的价值体系、生活习惯和行为准则，从而不断获得、养成社会认可的价值观。古得莱得曾指出：“学校要传授主流文化，并鼓励学生

---

① Brown G. The future of Britishness [R/OL]. (2016-01-14) [2021-08-01]. http://www.britishpoliticalspeech.org/speech-archive.htm?speech=316.

忠实于这种主流文化。”① 价值观的主体正当性是价值观合理性的重要基础，因此，无论是英国还是中国的青年大学生，都应当不断完善自身价值观的合理性，在对民族和国家的认同中提升个人的幸福感、获得感与自豪感，让社会的主流价值观成为个人良好行为的价值向导。

2. 价值观教育历程的共性分析

中英大学生价值观教育历程的相同之处主要体现在：在教育发展过程中都普遍重视思想政治的灌输；都注重社会的广泛参与；培养目标既具有层次性又具有统一性；尽管文化传统、意识形态不同，社会制度相异，但都以家庭教育为基础，以学校教育为中心，以社会教育为辅助。一是价值观教育的主要目的是培养政治认同，拥护国家政治制度与社会制度，并按照制度规范个人行为，这也是两国开展价值观教育的本质要求。二是价值观教育重视培养道德规范和道德养成。道德比法律更有韧性地渗透到个体生活的方方面面，学校通过显性教育传播社会主流价值观，把经过社会凝练并得到人们普遍认可的道德行为准则传递给学生，使学生逐渐认可和践行这样的道德规范和行为方式。三是两国的价值观教育都做好社会规范的传递，国家在政治、经济、思想、文化等方面制定了诸多宏观层面的政策，需要价值观教育在具体开展过程中细化，接地气地教会学生一些社会生活准则，使其既有利于学生参与社会生活，又能让学生在行使权利与履行义务中自觉维护社会秩序。四是两国价值观教育都十分重视爱国主义情感教育，以激发学生的爱国热情，时刻维护国家利益。五是两国价值观教育都重视培养具有竞争精神和能力的国际化人才，使其更好地适应日新月异的科技进展和社会发展形势。六是两国价值观教育都从宏观上科学规划，围绕总体教育目标细化各个年龄段的具体教育内容，突出价值观教育的阶段性和层次性，彰显每个教育阶段教育的独特性与针对性。

（四）价值观教育的模式比较

价值观是一种社会意识，是人们在思维感官上对事物的价值所做出的认知、理解、判断与选择。价值观具有历史性、民族性和地域性，不

① 约翰·I·古得莱得. 一个称作学校的地方［M］. 苏智欣，胡玲，陈建华，译；苏智欣，审校. 上海：华东师范大学出版社，2006.

同国家、不同民族必然具有不同的价值观。中英大学生价值观教育受到多重因素的影响，不可避免地存在分歧。要素是一个系统的主体部分，中英大学生价值观教育包括环境、载体、内容和方法等要素，这些要素组成价值观教育体系的闭环结构。要素之间体现着联合、联结与联动，因而要素在实质上是动态的。大学生价值观教育的要素之间联结愈紧密，教育效果愈好。在学校教育的基本要素中，教师和学生无疑是其中出现频率最高的关键词，具体到价值观教育中，其受教主体依然是学生，但施教主体却日趋多样化。价值观教育是理论与实践相结合的教育活动。

1. 价值观教育受教主体比较

大学生价值观教育的受教主体是学生。伴随着信息、科学、技术等的全球化越来越显著，中国与英国等国家的文化、教育等出现巨大差异，给大学生价值观教育带来巨大的挑战。

（1）中国大学生强调以自我为中心，奉献精神不足

中华人民共和国成立至改革开放前，大学生价值观教育主要采取政治理论课的方式来进行，教育方式具有片面性、封闭性、单一性。改革开放以来，随着社会主义市场经济的快速发展和科学技术的突飞猛进，当代大学生在利益多元化的冲击、金钱的诱惑及各种不良思潮的严重影响下，极易出现目标混乱、责任缺失、精神荒芜等价值观问题。

一直以来，国家、社会和学校都在大力宣传我国的核心价值观内容，学生虽然了解社会主义核心价值观的内容，但是对于深层的含义的认识往往不够充分。① 在市场经济快速发展的形势下，社会上出现的“拜金主义”“功利化”等不良风气也逐渐弥漫到大学校园，甚至出现了部分大学生放弃学业、争做“网红”的情况。考试作弊、论文造假、“网贷”“裸贷”等现象，对学生的思想观念和价值观的形成也都造成了严重的不良影响。

（2）英国大学生崇尚自由发展，社会道德感偏弱

英国自由主义作为一种政治主张，是近代启蒙运动的产物，主要强调人的价值，即人的尊严、个体自主和自我发展，以及在政治、经济、

① 丁成际. 当代大学生价值观的现状、问题及建设［J］. 社会科学家，2017（4）：114-117.

文化、宗教、科学等方面的个人主义信念。英国在国家范围内建立起来的个人价值观是英国价值观形成的理论基础，体现了英国价值观的特征。

英国一直强调个人对社会发展的重要作用，但个性肆意发展往往会对社会造成负面影响。英国长期处于种族多样化、个人主义、自由主义和种族歧视交织的形势下，政府提倡以宗教教育为主，培养人的古典绅士品格。在此背景下，社会价值观教育难免呈现片面性发展，从而导致社会道德退化、各种社会问题出现。从大学生的长期发展来看，英国的高校教育缺少共同的价值观教育，过分强调个人主义与自由主义而导致个人与社会脱节。在中小学时期，英国教育就开始强调给孩子灌输“孩子，你无所不能，只要你愿意就去做”① 的理念，这种理念虽然给了孩子一定的勇气和自信，但是也容易导致他们做出极端行为，危害个人、家庭及社会。受宗教文化与移民热潮的影响，英国的道德教育存在着多元化的现象，学生虽然可以不断了解不同地区、不同种族的文化和风俗，但是对这些方面的教育关注较少。社会和学校多从个性、平等的角度教育学生、发展学生，而对学生在道德层面的需求的关注相对较少，导致英国大学生的道德教育受到冲击。如果再加上缺乏辨别是非的能力，一些处于迷茫状态的大学生就容易受到错误价值观念的影响，沾染社会不良风气，崇尚暴力、叛逆，出现学生游行、种族歧视甚至暴力恐怖等现象。例如，2005 年伦敦地铁爆炸案中，年龄最小的嫌疑人只有 19 岁。

英国教育强调个人主义，甚至存在“极端个人主义”的现象，在个人主义基础上建立起强势的自由平等意识，容易造成集体主义的淡化，在集体需要个人的配合时便很难得到响应。如新冠肺炎疫情发生以来，英国公民多次在伦敦市中心广场和公园进行“反口罩、反封锁”的集会游行，反对戴口罩和封锁，反对限制社交活动，强调以个人为本位的价值判断，最终导致病毒在英国肆虐。与英国不同，中国的家庭教育重视集体利益，强调个体为集体服务、为集体让步。新冠肺炎疫情发生后，中国公民积极响应政府号召，自觉在家隔离，主动停止一切不利于防疫的社交，保证了政府抗疫的成效。因此，政府、高校、家庭等各个环节

---

① 殷凌霄. 从英国青少年教育隐患看我国核心价值观教育［J］. 思想理论教育（上半月综合版），2012（1）：61-64，79.

都应该重视大学生社会道德教育的全面性与系统性，并将道德教育真正融入大学生的价值观教育，引导他们在实践中树立正确、合理的价值观念。

2. 价值观教育施教主体比较

大学生价值观教育的施教主体包括学校、家庭、社会、社区等。中国的价值观教育过程中，政府占主导地位，学校、家庭、社会等的教育为辅。英国政府则利用社会公共环境的情景渲染来熏陶孩子，使其形成正确的价值观。

（1）中国的价值观教育中，政府占主导地位，由学校重点开展

1992 年党的十四大报告中首次明确提出价值观问题。1994 年，中共中央相继印发《爱国主义教育实施纲要》和《中共中央关于进一步加强和改进学校德育工作的若干意见》，明确规定高等学校德育的根本目标在于通过思想政治教育引导大学生树立正确的世界观、人生观、价值观。2001 年《公民道德建设实施纲要》、2004 年《关于进一步加强和改进大学生思想政治教育的意见》以及 2005 年《中共中央宣传部 教育部关于进一步加强和改进高等学校思想政治理论课的意见》（教社政〔2005〕5 号）等文件的颁布和实施，都为大学生价值观教育提供了科学有效的指导。2006 年党的十六届六中全会召开，我国明确提出社会主义核心价值体系建设。2012 年，党的十八大报告明确要求加强社会主义核心价值体系建设。总体来说，从改革与发展的轨迹来看，我国高等教育管理体制每一个时期都是国家集中计划、中央部门和地方政府直接管理，这在很大程度上适应了我国经济社会发展的需要。改革开放 40 余年来，我国大学生价值观教育事业在政府的主导下不断推进。在此过程中，受市场经济体制建立和国外现代管理理念的影响，我国政府一直在积极完善高等教育管理的职能。

在中国的价值观教育中，中国政府占据主导地位。同时，价值观教育也与每一位中国公民密不可分，尤其是在高校。首先，高校通过开设价值观教育相关课程增强学生的知识储备，让学生认识并深刻了解社会主义核心价值观的内涵。其次，在高校举办价值观教育相关活动，鼓励学生将所学的理论知识运用于实践，并且在实践中更好地、更真实地感受价值观教育理论，让所学的知识得到进一步内化。最后，在高校实行

考核评价机制，明确学生在价值观方面存在的薄弱之处，教师可对此进行有针对性的改革，学生也能清楚地意识到自己有待加强的地方。党的十八大以来，习近平总书记对家庭、家教和家风建设作出许多重要论述。他指出，千家万户都好，国家才能好，民族才能好。他强调，家庭是人生的第一个课堂，父母是孩子的第一任老师；有什么样的家教，就有什么样的人；家风是社会风气的重要组成部分。所以，家庭教育这一课不可或缺。

（2）英国的价值观教育以政府为核心，学校、家庭、社会、社区共同作用

英国的大学生价值观教育是在政府、学校、家庭、社会、社区的共同作用下进行的。2014 年“特洛伊木马”事件发生之后，价值观教育便在英国所有学校中全面展开。英国高校在专业课程的教授过程中通过潜移默化的方式对大学生进行价值观渗透教育。例如，爱丁堡大学的生物化学技术课程不仅对技术理论原理和技能操作要点提出明确要求，而且主张学生了解生物化学技术对法律、道德和社会的影响以及该领域所认同的价值观念，教师在课程讲授过程中通过讲解、讨论等方法向学生传递正确的道德观念及行为规范，引导学生树立正确的价值观。① 英国学校教育中隐性的价值观教育更重要，如设置专门的宗教礼拜场所进行宗教教育，让学生参与学校事务管理与政策制定，以此进行法治教育等。家庭是英国近代初等学校的初始形式，作为英国非正式教育的重要形式，家庭教育在英国教育发展进程中始终发挥着重要作用。中世纪以来，虽然英国基础教育由教会、教区和城市的不同学校及办学机构承担实施，但是这些学校或机构都对招收对象提出了具体要求，家庭需给予儿童比较全面的启蒙教育。从 15 世纪开始，在经历农业革命、商业革命、工业革命等一系列重要的社会发展变革后，英国家庭结构和关系都发生了非常大的变化，但是家庭教育的突出地位却没有改变，甚至越来越受到各阶层的重视。笛福、高芝、夸美纽斯等著名教育家和社会学家所撰写的《家庭指导者》《新家庭指导者》《论家庭的职责》《母育学校》等著作都

① 宁曼荣. 英国大学价值观渗透教育及其借鉴［J］. 黑龙江教育学院学报，2017，36（2）：83-85.

是英国早期涌现的指导父母进行家庭教育的书籍。1628 年，英国教徒约翰·厄尔利提出："孩子的灵魂是一张白纸，尚未受到世俗的污染，不知邪恶。"约翰·洛克基于"白板说"理论，进一步提出了"绅士教育"的观点。英国的家庭教育强调孩子个性、自由的发展，孩子们可以大胆地说出自己的想法与父母进行沟通和交流。社会为英国高校价值观教育提供了极大的帮助，英国政府利用社会公共环境的情景渲染，熏陶孩子，使其形成正确的价值观。在英国，公共场所几乎都向公众免费开放，仅在伦敦，能免费参观的博物馆就多达两百余所。博物馆犹如社会历史的百科全书，如丘吉尔故居、南丁格尔博物馆、威斯敏斯特宫及伦敦国家美术馆、伦敦科学博物馆等，向人们集中展示了国家的历史文明和物质文明，向国民传递着国家厚重的文化历史价值观，是价值观教育当之无愧的重要基地。英国高校鼓励在校大学生积极参加社会实践活动，从活动中学习价值观教育的相关内容，高校经常与当地的旅游机构合作，为学生举办夏令营活动，旨在通过实践的方式促进大学生对于价值观的内化。同时，英国众多的社区民间组织以及公益服务组织，均以自愿加入的模式开展慈善活动。通过慈善活动增强社会的凝聚力，协同推进价值观教育。

3. 价值观教育载体比较

随着科学技术的迅速发展，为了更好地开展价值观教育工作，各国搭建了各种学习平台，这些平台统称为价值观教育载体。中英两国在教育载体上有相通之处，也有不同之处。

（1）中国大学生价值观教育的载体

中国大学生价值观教育载体的呈现方式如下：文体活动类以文化活动、实践教育开展为主；党团部门类以党团组织活动体制和完善的学校教育体系为主；创新科技类以网络教育和信息化教育为主，多种载体不断推进大学生思想道德教育、价值观教育向着多样化的方向发展。

① 文体活动类载体

我国大学生价值观教育的载体较为多样，其中最为常见的就是以文体活动为载体的价值观教育。1994 年 8 月，国务院颁发的《爱国主义教育实施纲要》中明确指出，"注意运用影视、书刊、音乐、戏剧、美术、故事会等形式，为广大青少年提供丰富、生动的爱国主义教材""结合参观、瞻仰、考察，组织开展征文、主题演讲会、专题讲座、知识竞赛等教育活动”。1994 年 8 月，《中共中央关于进一步加强和改进学校德育工作的若干意见》提出：“要大力开展学生喜闻乐见的丰富多彩、积极向上的学术、科技、体育、艺术和娱乐活动，建设以社会主义文化和优秀的民族文化为主体、健康生动的校园文化。”2004 年 10 月，中共中央、国务院颁发《关于进一步加强和改进大学生思想政治教育的意见》，强调要“大力加强大学生文化素质教育，开展丰富多彩、积极向上的学术、科技、体育、艺术和娱乐活动，把德育与智育、体育、美育有机结合起来，寓教育于文化活动之中。要善于结合传统节庆日、重大事件和开学典礼、毕业典礼等，开展特色鲜明、吸引力强的主题教育活动”。2019 年 11 月，中共中央、国务院印发《新时代爱国主义教育实施纲要》，明确指出：“广泛开展文明校园创建，强化校训校歌校史的爱国主义教育功能，组织开展丰富多彩的校园文化活动。组织大中小学生参观纪念馆、展览馆、博物馆、烈士纪念设施，参加军事训练、冬令营夏令营、文化科技卫生‘三下乡’、学雷锋志愿服务、创新创业、公益活动等，更好地了解国情民情，强化责任担当。密切与城市社区、农村、企业、部队、社会机构等的联系，丰富拓展爱国主义教育校外实践领域。”在文体活动或教育实践中，价值观教育往往穿插其中，在提高大学生综合素质的过程中传递价值观教育的内容，如各种主题教育活动、表彰先进活动、书评影评活动、艺术欣赏、青年志愿者活动等。以形式丰富、内容多样的文体活动为载体，让真善美在大学生心中生根发芽，使大学生在潜移默化中逐步形成正确的价值观，促进价值观教育顺利开展并取得较好的效果。

② 党团部门类载体

我国已有较为成熟的党团体制和日臻完善的学校教育体系，因此在价值观教育的推进中，以党团活动及学校部门活动为载体，促使当代大学生价值观形成。1994 年，国务院颁发《爱国主义教育实施纲要》，明确指出要建好用好爱国主义教育基地和国防教育基地。《中共中央关于进一步加强和改进学校德育工作的若干意见》提出：“党组织应加强自身的组织建设、思想建设以及对德育工作的领导，要求党员教师在教书育人中起模范作用。通过基层党组织以及工会、共青团组织，发动广大教职工做好学校德育工作，特别是教师要发挥以身作则、为人师表的作用。”

2004 年 10 月，中共中央、国务院颁发的《关于进一步加强和改进大学生思想政治教育的意见》强调，“高等学校党组织要高度重视学生党员发展工作，坚持标准，保证质量，把优秀大学生吸纳到党的队伍中来”“高等学校团组织要把加强大学生思想政治教育工作摆在突出位置，充分发挥在教育、团结和联系大学生方面的优势，竭诚为大学生的成长成才服务……要加强对优秀团员的培养，认真做好推荐优秀共青团员入党工作。要坚持党建带团建，把加强团的建设作为高等学校党建的重要任务。要切实加强团的组织建设，选拔优秀青年党员教师做团的工作，保证高校共青团组织机构设置和人员配备。要把团干部作为思想政治教育工作队伍的重要组成部分，做好培养、锻炼和输送工作”。2019 年 11 月，中共中央、国务院印发《新时代爱国主义教育实施纲要》，明确指出：“大中小学的党组织、共青团、少先队、学生会、学生社团等，要把爱国主义内容融入党日团日、主题班会、班队会以及各类主题教育活动之中。”党团部门类教育活动载体有多种形式，如党团知识教育活动（专家讲座、演讲比赛、知识竞赛等）、团委及学生会举办的活动（升旗仪式、重大纪念日、体育竞技等）、教学部门组织的毕业实习、学生资助部门组织的勤工助学活动等，这些载体在体制和体系中循序渐进，成为大学生日常生活和学习的一部分，使党团部门规范有序地完成当代价值观教育的重任。

③ 创新科技类载体

当下科技发展日新月异，科技创新类社团及活动成为高校思想政治教育载体的一部分，发挥了一定的育人作用。1994 年《中共中央关于进一步加强和改进学校德育工作的若干意见》和 2004 年《关于进一步加强和改进大学生思想政治教育的意见》都提出要开展学生喜闻乐见的丰富多彩、积极向上的学术、科技、体育、艺术和娱乐活动。2015 年，《国务院关于进一步做好新形势下就业创业工作的意见》（国发〔2015〕23 号）指出，“支持举办创业训练营、创业创新大赛、创新成果和创业项目展示推介等活动”。同年，《国务院办公厅关于深化高等学校创新创业教育改革的实施意见》（国办发〔2015〕36 号）指出，“挖掘和充实各类专业课程的创新创业教育资源，在传授专业知识过程中加强创新创业教育”“支持举办各类科技创新、创意设计、创业计划等专题竞赛。支持高校学生成立创新创业协会、创业俱乐部等社团，举办创新创业讲座论坛，开展创新创业实践”。2018 年，第四届中国“互联网+”大学生创新创业大赛增设“青年红色筑梦之旅”赛道，鼓励广大青年扎根中国大地，走进革命老区、贫困地区了解国情民情，用创新创业成果服务乡村振兴战略、助力精准扶贫，在艰苦奋斗中锤炼意志，把激昂的青春梦融入伟大的中国梦。2021 年，第十七届“挑战杯”全国大学生课外学术科技作品竞赛举办红色专项活动，引导青年学生重走红色足迹、体悟红色文化，组织青年学生返回家乡看变化，感受我国经济发展速度。

近年来，网络以其交互性、开放性、及时性、平等性等特点和优势，深受广大高校师生喜爱。互联网作为信息传播的载体，对高校价值观教育产生了深刻的影响，“网络化”成为高校信息技术资源的发展趋势。学校的官方网站、微信、微博等平台通过当下学生喜闻乐见的形式宣传先进典型，正面引导大学生树立正确的价值观。同时，在社会信息化的发展下，新的思想观念和文化差异给大学生价值体系带来全新的挑战。因此，加强大学生价值观教育的实效性也是大势所趋。

（2）英国大学生价值观教育的载体

英国早期的价值观教育以开展宗教教育为主，经过不断发展和完善，又加入以专业课程、实践活动为载体的教育而形成丰富多样化的价值观教育方式，为高校大学生社会道德教育、公民教育奠定了一定的基础。

① 以宗教教育为载体

宗教作为西方民众生活中始终不可缺少的一部分，宗教组织及其相关教育在价值观教育中发挥了巨大的作用。英国的价值观教育起源于宗教信仰，早在 651 年，基督教在英格兰地区就牢固建立起来。在英国，宗教信仰对人们的道德行为产生了深远的影响。英国基督教信徒们总是把自己的成功归因于上帝的赠予和恩宠，他们常怀一颗感恩的心辛勤劳作，推崇对社会和人类的博爱。这种被浓浓的宗教信仰包围的社会认识，使英国大学生价值观的形成受到宗教神学力量的影响。因此，从英国的历史发展来看，英国大学生价值观教育总是与国家宗教教育有着千丝万缕的联系。① 尽管如今实行政教分离，但在英国，宗教教育仍是价值观传播的重要载体。在社会中，众多宗教组织支持学校开展价值教育研究，这

① 张嵘．英国宗教教育的历史与现状［J］．世界宗教文化，2016（5）：66-69.

成为推动学生价值观教育的重要力量。在借助宗教教育推行价值观教育的同时，崇尚自由的英国教育体系中又涌现出不少问题和矛盾，如在宗教信仰不统一的大学环境中如何切实有效地推行统一的价值观教育，其推行过程是否会冒犯到一些宗教信仰，等等。

② 以专业课程为载体

融入价值观教育的专业课程是英国学校近年来推崇的价值观教育载体。2012 年，英国政府将“所有教师不能忽视‘英国核心价值观’”纳入对教师的规定中，进一步提升了“英国核心价值观”的重要程度，并强化了核心价值观教育的重要性。2014 年，英国教育部将核心价值观教育纳入学生的思想道德课程，大力推动价值观教育在学校范围内开展。2016 年，时任教育大臣尼基·摩根也多次表示应加强学校教育中的价值观教育，要求英国教育标准局对所有学校的核心价值观教育推进情况展开监察。在这种政策的引导下，英国高校根据不同专业课程的特点渗透个人品行教育，通过课程模块的推行，以潜移默化的方式培养英国政府认可的主流价值观和伦理观，因为专业课教学的价值观教育功能的认可度在英国高校和教师中普遍上升，所以其学校教育更加侧重以传递专业知识技能为手段引领价值观，将价值观教育融入专业课程的教学中。在专业课程的教授中，以案例讲解、分析研讨等形式向大学生宣传道德规范和行为准则，传递价值信条和价值观念，在潜移默化中引领大学生在个体价值认同的基础上形成统一的价值观。①

③ 以实践活动为载体

1979 年，英国政府先后出台了一系列政策性文件，要求大学生走出象牙塔，为振兴英国的经济做贡献，同时提出要加强课程内容与社会需求的联系，以培养学生的应用技能和工作适应能力，这为英国高校的创新实践教学提供了政策性保障。与传统的知识本位和学科本位不同，英国的教育理念、教学活动和教学素材等均围绕这条主线。在教学过程中，强调培养学生在遇到问题时通过查阅文献自行解决问题的能力，而不是由教师在课堂上灌输；注重提高学生适应环境、交流协作的综合能力，

① 宁曼荣. 英国大学校园的价值观渗透教育：路径及启示［J］. 当代教育理论与实践，2016，8（12）：182-184.

而不是局限于课程内容的学习。学生在校期间，经历的实训环节包括作业实验、论文报告、项目设计和毕业设计等。

除了专业课的教学，英国高校在各种课外活动的组织和安排中，都渗透价值观教育。这些课外活动以校园内各类大学生社团为主要依托，包括各类艺术社团、烹饪社团、体育社团以及各国文化社团等，甚至还有一些有趣而怪异的社团，如普利茅斯大学的海盗社团（Pirate Club）、巴斯大学的书呆子战士俱乐部（Nerdfighters Club）、埃塞克斯大学的超级玛丽赛车俱乐部（Mario Kart Club）等。社团成员对活动进行精心组织和策划，这不仅能为大学生参与活动提供更多的机会，而且能让大学生观察和发现生活中的乐趣，有利于培养大学生的公平意识、团队观念、竞争意识以及自我管理能力等。很多大学生认为，与课堂教学中的价值观教育相比，“参与课外活动更有趣味和挑战性，可借机探索、尝试新角色，在团队中与他人合作，发展自己的领导才能及协作精神”①。

4. 价值观教育环境比较

当下，国内外社会环境的差异、社会环境的变化、各种思想潮流的碰撞都影响着当代大学生价值观的形成。中国和英国都非常重视通过家庭环境、学校环境、社会环境、网络环境等因素来培养大学生的价值观与爱国情怀。

（1）家庭环境

家庭环境无疑是青年大学生树立价值观的重要环境场所，家庭教育对大学生的价值观教育也起到了重要的作用，因为它涵盖了整个“家庭生活实践中产生的通过以亲子关系为中心的家庭成员之间的双向影响和潜移默化的熏陶，而使身心状态发生预期变化的过程”②。

重视家庭教育是中华民族的传统。家庭教育从原始社会晚期开始，伴随着一夫一妻制家庭结构的产生而发展。中国上下五千多年的历史中，涌现了大量的家教经验和文献。我国之所以将家教放在如此重要的位置，与传统儒家学说中有关“人”“家”“国”三者关系的理论有着根深蒂固的联系。千千万万个家庭在教育方面的成效可以影响整个国家和社会的

---

① Halstead J M, Taylor M J. Learning and teaching about values: a review of recent research [J]. Cambridge Journal of Education, 2000, 30 (2): 169-202.

② 丁燕. 公民核心价值观教育研究 [D]. 济南：山东大学，2015.

稳定与发展，对治国安邦具有重要的价值和作用。中国的家庭教育中，大部分家长重视孩子智力、技能的发展，将孩子掌握知识技能的多少作为评价孩子是否优秀的标准，有时忽视了道德品质的教育。在我国应试教育的大背景下，家长在孩子很小的时候就报各种辅导班，包括文化课、琴棋书画等文艺班，抱着“望子成龙，望女成凤”的心理，希望自己的孩子赢在起跑线上。而本该享受美好童年的孩子却被各种补习班所压迫，失去了童年时期应有的纯真。家长为了让孩子能够全身心投入学习，对孩子过分宠爱，所有事情都尽量帮孩子料理好，以至于一些大学生自理能力极差，养成了依赖、任性、不体谅他人的不良品质，在与同学的交往中以自我为中心，很难融入学生群体，从而出现被孤立的现象。由于在家庭教育中缺少了应有的道德教育，孩子进入社会之后很容易受到社会不良风气的影响，误入歧途。2019 年，《中共中央 国务院关于深化教育教学改革全面提高义务教育质量的意见》中提出，把教育目标的“四育”提升到“五育”，把“劳育”作为五大目标之一，构建德智体美劳的大目标。

英国近代初等学校的初始形式也是家庭。大量史料表明，在家庭中受到最初基础教育的年轻人，即使在进入学校或其他机构学习生活后，也深深地受到来自家庭教育的影响。16 世纪，亨利八世嘱咐臣民“告诫父亲和母亲们、主人和地方长官们，关心他们教区内的青年，告诫他们要教自己的孩子和仆人，甚至从婴儿时代起就要用自己的母语教他们学习主祷文、本教的教义和十诫……”1547 年和 1559 年，爱德华六世和伊丽莎白一世分别在各种场合通过各种形式，强调家长作为家庭的宗教教师，必须以当地初级读物作为教学指南来培养孩子。18 世纪前中叶，在牛津大学和剑桥大学每年录取的新生中，接受家庭教师教育的学生占 20%。英国近代家庭教育的主要内容是为子女提供宗教、职业、个性、基础读写、道德素养、价值观念等方面的教育，并引导子女深入思考今后的继续发展和职业选择。英国家庭相对注重孩子的“个人社会健康教育”，即道德教育。英国家长认为：道德是被感染的，而不是被教导的。因此，他们往往不要求孩子死记硬背基本的道德准则和价值观念，而是要求孩子从心灵深处去认可这种价值观教育观念，理解伦理道德，从而在日常生活中表现出来。这样的家庭环境需要家长以身作则，需要孩子们能够将尊重生命、公平自由、诚实独立等基本的价值观教育内化于心，外化于行，从而使社会整体价值观教育呈良性发展的趋势。

（2）学校环境

与家庭教育相比，学校教育的独特性主要体现在它的专业性上。学校环境是学校育人的一个重要组成部分，反映教育者的现代教育理念和育人构想，在学校教育活动中发挥着特殊的作用。中英两国学校层面大都通过课堂教学和实践活动两种方式开展价值观教育。良好的学校氛围可极大地促进大学生价值观的形成与发展，反之亦然。早在 1991 年，英国政府就发布了《高等教育的框架——英国高等教育白皮书（1991 年 5 月）》，其中第五章专门论述了“保证教学质量”的问题，指出“每一年高等院校承担着保持和提高教学质量的主要责任。同时，对政府在高等教育中投入的大量资金需要有明确的责任制”。中国的高校是社会主义高校，承担着为中国特色社会主义培养合格建设者和可靠接班人的根本任务。学校环境对大学生价值观的教育影响也是事关广大青年学生能否健康成长、事关国家和民族的前途与命运的重要因素，其影响深远，意义重大。随着社会信息化的发展，知识高度科学化，信息量巨大，这些变化都深深地影响着青年大学生的价值观。因此，无论是中国还是英国，都应该采取立体化教育模式，根据每一个学生的需要制订教学计划和教育方式，更好地促进学生的全面发展。

（3）社会环境

中英两国都非常重视通过社会环境培养大学生的爱国情怀，培育大学生的价值观念。中国改革开放四十多年来，社会环境相对处于稳定状态，经济的快速发展使整个社会的节奏加快，人们往往会出现烦躁的心理，静下心来审视内心的时间变少了。另外，形形色色的社会诱惑也对青年大学生造成了影响：一是市场经济的发展，一方面促进了社会的进步，另一方面使得社会上出现了拜金主义、喜乐主义、金钱至上等消极观念，部分大学生存在“睡觉睡到自然醒，数钱数到手抽筋”的幻想。二是物质生活的极大丰富使部分青年大学生缺乏进取心。很多学者在对英国价值观教育的研究中都提到关于英国恐怖主义的研究。英国恐怖袭击事件频繁发生，如 1996 年曼彻斯特市中心爆炸事件、2005 年伦敦地铁爆炸案、2014 年伯明翰“特洛伊木马”事件、2017 年曼彻斯特竞技场爆炸等，对大学生的心理和身体都造成了严重的危害。首先，恐怖主义会对学生的心理健康造成严重的影响。在一次次的恐怖袭击事件中，学生因社会的不安定而慌乱，因亲友的离去而感受到自己的无助和社会的冷漠。其次，恐怖主义会削弱大学生生命健康的意识。大学生本应是年轻而充满活力、积极向上、朝气蓬勃的人群，但是英国的恐怖主义势力会抓住大学生对社会好奇和无知这一特点，渗透到大学生群体中，诱使缺乏自制力的大学生误入歧途。最后，恐怖袭击事件的频繁发生会减弱学生的爱国热情。恐怖分子为了达到自己的目的，会不顾国家的安全和稳定来报复社会，以发泄自己的不满，而学生和其他群众就成了无辜的受害者。如果政府不采取行动制止恐怖事件的发生，他们便会对国家的安全失去信心。因此，政府应及时采取有效措施，维持社会安定，维护社会安全。

（4）网络环境

互联网的高速发展无论是对中国价值观教育还是对英国的价值观教育都是一种巨大的挑战。2015 年，英国被评为全球第四大科技发达国家。到 2019 年，英国 91%的成年人使用互联网，75 岁以上的人口中，近一半是互联网用户。英国宽带普及率从 2007 年的 52%快速上升至 2009 年的 68%，随后保持稳步上升趋势，到 2015 年突破 80%。2019 年，英国宽带普及率为 82%，达到较高水平。2021 年 8 月中国互联网络信息中心（CNNIC）发布的第 48 次《中国互联网络发展状况统计报告》显示，截至 2021 年 6 月，我国网民规模达 10. 11 亿人，较 2020 年 12 月增长 2175 万人，互联网普及率达 71. 6%，较 2020 年 12 月提升 1. 2 个百分点；我国手机网民规模达 10. 07 亿人，较 2020 年 12 月增长 2092 万人，网民使用手机上网的比例为 99. 6%，与 2020 年 12 月基本持平；使用电视上网的比例为 25. 6%，使用台式电脑、笔记本电脑、平板电脑上网的比例分别为 34. 6%、30. 8%和 24. 9%。

网络是一把双刃剑，一方面能给大学生带来更多学校教育之外的知识，能够更加快捷、便利地传达信息；另一方面，虚拟、复杂的网络环境和大量未经甄别的信息会对学生造成巨大的负面影响。首先，从互联网的特征来看，它具有虚拟性和隐蔽性。人们可以在虚拟世界畅所欲言，不用担心暴露自己的个人信息。有一些网民为了扰乱社会秩序或引起他人关注，在网络上散布虚假消息。在校大学生对社会的认知较少，对未知的环境往往充满好奇，容易被谣言缔造者诱导，盲目跟风，被人利用，做出扰乱社会秩序、违背正确价值观的行为。其次，从互联网的内容来看，其信息量大且传播速度快，只需要简单操作便可知晓世界各地发生的事情。但其中的信息鱼龙混杂，甚至包括很多暴力、不良信息。大学生辨别是非的能力还较弱，这些负面信息会对学生造成一定的影响，甚至会导致他们背离正确的价值观道路。此外，由于互联网信息量巨大，有时会出现教育反哺的现象。学生认为自己通过互联网了解到的东西已经远远超过了家长、老师所教授的知识，从而产生自大、自满的情绪，对学校教育和家庭教育充耳不闻。再其次，从互联网的功能来看，它能让学生学习知识，还能让学生娱乐放松以缓解学业压力。但是一些学生将“放松”变成“放肆”，每天都沉迷在网络游戏中，学习成绩垫底、多门课程挂科、逃课等情况频频发生，他们认为游戏已经成为生命中必不可少的一部分。近年来，时常有报道称大学生通过网络贷款满足自己的消费欲望，最后因为还不起贷款而选择结束自己宝贵的生命；还有大学生因为崇拜网络主播等“网红”，疯狂打赏，花费很多金钱。最后，随着网络的普及，人与人之间变得更加冷漠。人们越来越习惯用QQ、微信等聊天软件进行交流，在现实生活中见面时却变得无话可说，都变成了“低头族”，缺少了人与人之间面对面的沟通与交流。

5. 价值观教育方法比较

教育方法是教育主体为达到一定的教育目的，在认识和影响教育对象思想和行为过程中所采取的途径、策略、手段、工具和操作程序的总和。就教育方法而言，中国大学生价值观教育重理论，注重教育平台的建设；英国大学生价值观教育则重针对性，注重个别指导或导师指导。

（1）中国大学生价值观教育方法

中国大学生价值观教育早期注重理论教育，以“填鸭式”“灌输式”等方式开展大学生价值观教育，成效不佳。在信息化、全球化的时代背景下，不断完善教育方法，开展网络新型教学，做到教与学二者合一，优化师资力量，使价值观教育的质量和效果得以提高。

① 注重理论教育

自中国共产党诞生以来，中国就重视构建思想政治教育工作体系。

在这个体系中，理论教育是其基本内容和中心环节。党在领导人民进行革命、建设、改革和发展的过程中，逐渐确立了一整套具有中国特色的教育理论、方针、原则、内容、方法以及作风和制度，并形成了优良传统。一百年来的实践证明，党的理论教育在中国革命、建设和改革发展事业中占有极其重要的地位，发挥着巨大的作用。中国大学生价值观教育继承和发扬了党注重理论教育的优良传统，学生也习惯了通过“教师讲、学生听”的教育方式接受价值观教育。同时，高校还会通过理论知识考核的方式检验学生对知识的掌握程度，这种方法虽然能够让学生在短时间内基本掌握价值观的相关知识，清楚地反映学生对价值观相关知识的把握程度，但短暂记忆很难让深层次的思想深入学生的内心，学生难以将所学理论知识运用到现实生活中，长久植根于内心则更加困难。因此，为了实现理论真正地内化于心，同时避免学生在学习过程中出现抵触、逆反心理，高校不能仅在理论教育层面开展价值观教育，而应在现有基础上寻找更丰富的资源，有效推动价值观教育方法的创新，以满足学生的教育需求。

② 建设网络平台

从 20 世纪 90 年代开始，信息化网络在高校中的应用已经普遍化。2017 年 2 月，中共中央、国务院印发的《关于加强和改进新形势下高校思想政治工作的意见》指出，要“加强校园网络安全管理，营造风清气正的网络环境”。2017 年 12 月，教育部颁发《高校思想政治工作质量提升工程实施纲要》，明确提出构建网络育人质量提升体系，具体做法是“大力推进网络教育，加强校园网络文化建设与管理，拓展网络平台，丰富网络内容，建强网络队伍，净化网络空间，优化成果评价，推动思想政治工作传统优势同信息技术高度融合，引导师生强化网络意识，树立网络思维，提升网络文明素养，创作网络文化产品，传播主旋律、弘扬正能量，守护好网络精神家园”。高校信息化网络建设在硬件和软件建设方面都呈现出了良好的发展势头，具体表现为，数字校园的项目建设在信息化网络的硬件发展中已经得以实现，所开发的网络课程以及课件在资源建设方面和实际应用中也都发挥了积极的作用。2018 年 4 月，教育部印发的《教育信息化 2.0 行动计划》提出，到 2022 年基本实现“三全两高一大”的发展目标，即教学应用覆盖全体教师、学习应用覆盖全体适龄学生、数字校园建设覆盖全体学校，信息化应用水平和师生信息素养普遍提高，建成“互联网+教育”大平台，推动教育专用资源向教育大资源转变、从提升师生信息技术应用能力向全面提升其信息素养转变、从融合应用向创新发展转变，努力构建“互联网+”条件下的人才培养新模式、发展基于互联网的教育服务新模式、探索信息时代教育治理新模式。在新形势下，我国各大高校抓住大学生与互联网之间的紧密联系，在网络上创建了价值观教育平台，通过校园官方微信公众号、官方微博向大学生推送内容，设置学习专栏，通过视频对大学生进行价值观教育；高校通过各类校园网站定时更新资讯，吸引教师与学生。此外，高校师生借助邮箱、聊天软件搭建了平等、开放的沟通平台，教师可快速通过网络平台发现学生现实存在的问题，从而进行高效沟通。

③ 优化师资力量

近年来，我国越来越重视高校价值观教育，不断优化高校师资力量，提高教师业务水平。在高校，不仅有思想政治理论课的教师为学生传授价值观知识，还有党委、团委、辅导员等优秀管理团队作为学生价值观教育的协同力量。为适应新时期的政策与要求，高校领导在管理团队与教师时优中选优，在稳定队伍的同时提高人员素质，以加强高校学生价值观教育为目的，建设高水平、高素质的专业德育工作团队。专业课教师也在课程教学中融入“课程思政”，对大学生开展价值观教育和思想政治教育。2005 年 2 月，《中共中央宣传部 教育部关于进一步加强和改进高等学校思想政治理论课的意见》（教社政〔2005〕5 号）明确指出，“提高高等学校思想政治理论课教育教学质量和水平，关键在教师”“要按照专兼结合的原则，不断优化和充实高等学校思想政治理论课教师队伍。高等学校专任思想政治理论课教师要通过兼任班主任、辅导员等工作，承担思想政治教育工作任务”“促进专业课教师与思想政治理论课教师之间的交流”。2017 年 9 月，教育部发布的《普通高等学校辅导员队伍建设规定》指出：“高等学校应当按总体上师生比不低于 1∶200 的比例设置专职辅导员岗位，按照专兼结合、以专为主的原则，足额配备到位。”辅导员的主要工作职责第一条就是“思想理论教育和价值引领。引导学生深入学习习近平总书记系列重要讲话精神和治国理政新理念新思想新战略，深入开展中国特色社会主义、中国梦宣传教育和社会主义核心价值观教育，帮助学生不断坚定中国特色社会主义道路自信、理论自信、制度自信、文化自信，牢固树立正确的世界观、人生观、价值观”。2019 年 3 月 18 日，习近平总书记在学校思想政治理论课教师座谈会上强调：“办好思想政治理论课关键在教师，关键在发挥教师的积极性、主动性、创造性。”2020 年 5 月，教育部颁发的《高等学校课程思政建设指导纲要》明确指出，“专业课程是课程思政建设的基本载体。要深入梳理专业课教学内容，结合不同课程特点、思维方法和价值理念，深入挖掘课程思政元素，有机融入课程教学，达到润物无声的育人效果”“全面推进课程思政建设，教师是关键”。2021 年 1 月，《教育部等六部门关于加强新时代高校教师队伍建设改革的指导意见》中把“提升教师思想政治素质和师德素养”列为首要目标举措。

教师不仅要具备较强的思想政治素质、组织管理能力，而且要具备与社团相关的专业知识，热心公益事务，具有奉献精神，关爱学生。通过建立教师选聘机制配强教师队伍，形成齐抓共管的协调联动长效机制。① 教师要拥有明确的政治方向，自觉坚持马克思主义信仰，在课堂内外都能够帮助学生树立正确的价值观，解决学生在学习、生活和思想上遇到的价值观问题，根据工作经验的积累优化教学模式，寻找最适宜的教学方法，同时还能认真钻研高校学生价值观教育未来发展的问题，做进一步深入的研究。

（2）英国大学生价值观教育方法

英国早期以单一的宗教教育方式进行大学生价值观教育，容易导致大学生人文精神与爱国情感缺失。随后，英国注重显性教育与隐性教育的结合，实施针对性教学与导师制相结合的方法，不断形成日益完备的公民教育方式。

① 显性教育与隐性教育相结合

英国高校倡导丰富各种教育形式，充分培养学生优秀的道德品质。英国的“人文计划”（*The Humanities Project*）于 1967 年开始实施，该计

---

① 包雅玮．儒家伦理文化的现代阐释及其对青年价值认同的意义［J］．中国青年研究，2017（1）：113-118.

划由英国学校委员会和纳菲尔德基金会共同赞助，旨在以文学、艺术、宗教、历史、行为科学等各种形式，探讨学生普遍关心或感兴趣的话题，广泛实施道德教育，并以此推动学生在文化、心理的无意识层面实现潜能的激发。1993 年，英国国家课程委员会颁布的《精神和道德发展》（*Spiritual and Moral Development*）指出，不仅要进行宗教教育和集体礼拜来加强大学生的道德引导，还要在学校的每门学业课程和校园生活的方方面面进行渗透和引申。英国高校大多通过课堂讲授、小组讨论、专家讲座的方式为学生讲解英国价值观的相关内容。英国高校在大学生价值观教育的过程中还注重隐性教育，通过优化校园文化环境、发挥本校师生中先进典型的引领和示范作用，对大学生进行价值观教育。此外，高校教师也鼓励学生参加体育竞赛和文娱活动，希望学生能在训练和比赛中磨炼自己的意志，发扬团结协作、拼搏进取的精神。

② 注重针对性教学

根据学生对价值观的接受程度以及不同学生的个性特征，英国高校对学生进行针对性教育。英国《1996 年教育法》中明确要求各级各类学校要为学生提供基于平衡和广泛的课程，促进学校和社会推动学生精神、道德、文化、心理和身体的发展，让学生积累经验，准备好面对成人生活的机遇、责任。英国以制度的形式对学校道德教育进行规定，要求学校尊重学生的个性、能力、自由。道德推理、道德判断、道德选择以及道德批判的能力都被作为教育的重要内容，如何发展学生的批判性思维成为道德教育的重要部分。英国的道德教育旨在帮助学生在道德情境中大胆发现、勇敢创新，避免学生被教条的规则禁锢。学校注重学生探究精神和批判质疑精神的培养，在这样的环境中，学生的主体性、创造性得以培养和发展。针对学生的个性需求，教师对教学方法、教学手段进行规划和整改，设计出最适合学生的教学模式。在价值观教育过程中，教师通过视频教学、角色扮演等教学方法加深学生的印象并使其能够灵活运用所学知识，让价值观教育与学生的生活实际相联系，在激发学生学习热情的同时提高学生自主学习的能力。英国高校通过针对性教育，将学生的共性与个性相互融合，使学生更容易接受主流价值观并潜移默化地增强高校价值观的教育效力。例如，英国的杜伦大学设置每门课程的大纲，明确规定在培养学生批判质疑精神和独立思考能力方面应采取的教学措施。学生也会做出反馈，认为在针对性教育下个人越来越自信，更加关心社会和民生问题，更加主动、积极地投入课内课外的学习，不断完善和提升自己的道德修养、道德觉悟，形成个人的道德观点和行为准则。

③ 实行导师制

英国的导师制起源于14世纪的牛津大学，19世纪末开始广泛应用于本科生教学，如今已成为英国高等教育培养学生的重要方式之一，是英国高校教育的一大特色。导师制的实施保证了每一位学生在刚进入大学时就有专门的导师负责其学习、生活等日常工作。① 通过言传身教和营造自由宽松的环境，教育和引导大学生形成符合社会主流的思想道德和价值观念，培养学生的独立人格和内在涵养。导师由获得教师资格认证的人员担任。英国高校对导师专业水平和道德素养有较高的要求，这也是导师制能沿用至今的原因之一。19世纪60年代以前，英国高校中一位导师仅带领几位学生，这样每位导师都有精力去关注和培养所带的每一位学生。在这之后，由于招生人数的持续扩充，导师每年都会被分配更多的学生，在这样的情形下，导师“一对一”的教学模式逐渐变成小组讨论的形式。在学生进入大学之后，首先，导师会关注学生的学习发展，提醒学生改进学习方法，帮助学生科学、合理地安排学习时间。在导师开展的小组讨论会上，大家并不是只满足于对课本内容的复述，而是需要根据自己的实践调研，结合书本知识，最终形成个人的学术观点。小组成员开诚布公，集思广益，就某一观点展开辩论，这样的形式有助于开拓学生的思维，激发学生深入思考。导师宏观调控研讨氛围，鼓励学生博采众长，并根据学生的性格、专长、兴趣点、知识积累等情况综合评判学生的学业状况，因材施教，引导学生确立未来的研究方向。在整个过程中，导师不会根据自己的科研方向规定学生的研究领域，而是鼓励学生按照他们自己的意愿努力完成学习任务。其次，导师会对学生进行生活指导，妥善处理学生个人出现的问题以及与同学之间的摩擦，在给学生留有私人空间的前提下主动关心学生生活中遇到的压力和困难。再其次，导师还会对学生进行思想指导，导师和学生定期面对面交谈、

---

① 胡杨. 英国大学生核心价值观教育探究［D］. 南昌：南昌航空大学，2016.

互动，不仅拉近了师生之间的距离，而且让导师了解到学生的真实想法，在第一时间发现学生在思想方面存在的问题并及时解决。最后，导师会对学生进行职业发展规划指导，鼓励学生积极参加社会实践活动，培养学生的沟通能力，为进入社会打下良好的基础。

从中英两国大学生价值观的教育环境来看，一方面，复杂的网络环境对两国价值观教育都造成了影响；另一方面，英国的恐怖主义势力和中国“望子成龙，望女成凤”的家庭教育理念也应该被重视。从两国价值观教育的方法来看，中国充分利用互联网的优势，在网络上搭建价值观教育平台，为学生创造更好的价值观教育的机会。中国在价值观教育中更偏重理论教育即显性教育，而英国则采用显性教育与隐性教育相结合的方式，对不同的学生采取针对性的教学方式，用适合学生的方式开展价值观教育。两国高校都积极地培养大学生对价值观学习的热情，从根本上产生对价值观学习的兴趣。中英大学生价值观教育应设计更合理的价值观教育模式，充分利用政府、高校、社会、社区、家庭等平台，教学相长，资源互补，最终使大学生将核心价值观内化于心。

人们对外界事物的认识、评价和选择往往由个人的价值观决定。大学生的价值观对其成长成才具有不可或缺的重要作用，会直接影响他们对自我的认知和对外界的行为反馈。个体在不同时期的价值观受政治、经济、文化等因素的影响，往往会呈现出不同的特点和形式。在当今中国，社会主义核心价值观是全社会的主流价值观，也是大学生群体的主流价值观，但我们看到，大学生心理发展尚不成熟，辨别能力相对较弱，对事物的发展不能全面把握，易被事物的表象所蒙蔽。因此，在复杂的社会背景下，大学生的价值观表现出多样化、复杂化、多变性的特点。高校应加强大学生价值观教育，根据大学生的认知结构、心理特点创新教育方式，加大教育力度，紧跟时代前进的步伐，顺应社会发展。

价值观对大学生思想发展、个人行为具有引领和导向作用。大学生价值观教育应在实践中不断凝练方法，帮助大学生形成正确的价值观、修正偏差的价值观和升华已有的价值观，形成对社会、国家、人生的正确认知，不断规范和调整个体行为。提高政治敏锐性和明辨是非的能力是大学生价值观教育的重要内容，也是帮助大学生抵制不良思潮腐蚀的重要途径。互联网的飞速发展和“地球村”格局的逐步形成，导致大学生时刻都要面对文化多元和迅速发展的世界。良莠不齐的文化产品层出不穷，一方面推动了国家文化事业的发展，另一方面也给大学生价值观教育带来深刻的影响。国家的强盛依赖于青年的茁壮成长，国家的发展走向取决于青年的价值观方向。为了加强价值观教育，高校要将价值观教育与学校教育体系及培养方案相融合，帮助大学生树立起与社会性质和时代特征相匹配的价值观，实现个人的成长成才。

第六章　我国大学生价值观教育的经验及建议

大学生群体是社会主义现代化建设的中坚力量，肩负着社会主义现代化建设的重任。因此，在大学生群体中开展扎实有效的价值观教育意义重大。习近平总书记站在推进中国特色社会主义事业发展、实现中华民族伟大复兴的高度，希望广大青年在新的历史机遇期做时代新人，担当伟大时代的崇高使命。① 只有用新时代价值观培育时代新人，才能使其确立马克思主义世界观、人生观和价值观。学习贯彻党的十九届六中全会精神，坚持以社会主义核心价值观引领文化建设，着眼培养担当民族复兴大任的时代新人，把培育和弘扬社会主义核心价值观作为凝魂聚气、强基固本的基础工程。做好新时代大学生价值观教育工作，要坚持以习近平新时代中国特色社会主义思想为指引，高举中国特色社会主义伟大旗帜，巩固马克思主义在意识形态领域的指导地位，巩固全党全国人民团结奋斗的共同思想基础，建设具有强大凝聚力和引领力的社会主义意识形态，建设具有强大生命力和创造力的社会主义精神文明，推动价值观教育常态化制度化，完善思想政治工作体系，激发全体大学生团结奋斗的信心和力量。

一、我国大学生价值观教育的经验总结

我国大学生价值观教育应结合专业教育与思政教育实践，结合显性教育与隐性教育，积极运用鼓励性评价激发青年大学生的爱国主义情感和积极的人生态度，进而实现价值观教育的目标；结合大学生的思想特

---

① 习近平．坚持中国特色社会主义教育发展道路 培养德智体美劳全面发展的社会主义建设者和接班人：习近平代表党中央向全国广大教师和教育工作者致以节日的热烈祝贺和诚挚问候［N］．人民日报，2018-09-11（1）．

点、成长规律，积极构建和夯实具有针对性、时代特征的课外活动平台，更好地促进价值观的内化；结合大学生学习自主性、生活独立性、交际广泛性等特点，开展针对性教学；加强人文关怀，实现对人的关心、爱护和尊重，教育体现人的尊严和价值；增强大学生对生活的获得感、幸福感和安全感，使他们养成尊重他人、关心他人、有担当的优良品质；调整和优化资源，配齐配强师资力量。

（一）提升主体素质

1. 加强大学生道德教育

“道者本也”，道德是做人的根本。在对大学生进行价值观教育时，首先要进行道德教育，坚持将立德树人作为学校教育的根本任务。中国共产党历来高度重视大学生的道德教育工作，探索形成了一系列基本方针、原则，为做好大学生道德教育工作提供了根本遵循。习近平总书记在2018年全国教育大会上的讲话中强调：“我国是中国共产党领导的社会主义国家，这就决定了我们的教育必须把培养社会主义建设者和接班人作为根本任务，培养一代又一代拥护中国共产党领导和我国社会主义制度、立志为中国特色社会主义奋斗终身的有用人才。这是教育工作的根本任务，也是教育现代化的方向目标。”2021年12月7日，教育部高等教育司发布的《高等学校课程思政建设全面推进》一文指出，“高教司和各地各高校认真贯彻落实全国高校思想政治工作会议精神，把立德树人的成效作为检验学校一切工作的根本标准，围绕全面提高人才培养能力这个核心点，推动所有学校所有课程都担负起育人责任，构建全员全过程全方位育人大格局。”调查发现，我国90.02%的大学生认同自己受到的价值观教育符合社会道德。高校应坚持将学生发展成德、智、体、美、劳全面发展的优秀人才，坚持将德育贯穿于学校的校风建设、学科建设、专业建设，将德育融入学生的课程、教材、学习、活动。在课堂上，教师可以灵活运用生活中的相关事件进行案例分析，与学生展开讨论，在活跃课堂气氛的同时还能够提升学生个人的道德素养。同时，也可以让学生在课堂上分享自己做过的体现道德素养的事，让学生养成自省的习惯，道德自省是从自我认知到自我评价最后到自我完善的过程①。引导学生从多角度看待自己，认识到自身的优点与不足，从而提升自己的道德水平。

2. 加强大学生传统文化教育

中华民族拥有灿烂的文明和辉煌的历史，积淀了博大精深的中华优秀传统文化；而中华优秀传统文化体现了中华儿女内心深处的精神追求。习近平总书记在有关弘扬中华优秀传统文化的论述中多次指出，中华优秀传统文化是中华民族的文化根脉，要认真阐发和挖掘中华优秀传统文化内涵，不断汲取中华优秀传统文化中有关思想道德的精华与精髓。2021 年 11 月，党的十九届六中全会明确指出，我国文化建设取得重大历史性成就，全党全国各族人民文化自信明显增强。调查发现，超过 82% 的中国大学生都认为中华优秀传统文化是高校价值观教育的重要内容。中华优秀传统文化是世代中国人民在生活中经过反复实践而流传下来的，是具有重要意义和价值的珍宝。但是，受西方思想观念的影响，部分中国大学生的思想呈现多元化，因此，在中国大学生价值观教育中应当加大中华优秀传统文化的教育力度。

高校的价值观教育就是要用马克思主义统领高校意识形态建设，用马克思主义最新成果向青年大学生解读中国理论、中国道路、中国制度和中国文化。社会主义核心价值观源于中华优秀传统文化，具有深厚的文化意蕴，儒家仁学思想以“仁”为核心，以“仁、义、礼、智、信”为基本要素，是社会主义核心价值观的重要源泉之一。我们应该从中汲取永恒的智慧，自觉传承和创新，重建文化自信。近年来，国家重点促进文化产业创新，为传统文化开拓新的时代内涵。2018 年，中国李宁在纽约时装周重新亮相转型，其设计中加入了更多的中国元素，从“悟道”系列开始，将中国刺绣、图腾、神话人物、神话传说、山水画等融入服饰设计，让国人和全世界感受到中国的美好。2021 年端午节期间，河南卫视大胆创新，将传统文化与现代审美相融合，创造出自信、热情、有创意的舞蹈剧《洛神水赋》，让几千年的传统文明焕发新生，重现魅力，

① 张玉冰心．新疆高校大学生践行社会主义核心价值观现状探析［D］．乌鲁木齐：新疆大学，2018.

惊艳了全世界。中国人变得越来越自信，中国传统文化的主流性也越来越清晰，并且被越来越多的人接纳和认同。新时代大学生的文化自信随之建立起来，可以坚定自主地与错误的思潮作斗争，在努力践行社会主义核心价值观中讲好中国故事、传播好中国声音。同时，在传统文化与现代文明的碰撞中，青年一代实现文化的传承与创新，为传统文化开拓新的时代内涵。活生生的事例就在大学生身边，高校可以通过导学式教学，结合情景教学、实践教学，让学生在问题中思考，在交流中探索，而后形成明确的情感、态度和价值观。在实践中，高校及教育工作者应着重加大力度。首先，对传统文化重新审视。教师要充分挖掘传统文化中的教育资源，通过对传统文化的诠释，让学生深刻理解中华优秀传统文化。其次，将别国的优秀文化融合到我国的文化中来。从社会主义核心价值观的内涵出发，依托中华优秀传统文化，借鉴别国优秀文化及教育经验，将其中积极有益的部分运用到我国传统文化的学习及价值观教育之中。再其次，用科学的眼光看待中华优秀传统文化。随着社会的发展和历史的变迁，一些传统文化已经不适用于当今社会，因此在教学过程中要推陈出新、勇于创新，让学生更好地接受中华优秀传统文化。最后，让学生自觉承担起传承中华优秀传统文化的责任，引导学生大力弘扬中华优秀传统文化。学校可以开展传统文化知识竞赛、中华经典诵读等活动，把传统文化运用到学习和生活之中。

3. 提高高校教育工作者育人水平

高校教育工作者的育人水平对大学生价值观教育有着至关重要的作用。教师是直接接触学生并对学生开展系统教育工作的人群，因此，教师的个人品质和实际行动对学生价值观的形成有重要的影响。高校应把加强思想政治理论课程教师的育人水平摆在重要位置。思想政治理论课程是进行价值观教育的主阵地，思想政治理论教师应丰富自己的理论知识，创新教学方法，采用适合自己教学、方便学生理解的教学模式对学生进行价值观教育，并且充分运用自己的教学经验活跃课堂氛围，让学生在轻松愉悦的氛围中开展价值观教育学习。① 同时，思政课教师要时刻

① 陈伟宏．论新时代高校思想政治理论课教师的素养［J］．思想理论教育，2019（12）：86-90.

提高自身素质，在道德素养方面起到示范引领作用。2021 年 12 月 7 日，教育部高等教育司召开会议并发布《高等学校课程思政建设全面推进》，介绍了全国高校思想政治工作会议召开 5 年来相关工作进展情况。会议指出，5 年来全国高校马克思主义学院由 450 余家发展到 1400 余家，截至 2021 年 11 月底，登记在库的高校思政课专兼职教师超过 12.7 万人，其中专职教师超过 9.1 万人。此外，截至 2021 年 9 月，全国高校专兼职辅导员共有 21.87 万人，师生比达到 1∶171。这些都说明，高学历、年轻化已成为思政课教师队伍建设的新特点。调查发现，我国约 83.01%的大学生评价教师爱岗敬业，积极提升自身的价值观教育水平，可见大学生对教师队伍价值观教育水平是认同的。

（二）注重隐性教育

为丰富我国大学生价值观教育的教学内容，需加强隐性教育，开展理论教育课程，巩固完善知行合一，更需将价值观教育渗透在大学生生活的方方面面，指导大学生的个人行为。

1. 完善价值观理论教育课程

开展理论教育课程是为了让学生能够系统全面地了解价值观相关知识。虽然目前中国各大高校已经开展了思想政治理论课程，并且有统一的教材供学生学习，但是为了加强学生的价值观教育，还应该在现有的基础上做出一些创新。首先，将理论学习与经典时代案例相结合。要促使学生将现有理论和具体实践结合起来，真正将知识接受并消化，不仅要有理论认知、情感认同，还要内化于心、外化于行。例如，鸿星尔克在 2020 年净利润负 2.2 亿元的情况下，于 2021 年 7 月河南发生特大暴雨灾情后捐赠 5000 万元物资，对此网友评论，“自己忙忙碌碌勤俭一辈子，一块钱都要小心存起来，但只要国家需要，立马就会倾囊而出”“体现出了鸿星尔克作为企业的血肉形象和国货良心”，同时，青年大学生也大力号召国民支持国货。其次，专业课程也是价值观教育的基本载体。结合不同专业课程的特点，细致梳理教学内容、思维方法和价值理念，深入挖掘潜在的价值观教育元素并将其与课程教学有机融合，从而达到润物无声的育人目的和效果。充分发挥不同学科、不同专业的优势与特色，对不同学科知识体系中蕴藏的思想精髓和价值内涵进行深入阐发与提炼，对各个专业的育人目标进行深度研究，从而增强课程的知识性、开放性、人文性、时代性和引领性。要坚持“学思结合、知行统一”，利用专业实践创新课程培养大学生勇于探索的创新精神，提高其发现、分析、解决实际问题的能力。再其次，由于不同地域的文化、风俗习惯存在差异，教师可以根据地域特点创新教育内容，将价值观教育与地域文化、风俗习惯相结合，促进学生理解吸收。例如，内蒙古地区的高校可以将价值观教育与“草原文明”相结合，让学生感受马背上的文明与价值观相互结合产生的神秘色彩。最后，将专业的学科课程与价值观教育课程内容相互结合。例如，艺术专业的学生可以绘画、音乐、表演等各种方式将价值观演绎出来，文科专业的学生可以通过对经典诗词、文章的解读进一步深化价值观教育。让学生在更好地发挥自己专业技能的同时加深对价值观的记忆，升华感情，增强对正确价值观的认同。

2. 强化价值观教育实践活动

目前，中国大学生价值观教育仍然呈现出重理论、轻实践的现象。调查发现，中国 59.57%的大学生认为学校的价值观教育偏向理论知识的传授，缺乏实践性的体验教学。高校如果不重视校园文化的建设和校园活动、社团活动的开展，则很难让学生真正理解价值观，导致价值观教育效果不佳，缺乏实效性。① 2017 年 2 月，中共中央、国务院印发的《关于加强和改进新形势下高校思想政治工作的意见》明确指出，“要强化社会实践育人，提高实践教学比重，组织师生参加社会实践活动”“在服务引导中加强思想教育，把解决思想问题与解决实际问题结合起来”。有目的地开展实践活动，不仅能够增强学生自身的实践能力，加强学生之间的团结协作精神，还能够让学生主动接受价值观教育。通过传播平凡人可以做平凡事从而实现不平凡的故事，关注身边事，传播正能量，构建社会共识，彰显时代价值。高校在开展实践活动时应做到以下几点：第一，多开展校园特色活动。现阶段高校应该尝试举办一些具有自身特色、影响力较大、有实际教育意义的校园活动让学生主动参与。第二，活动辐射的范围要广，可以是校内活动，也可以是校外活动。例如，可组织学生参观纪念馆、博物馆、伟人故居等，引发学生对历史的深思以及对

---

① 沈少博．高校社会主义核心价值观教育存在问题与策略［J］．教育理论与实践，2018，38（27）：31-33.

未来的展望，激发学生的爱国热情，坚定学生的理想信念。尽可能让更多学生参与到活动中，活动结束之后，要采用线上或线下的方式进行总结宣传，引发学生反思并持续从中感受活动主题，也让更多的学生对活动产生兴趣，为活动的持续开展打下良好的基础。第三，高校的社团活动目前呈现出重形式、轻质量的现象。高校应当加强对社团活动的管理，提倡各大社团多组织有实际意义的活动，如多举办志愿者服务、支教等活动，让学生在服务中接受价值观教育，更好地体验和感受社会主义核心价值观的内涵。

3. 注重价值观教育的渗透作用

课程思政是高校落实立德树人根本任务的重要举措，是完善三全育人的重要抓手。因此，高校课程思政具有重要的时代价值，是当前高等教育的必然要求。2020 年 5 月，教育部印发的《高等学校课程思政建设指导纲要》指出："课程思政建设工作要围绕全面提高人才培养能力这个核心点，在全国所有高校、所有学科专业全面推进，促使课程思政的理念形成广泛共识，广大教师开展课程思政建设的意识和能力全面提升，协同推进课程思政建设的体制机制基本健全，高校立德树人成效进一步提高。"高校人才培养是育人和育才相统一的过程，建设高水平人才培养体系必须将思想政治工作体系贯通其中，抓好课程思政建设。课程思政建设就是要寓价值观引导于知识传授和能力培养之中。首先，在专业课程的学习中增加价值观教育的内容，将价值观教育渗透到专业课程的讲解中。通过播放 PPT 和视频、讲解案例等方式，让学生自然地吸收价值观教育理念。其次，在专业课教材中渗透价值观教育。在专业课的教材中增加价值观、思想道德等内容，让学生在阅读课本时，留下深刻的印象，潜移默化地受到正确价值观念的影响。再其次，在专业课实践中渗透价值观教育。鼓励和引导大学生主动到社区和企业实习，积极参与社会管理与志愿服务、企业管理与生产实践等活动。最后，要注重校园的文化建设，在学风建设中渗透价值观教育。学校要大力宣传价值观思想，营造良好的价值观教育氛围。

（三）创新教育形式

应将丰富的价值观教育内容与新型的教育形式相结合，促成和完善价值观教育的全过程，使高校学生进一步体会价值观教育的积极性、主动性和趣味性。通过导师制引导大学生深度思考，结合针对性的教学形式和网络教学，拓宽学习途径，使价值观教育更具“普遍性”。

1. 通过教师开展针对性教学

价值观教育强调大学生的主体性、创造性，注重培养学生的探究精神、批判质疑精神。教育的重要指导思想是在尊重学生个性自由的基础上，不仅让学生习惯于固定的道德规则，而且要培养他们运用批判性思维去发现、去创造，目的是培养他们的选择能力、理智能力、推理能力、道德判断能力和批判性思维能力等。教师作为课堂的组织者，在设计教案时可以融入“世界是全球互相依靠的社区”“各国历史沿革及文化的多元化”“联合国与国家政治实体”等话题，使价值观教育的内容更丰富。教师不是权威者，而是教学的组织者，这种角色的媒介化促使学生对自己的参与过程承担责任，并通过讨论和解释来证明与问题相关的逻辑。由于每个学生受教育的背景、接受教育的程度、学习方法、学习效率都有所不同，因此高校应对学生采用具有针对性的教学方法。对于学习效率较低、价值观存在问题的学生应多加关注，定期了解其学习情况及思想状况。同时，高校还应该根据各个专业学生的特点进行针对性教学，根据学生的特长和爱好制定教学方法，让学生更好地发挥自身优势，让价值观教育与学生的专业相结合，让学生更容易接受价值观教育，也让价值观教育落到实处。

2. 利用互联网创新网络教学

习近平总书记在十九大报告中强调：“推动城乡义务教育一体化发展，高度重视农村义务教育，办好学前教育、特殊教育和网络教育，普及高中阶段教育，努力让每个孩子都能享有公平而有质量的教育。”① 网络的发展日新月异，《中国互联网发展报告（2021）》显示，截至2020年底，中国网民规模为9.89亿人，互联网普及率达到70.4%。根据2021年10月We Are Social与Hootsuite联合发布的《全球数字报告》，截至2021年10月，全球有45.5亿人使用社交媒体。笔者调查发现，超过74%的大学生认同学校通过建立多种网络教育平台，积极开展价值观教

① 习近平．决胜全面建成小康社会 夺取新时代中国特色社会主义伟大胜利：在中国共产党第十九次全国代表大会上的报告［N］．人民日报，2017-10-28（5）．

育。网络虽是一把双刃剑，但价值观教育走进网络是互联网快速发展时代的必然趋势。高校大学生可以随时利用互联网查找学习资料、了解最新的新闻资讯等，但网络的开放性、虚拟性使得暴力的网络游戏、虚假的信息、极端的思想对大学生造成不良的影响。因此，高校在利用互联网创新教学方式时，首先要给学生营造出安全的网络环境，其次要构建完善的网络教育平台。高校需要寻找专业的操作人员建设完善的、多功能一体化的网络平台，为网络教育提供设备保障。同时，高校思想政治教育教师队伍应参与网络教育内容的设计，使网络教育内容全面具体，要向学生传达系统化的价值观知识。此外，网络教育内容应当以新颖的方式呈现给学生，让学生对网络教学产生兴趣并打卡。网络教学中还应设置互动窗口，供学生及时提出问题，由日常运行人员及时为学生解决问题。教师还可在网络平台开设线上视频教学，线上线下协同教育更能够提升价值观教育的效果。

（四）挖掘教育资源

1. 学校教育在价值观教育中发挥主体作用

2016 年 12 月，习近平总书记在全国高校思想政治工作会议上强调："要坚持把立德树人作为中心环节，把思想政治工作贯穿教育教学全过程，实现全程育人、全方位育人，努力开创我国高等教育事业发展新局面。" 2020 年 5 月，教育部颁发的《高等学校课程思政建设指导纲要》明确指出，"全面推进课程思政建设是落实立德树人根本任务的战略举措""课程思政建设是全面提高人才培养质量的重要任务"。2021 年 12 月，教育部高等教育司发布的《高等学校课程思政建设全面推进》明确指出，"高等学校人才培养是育人和育才相统一的过程。建设高水平人才培养体系，必须抓好课程思政建设，将价值塑造、知识传授和能力培养融为一体，为党育人、为国育才。"高校要充分发挥学校教育在价值观教育中的主体作用，承担起大学生价值观教育的主要责任。首先，高校要坚持以人为本，协同教师根据自己丰富的教学经验不断调整教育方法，寻找到最适合学生高效学习的教育模式。坚持以社会主义核心价值观为主导，引导学生接触正确的思想观念，指导学生树立正确的价值观念。其次，教师要不断改进自己的教学计划、教学方法、教学模式，以应对社会的快速发展。高校也要不断改善教学条件，为学生的价值观教育提供良好的保障。再其次，高校中的学生干部、学生党员要在高校价值观学习中发挥重要的榜样作用，时刻注意自己的言行举止，并在必要的时候为其他学生提供帮助。最后，高校要加强校园环境的建设，包括自然环境和人文环境。优雅、舒适的自然环境能够让学生在学习之余释放压力，放松心情。校园内应多设置一些宣传栏和橱窗，用于张贴价值观教育标语、名人名言等，让学生时刻感受价值观教育的氛围。

2. 注重家庭价值观教育

古语有云，“天下之本在家”。中华民族历来注重家庭、家教、家风，家庭是国家发展、民族进步、社会和谐的重要基石，家庭教育是孩子的启蒙教育。① 2016 年 12 月 12 日，习近平在会见第一届全国文明家庭代表时指出：“广大家庭都要重言传、重身教，教知识、育品德，身体力行、耳濡目染，帮助孩子扣好人生的第一粒扣子，迈好人生的第一个台阶。”2021 年 10 月 23 日，中华人民共和国第十三届全国人民代表大会常务委员会第三十一次会议通过的《中华人民共和国家庭教育促进法》明确指出，“未成年人的父母或者其他监护人负责实施家庭教育，国家和社会为家庭教育提供指导、支持和服务”“家庭教育以立德树人为根本任务，培育和践行社会主义核心价值观，弘扬中华民族优秀传统文化、革命文化、社会主义先进文化，促进未成年人健康成长”。调查发现，中国超过 73% 的大学生都认为家庭对其价值观的形成的帮助更大，可见家庭教育对大学生价值观具有重要影响。家庭教育涉及很多方面，但最重要的是教育孩子如何做人，因此家长应该注重对孩子的价值观教育。首先，家长要注重家庭氛围的营造。温馨和睦的家庭氛围有利于孩子的心理健康。孩子经常感受家庭的温暖，更愿意与外界沟通，遇到思想方面的问题时也愿意及时与父母沟通。其次，父母要在孩子面前树立正面形象，起到榜样示范作用，让孩子学会与外界沟通。再其次，家长在与孩子进行交流沟通时，要注意自己的方式方法和语气态度，避免简单粗暴的教育方式。暴力解决问题的方式会在孩子的脑海中留下不可抹去的负面印象，导致他们自己遇到问题时也会采取暴力方式。最后，家长在与孩子相处时，要保持平和的心态，与孩子平等地沟通，尊重孩子的自由与隐私，让孩

① 丁玉龙．大学生价值观教育研究［D］．锦州：渤海大学，2018.

子养成自我判断、自我思考的习惯。在价值观教育问题上，每一个施教主体都不是独立存在的，因此学校和家庭之间也要保持沟通与交流。家长可以定期向学校了解孩子的在校情况，包括学习、生活、思想方面的情况。发现问题时，家长可以与教师一起对学生开展思想工作，进行心理疏导。高校也可以开展“家长课堂”“家长学校”等活动，实现家庭和学校的无障碍沟通，共同提升学生的价值观教育效果。

3. 社会多方资源参与高校价值观教育

从发展的角度看，大学生价值观教育不仅要依靠学校和家庭的教育指导，也要依靠社会、社区等多方资源的协同作用。要维持社会和谐稳定的环境，多在社会中宣传社会主义核心价值观，让每个人都能从自身做起，树立起正确的价值观。对“最美司机”“英雄机长”等人物典型多加宣传，让学生看到这些英雄人物的闪光点，产生敬佩之心，引导学生树立正确的价值观。对大学生群体不能仅靠理论灌输的方式进行价值观教育，还应该增加一些感性的内容。快节奏、易理解、好接受的形式更容易被他们所认可，而课堂、讲座、阅读等难以成为他们普遍喜爱和接受的教育方式。信息时代，直播、短视频文化流行，年轻人不愿意花费整片时间解读价值内容，因此，要想让价值观教育落地，需要把抽象的概念和理念转化为具体的人物和事件，让他们在场景教育中实现精神的内化与升华。《人民日报》微信公众号的粉丝数量超过 1100 万人，在全部微信公众号中影响力排名第一，主要原因就是它近年来注重以小事件为切入口，在叙事结构和叙事逻辑中重视情感表达，贴近老百姓的日常生活，贴近青年的实践活动，容易引起公众共鸣。高校可以通过设计团日活动引导大学生关注社会正能量。例如，对于主题活动“生命的价值与意义”，可以引入“痛别！李天银，一路走好！”——云南省漾濞彝族自治县公安局交警大队辅警李天银，在 2021 年 9 月 5 日凌晨处理交通事故时，为保护战友不幸遭遇车祸，经抢救无效以身殉职，生命永远定格在 44 岁。对于主题活动“岗位的初心与使命”，可以引入“他，1 分钟救下 1 条生命！”—— 24 岁的郑博文从温州医科大学毕业后选择回家乡工作。某日在浙江杭州一处篮球场，他对倒地男子进行了 30 次心肺复苏和 1 次人工呼吸使对方恢复意识。事后他说：“当时也顾不上多想，原本救人就是医生的天职，在哪里救都是一样的。这也是我学医的初心。”通过传播平凡人可以做平凡事从而实现不平凡人生的故事，引导青年大学生关注身边事，传播正能量，构建社会共识，彰显时代价值。各个社区、福利院、敬老院等也可以和高校建立合作关系，为大学生的社会实践活动提供场所，让社区居民感受青年大学生的朝气蓬勃，也让大学生在走进社区生活、帮助福利院的孩子和敬老院的老人的同时，感受在社会的每个角落都存在的社会主义核心价值观的外化。此外，大学生的价值观教育还需各个企业、行业部门的多方协助。

4. 政策引导、学校参与法治价值观教育

在2018年全国教育大会上，习近平总书记指出，要依法治教、依法办学和依法治校。全面推进依法治教是加快建设教育强国、实现教育现代化的必然要求。思想认识是一切工作的前提，所以需要牢牢抓住这一开关，切实增强全面推进依法治教的政治思想自觉。全面推进依法治教是深入学习贯彻习近平新时代关于全面依法治国的重要思想的一项重大政治任务。要坚持用新理念、新思想、新战略武装头脑、指导实践，把全面依法治国提到“四个全面”战略布局的新高度，作为新时代坚持和发展中国特色社会主义的基本方略，要坚持依法治教、依法治校、依法办学，大力培养高素质法治人才。① 全面推进依法治教是教育系统的应尽职责和使命担当。用“四个意识”导航、用“四个自信”强基、用“两个维护”铸魂，将依法治教贯穿到教育事业改革发展的大局中，融入高校教育工作的各环节，切实把习近平总书记关于依法治教的明确要求转化为开创高校法治教育工作新局面的实际行动。2018年11月，时任教育部党组书记、部长陈宝生在全国教育法治工作会议上的讲话中指出，教育法律将发展学前教育、义务教育、特殊教育等基本公共服务纳入政府法定职责，积极扩大群众受教育机会。依法建立和完善教师、学生权益救济制度，用法治手段严格规范办学行为，纠正教育违法行为，维护教育基本秩序，营造教育良好生态。因此，全面推进依法治教工作，要坚持以习近平新时代中国特色社会主义思想为指导，深入贯彻落实党的教育方针，加快完善教育法律法规的制度体系和实施体系，为加快实现教

① 闵辉，夏雅敏，邓叶芬．高校依法治校的理论思考和路径选择［J］．中国高等教育，2020（9）：16-18.

育现代化、建设教育强国提供坚实保障。

法学教育和法治人才培养是我国法治事业蓬勃发展的重要保障，在全面推进依法治国的进程中具有举足轻重的地位。全面推进依法治国，实现建设法治型国家、法治型社会、法治型政府的目标，达到科学立法、严格执法、公正司法、全民守法的目的和效果，都需要法治工作队伍保障，必须依靠高校法学教育培养一大批德才兼备的高素质法治人才，才能建设一支高素质法治工作队伍。2020 年第 22 期《求是》杂志刊登了习近平总书记的重要文章——《推进全面依法治国，发挥法治在国家治理体系和治理能力现代化中的积极作用》。文章指出，要坚持全面依法治国，夯实中国之治的制度根基，建设高素质法治工作队伍。在中国共产党成立 100 周年之际，党的十九届六中全会通过《中共中央关于党的百年奋斗重大成就和历史经验的决议》。一百年来，我们党领导人民持续探索、不断推进法治建设，成功走出了一条中国特色社会主义法治道路，已成为中国共产党百年奋斗重大成就和光辉历史的重要组成部分。高校要以习近平新时代中国特色社会主义思想为指导，坚持全面依法治国，继续推动法治中国建设迈出坚实步伐，为全面建设社会主义现代化国家提供坚实的法治保障，要充分发挥“法治人才培养第一阵地”的作用，坚持把习近平法治思想作为法学教育和法治人才培养的行动指南和根本遵循，将法治人才培养和全面依法治国有机结合起来，为造就一大批德才兼备的高素质法治人才做出新时代高校新的更大贡献。首先，学校坚持理论先行，强化习近平法治思想对法学教育和法治人才培养的思想引领，兼收并蓄，突出特色，坚持扬弃发展，深入研究体现中国智慧、中国理念、中国立场的法学专业体系构建方案，着力打造具有中国风格、中国特色、中国气派的法学专业体系“中国样板”。其次，坚持立德树人、德法兼修，突出价值观教育的首要地位，强化理想信念教育，大力推动协同育人，科学运用习近平法治思想处理好法学课堂教学和实践教学的关系，始终把深入开展社会主义核心价值观教育和社会主义法治理念教育贯穿法治人才培养的全过程，大力发展新兴学科、一流学科和交叉学科，进一步拓宽法治人才培养知识体系的覆盖面，努力形成具有鲜明时代性和历史继承性的法学知识体系。再其次，坚持与时俱进，深刻领悟习近平法治思想的科学内涵，大力推动法学教育和法治人才培养的信息化和现代化建设，加强对外合作与交流，进一步拓宽与国际高水平大学和国际组织合作交流的渠道，用推动国际法治建设的实际行动践行国家“一带一路”倡议和服务构建人类命运共同体。最后，始终坚持科学立法，通过建立健全具有中国特色有关教育的法律法规、制度体系，进一步规范价值观教育行为，抓住教育行政执法体制、管理改革这一关键，通过配齐配强教育执法力量，建立健全执法体制机制，整合内部职能，创新监管方式，从而推进教育的科学化、民主化、法治化，提高教育决策质量，营造尊法学法的良好氛围，加强大学生的法治价值观教育，使他们成为知法懂法、尊法守法的好学生。坚决扛起普法的使命任务，把加强大学生的尊法意识提上日程，为法律体系的建设和实施提供思想基础。在法治中国建设踏上新征程的新时代背景下，价值观教育也步入了更加注重内涵的新发展阶段。学校办学更加拥有自主权，内部治理也更趋向制度化、规范化和法治化，因此，学校要坚决把依法治理作为治校的基本思路和手段，贯穿学校教学活动的全过程。学校也要在法治中国建设中勇当“排头兵”，健全领导机制，压实主体责任，加强工作统筹，坚决扛起依法治校组织者、推动者和实践者的使命与担当，运用法治思维和法治方式引领、推动和保障学校的改革与发展、章程的制定与实施、规章制度体系的建设。把法治思维、法治观念、法治素养作为重要内容融入大学生的学习和日常生活中。另外，学校要积极开展以宪法教育为核心的法治教育，持续加强法治工作机构和法治人才队伍建设，营造高等学校法治工作良好的外部环境，不断完善学校的治理结构，推进决策、管理的科学化、民主化、法治化，全力打造以章程为核心，分类科学、层次分明、规范统一、运行高效的学校规章制度体系和法律风险防控体系。

二、当代价值观教育的新要求

习近平总书记曾指出：培养什么人，是教育的首要问题。我国是中国共产党领导的社会主义国家，这就决定了我们的教育必须把培养社会主义建设者和接班人作为根本任务……培养一代又一代拥护中国共产党领导和我国社会主义制度、立志为中国特色社会主义奋斗终身的有用人才。① 这意味着，培育担当民族复兴大任的时代新人成为新时代的迫切要求，新时代价值观教育应当把培育时代新人作为根本任务。培育大学生社会主义核心价值观，是带领时代新人建设伟大工程、推进伟大事业、实现伟大梦想的铸魂工程，是在世界文化激荡中保持民族精神独立、凝聚民族精神力量的战略支撑，以此来传承和延续中华民族的思想精髓、精神基因和文化血脉，更好构筑中国精神、中国价值和中国力量，使中华民族以更加昂扬的姿态屹立于世界民族之林。

（一）教育需适应国家发展的需要

在经济全球化的背景下，西方的各种思想文化不断渗透到我国社会大众的思想中，使得我国的价值观存在多元化的现象，这种现象会对我国核心价值体系产生一定的威胁。2021 年 11 月，《中共中央关于党的百年奋斗重大成就和历史经验的决议》明确指出，“中国特色社会主义制度的最大优势是中国共产党领导，中国共产党是最高政治领导力量，全党必须增强‘四个意识’、坚定‘四个自信’、做到‘两个维护’”。我国的价值观教育，尤其是大学生的价值观教育要始终符合国家发展的需要，以应对对外开放水平提高、国际交流加强等带来的新思潮涌入的影响。目前，我国正处于社会主义初级阶段，为了迎合国家发展的需要，我们要坚持并加强社会主义核心价值观的建设，采取相应的措施积极面对社会中存在的违反道德标准的现象。② 我们要坚持大学生的价值观教育贴近生活，与国家发展相结合，与社会相呼应；积极应对西方思想与文化带来的挑战，坚定社会主义核心价值观在大学生群体中的核心地位；在价值观教育中不断改进创新，提升大学生的爱国热情以及民族自豪感。③ 同时，我国的价值观教育还要始终坚持科学发展观教育。科学发展观对于促进国家的长期发展、提升我国的综合国力、实现民族的伟大复兴等都有

---

① 习近平．坚持中国特色社会主义教育发展道路 培养德智体美劳全面发展的社会主义建设者和接班人：习近平代表党中央向全国广大教师和教育工作者致以节日的热烈祝贺和诚挚问候［N］．人民日报，2018-09-11（1）．

② 肖永辉，李雁冰．习近平新时代中国特色社会主义思想中的青年价值观教育思想探析［J］．东北师大学报（哲学社会科学版），2019（5）：152-157.

③ 庄勤早，柳礼泉．爱国价值观助力青少年提升文化自信的四维功能［J］．思想教育研究，2018（7）：90-94.

重要意义。当代大学生在身处国家繁荣昌盛新时代的同时，也肩负着社会主义建设的重任。因此，我国大学生要充分认识到坚持社会主义核心价值观教育的重要意义。同时，高校要紧跟时代发展步伐和国家需要，及时更新、优化、调整大学生价值观教育的方式，培养出有利于国家和谐稳定发展的高素质人才。

（二）教育需朝着社会化、网络化方向发展

中共中央、国务院于 2019 年 2 月印发的《中国教育现代化 2035》提出“推动社会参与教育治理常态化”，并将“形成全社会共同参与的教育治理新格局”作为推进教育现代化 2035 年的主要发展目标之一。首先，我国大学生的价值观教育要朝着社会化的方向发展。教学内容要紧贴生活实际，让学生分析社会中发生的大小事件，形成正确的判断。同时，高校教师要意识到社会教育对于大学生的价值观教育具有重要的作用，要鼓励学生积极投入社会实践活动，巩固并形成正确的价值观念。人们普遍认为高校在大学生价值观教育问题上应当承担重要的责任，但事实上高校在大学生的价值观教育上只能起到部分作用，要真正促进大学生价值观教育的发展，应由政府、家庭、学校、社会、企业、媒体等各方面力量共同作用。其次，我国大学生价值观教育要朝着网络化发展。中共中央、国务院于 2017 年 2 月印发的《关于加强和改进新形势下高校思想政治工作的意见》中强调，“要加强互联网思想政治工作载体建设，加强学生互动社区、主题教育网站、专业学术网站和‘两微一端’建设”。同年 12 月，中共教育部党组在《高校思想政治工作质量提升工程实施纲要》中明确将“网络育人”作为“‘十大’育人体系”之一，倡导“大力推进网络教育，加强校园网络文化建设与管理，拓展网络平台，丰富网络内容，建强网络队伍，净化网络空间，优化成果评价，推动思想政治工作传统优势同信息技术高度融合，引导师生强化网络意识，树立网络思维，提升网络文明素养，创作网络文化产品，传播主旋律、弘扬正能量，守护好网络精神家园”。2021 年 9 月召开的世界互联网大会上，习近平致贺信，并强调“中国愿同世界各国一道，共同担起为人类谋进步的历史责任，激发数字经济活力，增强数字政府效能，优化数字社会环境，构建数字合作格局，筑牢数字安全屏障，让数字文明造福各国人民，推动构建人类命运共同体”。笔者调查发现，中国 65.86%的大学生认为网络在很大程度上影响着自己的价值观，可见网络早已成为大学生日常学习、交往、生活的重要平台，需要采用先进的互联网信息技术，让学生免受地域的限制，随时随地接受价值观教育。同时，价值观教育的网络课堂相比于传统的课堂更有活力，对学生也更具吸引力，学生和教师能够直接在网络上进行互动，教师可以及时地对学生的疑问进行解答，学生也可以对不理解之处进行反复学习，加强对价值观教育的理解。

（三）教育需强调方法的创新

理论教育是我国在革命、建设、改革的过程中形成的一整套具有中国特色、符合中国优良传统的教育理论、方针、原则、内容、方法、作风和制度。我国大学生价值观教育尤其注重理论教育，特别是在高校教育过程中，教师将课本中的内容传授给学生，学生也习惯了通过这种方式来学习。然而，这种教育方式容易导致教育过程中将主客体颠倒，学生被动接受价值观教育，难以将价值观教育的效果落到实处。笔者调查发现，中国近60%的大学生都认为学校价值观教育偏向理论传授，缺乏实践体验。因此，我们首先要转换师生的主客体关系，让学生形成主动学习的思维，坚持自身在学习中的主体地位，教师辅助学生学习，加强学生的自我教育。大学生群体尚未完全接触社会，思想没有完全成熟，又由于自身素养、思想观念、道德境界不同，学生与学生之间的价值观念也存在差异，因此要通过自我教育让学生确立正确的价值观，坚持自己的价值观念，巩固自己的思想。① 其次，要通过技巧转化创新的教育方式进行价值观教育。人们对任何事物都会产生审美疲劳，因此教师要不断创新课堂教育的形式，例如：在课堂讲解时将教材的内容与视频、图片、幻灯片、影像资料等相结合；在课堂上多安排学生进行小组讨论或在课堂教学中穿插与价值观教育相关的小游戏，让学生在轻松愉悦的氛围中学习。最后，要强调在专业课的学习中渗透价值观教育，将价值观教育与专业课的教学相结合，让学生在学好专业课的同时把握价值观的核心思想。在开展价值观教育时要避免对学生进行空洞的说教，要将生

---

① 呼和，彭庆红．个体自我教育机理及其实现：以大学生社会实践为研究视角［J］．中国青年研究，2017（11）：42-48.

活场景教育与时代的发展、信息技术的更新相结合，采取全新的方法让大学生的价值观教育更加有效。如上海交通大学校园中的一块大理石上镌刻着该校在国民革命战争中牺牲的两位先辈的名字，让每一位学生和教师都能了解这段历史并燃起心中的爱国热情。①

（四）教育需注重内容体系的构建

在对大学生进行价值观教育时，要充分考虑时代的特征和要求，不断完善价值观教育的内容。教育部于2020年5月颁发的《高等学校课程思政建设指导纲要》明确提出：所有高校、所有教师、所有课程都要承担好育人责任；公共基础课程、专业教育课程、实践类课程都要构建科学合理的课程思政教学体系；文学、历史学、哲学类，经济学、管理学、法学类，农学类，理学、工学类，教育学类，医学类，艺术学类等专业课程都要深入挖掘课程思政元素，有机融入课程教学，达到润物无声的育人效果。2021年12月，教育部高等教育司发布的《高等学校课程思政建设全面推进》明确指出：“深度挖掘高校各学科门类专业课程蕴含的思想政治教育资源，使各类课程与思政课同向同行，形成协同效应。”大学生价值观教育的内容不仅要包含价值观的内容，还要强调内容的多样性和完整性，在高校中积极开设针对学生的心理辅导课程。当今社会各种思潮蜂拥而至，学生不仅要面对学业带来的压力，还会不断地受到外界思想的干扰。为了消除这些矛盾和冲突，高校教师应时刻关注学生的心理，将心理健康教育作为价值观教育内容的一部分。同时，将爱国主义教育、职业规划、社会教育等作为价值观教育的重要内容。此外，传承中华优秀传统文化也是我国价值观教育内容体系中必不可少的一部分，中华优秀传统文化是我国长期发展的精神支柱。目前我国高校对于部分专业大学生关于优秀传统文化的教育远远不够，导致个别大学生出现奉献意识薄弱、目标不明确、自私自利、盲目追求利益等现象。因此，在价值观的教育中要注重对学生进行传统文化教育和道德品质教育，让学生养成良好的行为习惯，保持优秀的道德品质。

---

① 余斐．论渗透式生活化的英国道德教育：兼其对我国思想政治教育的启示［J］．井冈山医专学报，2007，14（4）：98-100.

三、我国大学生价值观教育提升亟须解决的问题

当前，世界百年未有之大变局加速演进，国际环境日趋复杂，新时代、新阶段意识形态领域价值观的博弈越发激烈。培养青年马克思主义者的关键在于占据价值观竞争的制高点，在激烈的国际竞争中掌握话语权和主动权，引导青年大学生将坚定的信仰转化为建设社会主义的个人行为实践。当前，随着社会主义核心价值观的宣传教育和深化实践，我国的大学生价值观教育取得了重要的进展。高校大学生不仅加深了对我国优秀传统文化、家国情怀、敬业友善等核心价值内涵的认识与认同，而且在此过程中提升了个人素养。随着文化全球化、科学技术全球化速度的逐渐加快，教育国际化程度不断提升，我国高校的价值观教育在取得阶段性成果的同时也存在持续发展的问题。

（一）教育主体需求与实际供给存在偏差

一方面，改革开放四十多年以来，西方的自由主义、威权主义、无政府主义、享乐主义等思想通过网络、书籍、文艺作品等途径传入我国，多元的观念对我国主流教育思想造成冲击，导致部分大学生原有的理想信念动摇，价值观偏移。大学生尚未正式接触社会，看待问题的方式相对单一，对马克思主义的科学性难以从本质上理解。因此，在多元观念的较量中，部分大学生不能识别不良思想观念非科学性的本质，容易被其外表所迷惑。此外，大学生加入党组织、团组织的意愿强烈，但存在意愿与个人价值观脱节的现象，导致个人价值观摇摆不定，在面对重大历史事件考验时，难以时刻保持清醒的头脑，容易被别有用心的敌对势力迷惑、诱导和利用。另一方面，当前大学生主要通过新媒体认识社会，获取所需知识，了解时政新闻、最新理论成果和先进典型案例。但网络信息量的急剧递增和信息传播渠道的极度多元化导致网络信息更加复杂、境内外不良思想文化不断涌现，甚至有一些信息的传播威胁国家的安全稳定。新媒体的快速发展为大学生带来丰富的娱乐活动的同时，也不断侵占着他们的学习时间，使他们的学习时间变得碎片化。这也使得部分大学生对思想政治理论课的重要性认识欠缺，对马克思主义科学性的认知被削弱。此外，境外敌对势力借助新媒体通过宗教活动、书刊作品、

音像制品等，向大学生渗透其价值观念、文化思维及生活方式，对大学生正确价值观的形成带来消极的影响。

（二）教育空间缺少多元协同

思想政治理论课堂是高校价值观教育的主阵地。高校需要从目标定位、课程设置、教学方式等多层次、多方面、多角度来研究教育协同要素的创新发展，构建在线教育与传统教育互补的混合教学模式。通过课堂授课和讲解向学生传播价值观相关内容是高校价值观教育的必要手段，思想政治理论课程在学生正确的思想观念形成和发展过程中起到重要的作用，但是从思想政治理论课的角度对学生进行价值观教育的过程中，与学生学科专业的相互结合还有待加强，需要改进学生在专业课学习中缺失价值观培养的现象。课程体系是实现培养目标的载体，是保障和提高教育质量的关键，主要由课程观、课程目标、课程内容、课程活动和考核方式等要素组成，各个课程要素在动态过程中统一指向课程体系目标的实现，是培养目标的具体化和依托，其中课程观起着主宰作用。课程思政虽然不是一门专门课程，但作为思政教学课程体系重要的一部分，也应具有完善的实施体系，以利于对课程思政的施行提供指导和借鉴。当前，高校课程思政的目标体系泛化，内容体系不完善，结构与教学方法体系仍需优化。课程思政实施体系的不完善，不利于当前高校课程思政工作的有效开展。“课程门门有思政，教师人人讲育人”。课程思政建设工作涉及的课程数量多，范围广。课程思政给当代大学教育带来根本性变化，是对教育本质特征的认识，课程思政作用发挥得好将成为一种巨大的优势。此外，价值观教育不仅要体现在学校的课程建设中，也需要渗透到家庭教育中。良好的家庭价值观教育和家庭环境对大学生的思想观念有深远的影响，中国父母关注子女的学习和生活多于关注其思想，往往通过物质的方式来补偿思想交流的缺失。

（三）教育过程缺乏知行合一

在大学生价值观教育的内容上，高校教师将价值观、传统文化、传统道德、思想政治理论等相关的理论知识传授给学生，尝试通过系统的知识框架让学生接受价值观教育，但仅通过理论知识的传播，并不能带来最优的学习效果。① 笔者调研发现，87.94%的大学生对价值观学习的自我评价具有积极性；57.07%的大学生认为对价值观的深层含义缺乏理解，多停留在记忆和背诵阶段，难以内化；59.57%的大学生认为学校的价值观教育缺乏实践的体验教学。这反映出中国大学生对价值观的理解和掌握度还不够，对价值观理论缺乏实践。首先，教育内容为单纯的理论阐述，难以调动学生的学习兴趣。马克思主义理论教育在高校的学科发展中始终处于前沿阵地，形式上不断强化，而实际上对于学生内化的关注却在一定程度上被弱化。理论教学虽然能让学生在短时间内快速记忆，但要植根内心还需努力。理论课程缺乏创新会让学生感到疲惫甚至产生厌倦和抵触心理。其次，学生的主体地位被忽视。对大学生程序化的价值观教育在一定程度上存在“走过场”的现象，大学生因被动“吞咽”枯燥的知识导致消化不良。教师没有从学生主体的角度创新教育内容和形式，其单一的教学方式无法使大学生真正地理解马克思主义的内涵，反而会使他们会对理论学习产生逆反心理。长此以往，他们对思政类课程或活动逐渐失去兴趣，对社会问题缺乏关注，从而对价值观教育产生懈怠的情绪。最后，实践教育活动数量少、质量低。虽然学校、院系、班级、社团组织等会不定期开展一些活动，但是活动内容缺乏新意，对学生价值观教育的辐射作用不够，与理论知识的结合度不高，学生参与度不高。面对瞬息万变的世界，大学生对万物充满好奇与质疑，刻板的教育模式已经不能满足他们。

（四）教育目标难以入脑入心

改革开放以来，随着社会主义市场经济的快速发展和科学技术的突飞猛进，信息、科学、技术全球化以及社会生活节奏的加快，部分高校过分追求教育对社会发展的适用性和实用性，导致价值观教育出现形式大于内容、程序大于目的、敷衍大于钻研等现象。个别高校过于强调价值观教育形式上的统一和内容上的规范，以及知识体系、相关课程、活动形式等，忽视了对学生终极价值求索的引导和关怀，以及对大学生价值观内在的熏陶、感染和升华，造成价值观教育在理论和实践上的分离，

---

① 徐成芳，赵颖．大学生践行社会主义核心价值观“外化于行”探析［J］．思想理论教育导刊，2019（1）：95-97.

不利于大学生科学稳定的价值体系的形成。大学生受社会竞争、物质利益、西方思潮的影响，价值观受到极大考验，部分大学生表现出目标模糊、责任缺失、道德感弱化、情绪消极等问题，价值观不稳定，很难正确认识到接受价值观教育的价值和意义。

四、我国大学生价值观教育实效性提升的对策建议

我国社会主义社会的性质对大学生价值观教育的方向提出本质要求。大学生作为社会中的特殊群体，既有一般青年的本质和共性，也有自身的特点，他们的政治社会化状况密切关系着党和国家的未来。习近平总书记在庆祝中国共产党成立 95 周年大会上的讲话中指出，青年只有在对马克思主义的深刻理解、对历史规律的深刻把握之上，才能建立正确坚定的政治信仰。他多次强调，意识形态工作是党的一项极端重要的工作。因此，包括大学生价值观教育在内的政治建设一定要把“围绕中心、服务大局”作为基本职责。大学生只有树立了马克思主义价值观，才能扣好人生的第一粒扣子，进而解决人生的关键问题。高校是党的意识形态工作的重要领域，加强大学生价值观教育对培养合格的社会主义建设者和接班人具有重要意义。高校价值观教育应针对差异化做出调整，积极通过高校、家庭、社会三方合力推动教育向纵深发展，根据大学生专业、年级、个人特性分层分类实施，提高价值观教育的实践性和实效性。①

（一）教育主体：强化层次性、系统性

由于高校大学生来自不同城市，成长环境和生活习惯均有差异，所在年级和专业也不相同，因此，在对我国大学生进行价值观教育时，要充分考虑价值观教育的层次性与差异性。同时，我国大学生价值观教育也要重点强调系统性，只发挥高校各级领导和教师的作用还不够，需要社会各方面共同努力。第一，考虑学生专业的层次性。对于专业，一些学生是自己选择，一些学生是服从调剂。因此，在学生刚进校时就要对学生进行专业教育，让学生对本专业的教育内容及就业方向有清晰的认识，

---

① 孔国庆，王刚．大学生社会主义核心价值观分层分阶段培育研究［J］．河南师范大学学报（哲学社会科学版），2019，46（1）：150-156.

进而充分分析各专业之间的区别，采用差异性的价值观教育方式对不同专业的学生进行教育。例如，文科专业的学生心思相对细腻，可以多让他们阅读指导人生目标的书籍并组织讨论；理科专业的学生逻辑严谨、思维缜密，可以通过实验的探索以及科学家的事例传授给学生永不言弃、勇于创新的精神；艺术专业的学生思维活跃，富有创造和想象力，可以通过举办主题画展或艺术展，让学生围绕价值观教育主题完成创作；体育专业的学生为取得好名次而不断地突破自己，是对顽强拼搏、团结协作精神最完美的诠释，也是对其进行价值观教育的良好切入点。第二，考虑学生年级的层次性。大学生完成本科学业一般要经历四至五年的时间，因此，高校教师要采取不同的教育方法来应对学生年龄的层次性。大一学生还保留着高中时代的青涩与懵懂，对大学生活充满好奇，进行价值观教育时要提醒学生转变学习方法，强调学习的自主性。大二、大三年级的学生相对于其他年级，学习压力偏大，教师应该在学习上多给予学生帮助，关注学生的心理变化，多与学生进行思想交流互动，了解学生的真实想法并进行引导，通过组织集体活动释放学习压力。毕业班的学生面临考研或就业，教师应在对其进行职业规划的辅导过程中发挥价值观教育的协同作用，让学生提前了解社会，增强信心。第三，考虑学生个人特性的层次性。由于大学生的家庭环境、成长环境、教育环境、个性特征、学习能力存在差异，因此，教师应该进行针对性的价值观教育，以满足不同学生群体的需求。例如，学习能力较强的学生通过课堂讲解能理解价值观的内涵并在日常生活中实践，而学习能力较弱的同学，仅通过课堂上的学习不能实现对价值观的充分理解和掌握，这就需要教师在课堂上多关注，课后多辅导，在实践活动中多交流。

（二）教育空间：营造协同的教育氛围

大学生可塑性教育的基础，是原生家庭中“润物细无声”的陪伴与熏陶，是生活和学习中的幸福感与获得感，是对国家的认同感和对社会崇高的责任感、使命感。为提高我国大学生价值观教育的实效性，要从高校、家庭、社会等多个角度出发，营造良好的教育氛围，凝聚育人合力，充分发挥各个环节的育人作用。

一是坚持将高校作为价值观教育的主阵地。首先，坚持高校在大学生价值观教育中的主体地位，从校园环境、校园管理、教学制度等各个方面进行优化。其次，高校通过开展各类活动，在校园营造积极向上的文化氛围。最后，在现有的基础上创新价值观教育的方法，在课堂内运用典型案例让学生对价值观的内容内化于心，课堂外开展社会实践活动，让学生学以致用，将价值观内容外化于行，在实践中巩固价值观教育的成效。马克思主义理论、共产主义信仰和社会主义核心价值观的践行是有机统一的，青年大学生通过参与实践教育活动，不断坚定马克思主义政治信仰，强化马克思主义理论教育，提升马克思主义理论素养。

二是坚持将家庭作为价值观教育的发源地。家庭教育是“大教育”的组成之一，是学校教育与社会教育的基础。家庭教育是终身教育，是“人之初”的教育，在人的一生中起着基石的作用。家庭教育既是学校教育的基础，又是学校教育的补充和延伸。我国历来重视和提倡对子女实施早期家庭教育。2016 年 11 月，全国妇联等 9 个部门联合印发《关于指导推进家庭教育的五年规划（2016—2020 年）》，指出要准确把握家庭教育核心内容、建立健全家庭教育公共服务网络、提升家庭教育指导服务专业化水平、大力拓展家庭教育新媒体服务平台、促进家庭教育均衡协调发展、深化家庭教育科学研究、加快家庭教育法制化建设。习近平总书记对家庭、家教和家风建设也有许多重要论述，如“家庭是人生的第一个课堂”“家风是社会风气的重要组成部分”“家风是一个家庭的精神内核”等。在家庭中，父母虽然要给孩子一定的自由和私人空间，但是绝不能放任不管，应在陪伴中关注和关心其身心发展，多与学校老师沟通交流，多对孩子进行正确的思想引导。此外，父母在家庭中要为孩子创造良好的教育环境，在言行举止等方面为孩子树立榜样，运用正确的教育方法和手段辅助高校完成价值观教育工作。①

三是坚持将社会作为价值观教育的落脚点。社会要对高校的价值观教育提供全面的支持，首先要优化社会环境，整治贪污腐败现象，打击歪风邪气，改善社会风气，不断提高党员干部的思想素质，为大学生树立表率，宣传正能量。其次，社会要积极与高校合作，多为大学生提供社会实践活动的机会和平台。要充分利用教育媒介，让学生在政府、社

① 余清臣．面向立德树人的当代中国家庭教育：挑战与治理［J］．西北师大学报（社会科学版），2021，58（1）：118-125.

区、企业等地方开展社会实践活动，零距离接触社会、认识社会，意识到社会成员应承担的责任和义务。要合作开发和建设红色实践教育基地，政府主导投入精准规划，高校提供智力支持，发挥在红色资源开发、利用、教育等方面的人才和智力优势，构建“文化+教育+产业”的红色资源融合发展模式，通过有效举措设计大学生易接受的满足现实需求的教育文化产品，激发地方红色资源活力。要打造高校思政课实景课堂，发挥实践基地培养和锻炼人才的作用，让学校知识和社会需求更好地对接，实现政府、高校和社会的资源共享，充分发挥教育基地的桥梁纽带作用，完善协同育人的工作机制。

四是做好网络及舆论道德的监管。要做好网络监管，控制网络暴力及消极言论的传播，积极应对互联网、自媒体对大学生价值观教育的冲击。新媒体的高速发展带来对马克思主义思想认同的挑战，国家和高校需要积极占领网络政治信仰教育新阵地，在把握网络宣传与教育主导权的同时，促进信仰教育灵活开展，完成从单方面输出到双向互动的转向。大学生在其中可以自主学习马克思主义理论，及时获取最新社会新闻，提高政治参与度，收获包括共同的情感连接、能量传递、道德影响等积极成果，帮助大学生树立正确的政治观念。在新媒体发展带来的冲击中，在包罗万象、复杂多变的网络信息中，大学生需要在不断甄别的过程中坚定马克思主义信仰。

（三）教育过程：强化思政导师的言传身教

1937 年，浙江大学校长竺可桢率先在浙江大学的校园里推行了导师制，促进师生关系和谐，助推学校教书育人，培养了众多国家栋梁之材，取得了良好的效果和成功的经验。1950 年以后，中国学习苏联的教育模式，停止实行本科生导师制。进入 20 世纪 90 年代，导师制在硕、博研究生教育中得到普遍应用，但却未普及到本科生教育。由于缺乏本科生导师管理、评价、激励和工作规范等基本制度，本科生导师的积极性和主动性没有被充分调动。我国的高校是党领导下的高校，高校的立身之本在于立德树人。全国高校思想政治工作会议以来，我们坚持用习近平新时代中国特色社会主义思想伟大旗帜润心、铸魂、育人，坚持把思想政治工作作为生命线，贯穿在办学治校的全过程。首先，建设一批高素质的思政导师队伍。思政导师要有明确的政治立场，能系统掌握马克思主义和中国特色社会主义理论，能积极运用理论知识分析和应对社会现实问题，坚持贯彻党的路线方针，不受外来思想的干扰，以积极、乐观的心态面对工作，为学生树立榜样。其次，合理安排思政导师的工作，明确思政导师的教学任务，引导学生树立正确的价值观。思政导师要与学生长期保持联络，定期与学生进行交流，了解学生的心理变化，在学生遇到心理问题时及时沟通交流，帮助学生克服心理障碍。思政导师在必要时为学生提供未来职业规划指导，让学生清晰地认识到社会发展和就业前景。最后，思政导师要创新实践教育方法。通过翻转课堂、情景模拟等方式，与学生分享中国共产党百年奋斗的伟大成就。从把握中国实际和世界大势中提高学生的思想认识，不断增强他们对中国共产党的认同和对中国特色社会主义的认同，提升他们对共产主义远大理想和中国特色社会主义共同理想的信念。

（四）教育目标：构建教育命运共同体

人类命运共同体是习近平新时代中国特色社会主义思想的重要内容，是为顺应时代发展潮流、解决世界面临的问题与挑战而提出的中国方案。[①] 习近平总书记指出，“我们生活在同一个地球村，应该牢固树立命运共同体意识[②]”“人类命运共同体，顾名思义，就是每个民族、每个国家的前途命运都紧紧联系在一起，应该风雨同舟，荣辱与共，努力把我们生于斯、长于斯的这个星球建成一个和睦的大家庭，把世界各国人民对美好生活的向往变成现实[③]”。人类命运共同体作为内涵丰富的思想整体，包含全球治理、国际安全、经济合作、文明互鉴和生态建设等多重维度。构建人类命运共同体不仅为人类未来发展指明了现实出路，而且为价值观教育创新提供了时代语境。相较于培养理性头脑的智育和丰盈心灵的美育，价值观教育旨在塑造崇高的信仰。不同的民族、国家和政党，以思想观念、政治观点、道德规范与价值信念为主要内容，有意识、有目的地运用多种教育手段与方式，使社会成员形成正确的价值立场、高尚的道德情操、宽广的国际视野和自觉的社会担当。面对世界秩序转

---

① 武玉．习近平构建人类命运共同体思想研究［D］．石家庄：河北师范大学，2019.

② 习近平．共同创造亚洲和世界的美好未来：习近平主席在博鳌亚洲论坛2013年年会上的主旨演讲［N］．人民日报，2013-04-08.

③ 习近平．论坚持推动构建人类命运共同体［M］．北京：中央文献出版社，2018.

型与人类文明形态转换的深层次、根本性变革，大学生价值观教育也需要随之发生转换，形成与时代精神同频共振的创新理念，这既是当今世界发展的客观需要，也是大学生价值观教育自我超越的题中应有之义。大学生价值观教育不仅需要积极顺应时代潮流，也需要通过自身的深刻转型，有效地为人类未来发展提供人才资源和价值基础。大学生价值观教育未来发展的基本追求应当以人类命运共同体为目标，扎根中国、融通中外、立足时代、面向未来，形成兼具中国特色和世界视野的当代形态。新时代大学生价值观教育要以习近平新时代中国特色社会主义思想为根本指导，立足培养担当民族复兴大任时代新人的战略高度，聚焦构建人类命运共同体与大学生价值观教育领域的重大理论和实践命题，深化对于价值观教育规律、学生成长成才规律、价值观念形成规律等基本规律的理性认识，构建服务国家需要、体现时代特色、坚守中国立场、彰显国际视野的学科体系、学术体系和话语体系。高校应在价值观教育中加强学生主权和平等教育，在学生心中树立起大国形象，使青年大学生意识到要时刻捍卫国家的主权和领土完整，团结各民族的力量并能够平等地与他国交流，要让大学生清晰认识到建设安全和平世界的重要性，要时刻以良好的心态积极面对社会，保持尊重和沟通，建设持久和平的社会。高校在青年大学生价值观教育中还要强调合作共赢的意识，相互交流学习，追求共同进步。此外，高校还应教育大学生崇尚绿色低碳生活，关注生活垃圾分类等热点问题，树立起环境保护意识，努力为实现“双碳”目标贡献青春力量。

参考文献

一、国内著作

[1] 中共中央马克思恩格斯列宁斯大林著作编译局. 马克思恩格斯选集（第1—4卷）[M]. 3版. 北京：人民出版社，2012.

[2] 中共中央文献编辑委员会. 邓小平文选（第1—3卷）[M]. 北京：人民出版社，1989—1993.

[3] 江泽民. 江泽民文选（第1—3卷）[M]. 北京：人民出版社，2006.

[4] 习近平. 习近平谈治国理政（第二卷）[M]. 北京：外文出版社，2017.

[5] 习近平. 习近平谈治国理政（第一卷）[M]. 北京：外文出版社，2014.

[6] 中共中央宣传部. 习近平总书记系列重要讲话读本 [M]. 北京：学习出版社，2014.

[7] 人民日报评论部. 习近平用典 [M]. 北京：人民日报出版社，2015.

[8] 中共中央党史和文献研究院. 十九大以来重要文献选编（上册）[M]. 北京：中央文献出版社，2019.

[9] 中共中央党史和文献研究院. 十九大以来重要文献选编（中册）[M]. 北京：中央文献出版社，2021.

[10] 中共中央宣传部. 习近平新时代中国特色社会主义思想学习问答 [M]. 北京：学习出版社，2021.

[11] 中共中央党史和文献研究院. 习近平关于注重家庭家教家风建设论

述摘编［M］. 北京：中央文献出版社，2021.
［12］韩震. 社会主义核心价值观与中国文化国际传播［M］. 北京：中国人民大学出版社，2017.
［13］孙正聿. 哲学通论［M］. 修订版. 上海：复旦大学出版社，2005.
［14］田海舰. 培育和践行社会主义核心价值观多维研究［M］. 北京：人民出版社，2015.
［15］袁贵仁. 价值观的理论与实践：价值观若干问题的思考［M］. 北京：北京师范大学出版社，2013.
［16］张耀灿，郑永廷，吴潜涛，等. 现代思想政治教育学［M］. 北京：人民出版社，2006.
［17］中共中央文献研究室. 十六大以来重要文献选编（上）［M］. 北京：中央文献出版社，2005.
［18］包雅玮. 高校社会主义核心价值观教育研究［M］. 北京：中国社会科学出版社，2016.
［19］包雅玮，程雪婷. 青年大学生社会责任感培育研究［M］. 北京：中国社会科学出版社，2017.
［20］方建移，何伟强. 家庭教育与儿童社会性发展［M］. 杭州：浙江教育出版社，2005.
［21］冯建军. 当代主体教育论：走向类主体的教育［M］. 南京：江苏教育出版社，2004.
［22］黄晓婷. 中小学公民教育政策：变迁与展望［M］. 北京：社会科学文献出版社，2013.
［23］李丁. 英国青少年公民教育研究［M］. 北京：人民出版社，2012.
［24］欧阳康，张明仓. 社会科学研究方法［M］. 北京：高等教育出版社，2001.
［25］马健生. 比较教育［M］. 北京：高等教育出版社，2010.
［26］彭正梅，等. 异域察论：德国和美国教育学研究［M］. 上海：华东师范大学出版社，2015.
［27］秦树理. 国外公民教育概览［M］. 郑州：郑州大学出版社，2005.
［28］王承绪. 比较教育学史［M］. 北京：人民教育出版社，1999.
［29］王承绪. 英国教育［M］. 长春：吉林教育出版社，2000.

[30] 吴亚林. 价值与教育［M］. 北京：北京师范大学出版社，2009.

[31] 薛理银. 当代比较教育方法论研究［M］. 北京：人民教育出版社，2009.

[32] 杨汉清. 比较教育学［M］. 3 版. 北京：人民教育出版社，2015.

[33] 易红郡. 英国教育的文化阐释［M］. 上海：华东师范大学出版社，2009.

二、国外著作

[1] 黑格尔. 法哲学原理［M］. 范扬，张企泰，译. 北京：商务印书馆，1961.

[2] 黑格尔. 黑格尔历史哲学［M］. 潘高峰，译. 北京：九州出版社，2011.

[3] 约翰·I. 古得莱得. 一个称作学校的地方［M］. 苏智欣，胡玲，陈建华，译；苏智欣，审校. 上海：华东师范大学出版社，2006.

[4] 威尔·金里卡. 大学译丛：当代政治哲学［M］. 刘莘，译. 上海：上海译文出版社，2015.

[5] 托马斯·沙兹. 旧好莱坞/新好莱坞：仪式、艺术与工业［M］. 修订版. 周传基，周欢，译. 北京：北京大学出版社，2013.

[6] 奥尔德里奇. 简明英国教育史［M］. 诸惠芳，李洪绪，尹斌苗，译. 北京：人民教育出版社，1987.

[7] 艾萨克·康德尔. 教育的新时代：比较研究［M］. 王承绪，等译. 北京：人民教育出版社，2001.

三、期刊文章

[1] 李由，杨昕. 中美高校大学生人文素养教育培养模式比较研究［J］. 绥化学院学报，2021，41（9）：113-115.

[2] 包雅玮. 新媒体环境下青年爱国表达的新特征：以“B 站”弹幕文化为例［J］. 中国青年研究，2021（7）：96-101，109.

[3] 文雯. 借鉴与超越：中美高等教育比较研究的审思［J］. 中国高教

研究，2021（6）：57-64.
[4] 李文. 中英法学本科教育差异比较研究［J］. 黑龙江省政法管理干部学院学报，2021（5）：148-151.
[5] 包雅玮. 马克思人本思想视角下高校社团建设优化策略［J］. 当代青年研究，2021（4）：78-83.
[6] 包雅玮. 价值观教育引领下的大学生创新创业教育实践［J］. 湖州职业技术学院学报，2018，16（4）：10-13，91.
[7] 包雅玮. 大学生党员理想信念教育的现实问题及应对［J］. 扬州大学学报（高教研究版），2021，25（3）：12-17.
[8] 余清臣. 面向立德树人的当代中国家庭教育：挑战与治理［J］. 西北师大学报（社会科学版），2021，58（1）：118-125.
[9] 唐黎，周志山. 新时代大学生社会主义核心价值观认同培育研究［J］. 学校党建与思想教育，2020（18）：29-31.
[10] 陈灿芬. 网络治理视域下大学生社会主义核心价值观的培育［J］. 江西社会科学，2020，40（11）：246-253.
[11] 吴默闻. 中华优良传统家风与新时代立德树人［J］. 思想理论教育导刊，2020（11）：66-70.
[12] 闵辉，夏雅敏，邓叶芬. 高校依法治校的理论思考和路径选择［J］. 中国高等教育，2020（9）：16-18.
[13] 焦连志. 社会主义核心价值观与中华优秀传统文化教育协同机制研究［J］. 中国高等教育，2020（6）：34-36.
[14] 王学俭，石岩. 新时代课程思政的内涵、特点、难点及应对策略［J］. 新疆师范大学学报（哲学社会科学版），2020，41（2）：50-58.
[15] 罗伯特·阿诺夫. 比较教育的经验和伦理之维［J］. 臧玲玲，译；刘宝存，审校. 比较教育研究，2019，41（11）：13-19.
[16] 陈伟宏. 论新时代高校思想政治理论课教师的素养［J］. 思想理论教育，2019（12）：86-90.
[17] 黄英. 改革开放40年青年价值观变迁轨迹及特征［J］. 中国青年研究，2019（12）：44-50.
[18] 饶从满，吴宗劲. 比较教育中的国别研究：价值重申与方向探寻

［J］．外国教育研究，2019，46（12）：3-19.

［19］邱显平，王翔．英国多元文化主义政策的实践及其困境［J］．社会科学，2019（12）：25-32.

［20］马健生，时晨晨．试论中国比较教育研究的可能转向：基于知识生产三要素的分析［J］．比较教育研究，2019，41（9）：43-51.

［21］陈思．经济制度环境对大学生群体价值观的影响研究：基于中美高校在校中国学生的比较分析［J］．济南大学学报（社会科学版），2019，29（5）：143-148，160.

［22］肖永辉，李雁冰．习近平新时代中国特色社会主义思想中的青年价值观教育思想探析［J］．东北师大学报（哲学社会科学版），2019（5）：152-157.

［23］易红郡，姜远谋．19 世纪英国古典大学自由教育传统的坚守与变革［J］．高等教育研究，2019，40（3）：86-94.

［24］吴晨．大学生诚信价值观的涵育路径探究［J］．思想理论教育导刊，2019（2）：46-49.

［25］孔国庆，王刚．大学生社会主义核心价值观分层分阶段培育研究［J］．河南师范大学学报（哲学社会科学版），2019，46（1）：150-156.

［26］徐成芳，赵颖．大学生践行社会主义核心价值观“外化于行”探析［J］．思想理论教育导刊，2019（1）：95-97.

［27］樊永刚，曹大文．中国社会主义核心价值观与英国核心价值观比较［J］．前沿，2018（12）：30-33.

［28］沈少博．高校社会主义核心价值观教育存在问题与策略［J］．教育理论与实践，2018，38（27）：31-33.

［29］熊耕．英国高校教师教学能力发展体制分析及启示［J］．外国教育研究，2018，45（9）：57-69.

［30］唐锋．西方核心价值观教育对高职大学生社会主义核心价值观教育的启示［J］．湖北函授大学学报，2018，31（8）：64-65.

［31］庄勤早，柳礼泉．爱国价值观助力青少年提升文化自信的四维功能［J］．思想教育研究，2018（7）：90-94.

［32］唐秋香，顾銮斋．战时思潮与教育公正：英国 1944 年教育改革动

因探析［J］．安徽史学，2018（6）：100-108.

［33］刘香檀．身份的缺失：论英国核心价值观教育中民族问题的处理失当［J］．吉林省教育学院学报，2018，34（4）：31-34.

［34］徐晓红．英国移民多元文化主义政策述论［J］．哈尔滨工业大学学报（社会科学版），2018，20（4）：14-20.

［35］顾莉．美国家庭教育对青少年主流价值观的培育及启示［J］．当代青年研究，2018（2）：102-108.

［36］呼和，彭庆红．个体自我教育机理及其实现：以大学生社会实践为研究视角［J］．中国青年研究，2017（11）：42-48.

［37］大塚丰，高益民．比较教育有区别于其他教育学科的独特价值［J］．比较教育研究，2017（9）：18-20.

［38］邓军彪，秦晴．传播学视域下大学生社会主义核心价值观认同研究［J］．学校党建与思想教育，2018（20）：12-13，20.

［39］丁成际．当代大学生价值观的现状、问题及建设［J］．社会科学家，2017（4）：114-117.

［40］宁曼荣．英国高校隐性德育的特点及启示［J］．学校党建与思想教育，2017（6）：94-96.

［41］韩同友，包雅玮．以社会主义核心价值观匡正大学生创业认知误区［J］．中国高等教育，2017（15）：60-62.

［42］宁曼荣．英国大学价值观渗透教育及其借鉴［J］．黑龙江教育学院学报，2017，36（2）：83-85.

［43］包雅玮．儒家伦理文化的现代阐释及其对青年价值认同的意义［J］．中国青年研究，2017（1）：113-118.

［44］宁曼荣．英国大学校园的价值观渗透教育：路径及启示［J］．当代教育理论与实践，2016，8（12）：182-184.

［45］黄平．网络媒体视野下大学生社会主义核心价值观教育［J］．继续教育研究，2016（11）：47-49.

［46］张嵘．英国宗教教育的历史与现状［J］．世界宗教文化，2016（5）：66-69.

［47］左敏，李冠杰．“特洛伊木马”事件与当代英国价值观建设［J］．当代世界与社会主义，2016（1）：123-129.

［48］房广顺，隗金成．社会主义核心价值观与中华传统文化的契合性［J］．马克思主义研究，2015（10）：98-109.

［49］张家军．英国公民教育演变的经验与启示［J］．贵州师范大学学报（社会科学版），2015（6）：135-141.

［50］杨茂庆，陈时见．比较教育学理论选择：意义及可能［J］．外国教育研究，2015，42（4）：27-34.

［51］王璐，王向旭．从多元文化主义到国家认同和共同价值观：英国少数民族教育政策的转向［J］．比较教育研究，2014，36（9）：19-24.

［52］包雅玮，宋长春．大学生践行社会主义核心价值体系的路径新探［J］．江苏高教，2014（1）：143-144.

［53］陈时见．比较教育学的概念建构及其现实意义［J］．比较教育研究，2013，35（4）：1-10.

［54］邱琳．英国学校价值教育的发展模式和基本特征［J］．比较教育研究，2013，35（1）：63-67.

［55］殷凌霄．从英国青少年教育隐患看我国核心价值观教育［J］．思想理论教育（上半月综合版），2012（1）：61-64，79.

［56］马健生，孙珂．在传统与现代之间：英国大学生主流价值观教育探析［J］．外国教育研究，2011，38（10）：20-25.

［57］潘玉腾．欧美国家推进核心价值观大众化的经验及启示［J］．思想理论教育（上半月综合版），2011（2）：46-53.

［58］刘爱莲，彭恩胜．科学无神论在构建社会主义核心价值体系中的作用机制［J］．河海大学学报（哲学社会科学版），2010（3）：1-5.

［59］石海兵．简论建国60年青年价值观教育的历史发展［J］．中国青年研究，2009（12）：24-28.

［60］应跃兴，刘爱生．英国本科生导师制的嬗变及启示［J］．浙江社会科学，2009（3）：87-92.

［61］KAZAMIAS A M. Re-inventing the historical in comparative education：reflection on a protean episteme by a contemporary player［J］. Comparative Education，2001，37（4）：439-449.

［62］HALSTEAD M J，TAYLOR M J. Learning and teaching about values：a review of recent research［J］. Cambridge Journal of Education，2000，

30（2）：169-202.

［63］李慎之．修改宪法与公民教育［J］．战略与管理，1999（3）：106-108.

［64］周新城．必须警惕民主社会主义思潮的泛滥［J］．理论视野，2007，87（5）：17-19.

四、其他

［1］沈跃跃．推动社会主义核心价值观在家庭落地生根［N］．人民日报，2020-08-19（6）.

［2］万姗姗．00后大学生社会主义核心价值观教育应当重视与新媒体的融合［EB/OL］．（2020-07-01）［2021-05-20］．http：//sh．people．com．cn/GB/n2/2020/0701/c134768-34126221．html.

［3］郭三龙．社会主义核心价值观引领当代家风培育研究［EB/OL］．（2020-06-28）［2021-05-25］．http：//theory．people．com．cn/n1/2020/0628/c40531-31761396．html.

［4］陶蕾韬．大学生劳动教育的价值意蕴［N］．光明日报，2020-05-18（6）.

［5］阮一帆，刘薇．社会主义核心价值观融入高校思政课的再思考［EB/OL］．（2020-01-03）［2021-07-28］．http：//theory．people．com．cn/n1/2020/0103/c40531-31533510．html.

［6］习近平．在国家勋章和国家荣誉称号颁授仪式上的讲话［N］．人民日报，2019-09-30（2）.

［7］习近平．坚持中国特色社会主义教育发展道路 培养德智体美劳全面发展的社会主义建设者和接班人：习近平代表党中央向全国广大教师和教育工作者致以节日的热烈祝贺和诚挚问候［N］．人民日报，2018-09-11（1）.

［8］习近平．在北京大学师生座谈会上的讲话［N］．人民日报，2018-05-03（2）.

［9］周文彰．价值观是思维方式的灵魂［EB/OL］．（2017-08-22）［2020-03-12］．http：//theory．gmw．cn/2017-08/22/content_

25775096. htm.
[10] 习近平. 决胜全面建成小康社会 夺取新时代中国特色社会主义伟大胜利：在中国共产党第十九次全国代表大会上的报告 [N]. 人民日报，2017-10-28（5）.
[11] 习近平. 把思想政治工作贯穿教育教学全过程 开创我国高等教育事业发展新局面 [N]. 人民日报，2016-12-09（1）.
[12] 习近平. 把培育和弘扬社会主义核心价值观作为凝魂聚气强基固本的基础工程 [N]. 人民日报，2014-02-26（1）.
[13] 李卫红. 坚持用党的创新理论武装当代大学生 [N]. 光明日报，2009-06-02（9）.

附　录

青年大学生价值观教育发展研究调查问卷

指导语：同学们，很荣幸邀请您参加本次“青年大学生价值观教育发展研究”问卷调查。本次调查不记名，答案没有对错之分，调查结果仅作研究之用。请仔细阅读指导语，按照自己的实际情况作答，非常感谢！

性别：________________

年级：________________

出生年月：________年____月

是否担任过学生干部：是______　否______

序号	内　容	完全不同意	不同意	一般	同意	完全同意
1	我对社会价值观的学习保持较高的积极性					
2	我虽然了解价值观的内容，但对其深层次含义不够了解					
3	我受到的价值观教育是倡导个性发展，坚持自由发展					
4	我受到的价值观教育符合社会道德					
5	学校老师们都很爱岗敬业，积极提升自身的价值观教育水平					
6	相比专业课教师，我认为思政课教师在大学生价值观教育方面的影响更大					
7	相比专业课教师，我认为辅导员在大学生价值观教育方面的影响更大					
8	网络已经成为我生活的一部分，它很大程度上影响着我的价值观					
9	恐怖袭击主义及相关事件对我的价值观存在巨大的威胁					

续表

序号	内　容	完全不同意	不同意	一般	同意	完全同意
10	社会风气、社会观念无形中会对我的价值观造成一定的影响					
11	学校举办的实习实训、勤工俭学等活动能够帮助我不断完善价值观					
12	我在专业课的课堂上也学到了许多价值观念，如伦理、道德、法律方面的知识					
13	社团活动能够教会我许多价值观念，如公平意识、竞争观念、团队精神等					
14	党政知识教育活动能够帮助我不断完善价值观					
15	学校的价值观教育偏向理论知识的传授，缺乏实践性的体验教学					
16	学校对价值观教育分层分类，对教学方法、教学手段进行规划，设计出个性化教学模式					
17	学生会、班级举办形式多样的文体活动帮助我不断完善价值观					
18	我认为，传统文化是大学生价值观教育的重要内容之一					
19	我认为，爱国主义意识、民族团结精神是大学生价值观教育的重要内容之一					
20	我认为，仪式感教育是大学生价值观教育的重要内容之一					
21	我认为，宗教教育是大学生价值观教育的重要内容之一					
22	我认为，绅士文化、种族文化是大学生价值观教育的重要内容之一					
23	我认为，个人品行的教育是大学生价值观教育的重要内容之一					
24	我认为，高能力、高素质的创新型人才培养是大学生价值观教育的重要内容之一					
25	学校通过建立多种网络教育平台，积极开展价值观教育					
26	我认为，价值观是政府、学校、家庭、社会、社区共同教育的结果					

续表

序号	内　容	完全不同意	不同意	一般	同意	完全同意
27	我在政府大力推行的导向下形成了自己的价值观					
28	学校通过课程、活动进行价值观教育，对我价值观的形成影响很大					
29	与社会教育相比，学校教育对我价值观的形成帮助更大					
30	与学校相比，我的家庭对我价值观的形成帮助更大					

后　记

2019年1月，得知自己主持申报的课题“中英大学生价值观教育比较及现实启示研究”（19YJC710003）获教育部人文社会科学研究青年基金项目立项，一方面，激动于专家学者对个人研究方向的认可，另一方面，对于后面如何把项目开展好，以实现预期的成果，也倍感压力。从立项开始，我们课题组成员多次向专家咨询，对我们前期研讨的提纲思路进一步论证，并选取江苏省7所具有一定代表性的院校及其师生进行实地调研。同时，利用课题组成员在英国学习的机会，选取6所英国高校部分大学生作为被试。课题研究采取以问卷法为主的调研手段，同时兼顾运用观察和访谈等方法，保证第一手研究资料翔实可靠，为当代青年大学生价值观教育的后续研究做坚实的实证铺垫。在调研和写作的过程中，我们深深感受到党中央、教育部门和社会其他职能部门在社会主义核心价值观宣传方面取得的成绩：党的十九届五中全会上明确提出“坚持以社会主义核心价值观引领文化建设”；“弘扬社会主义核心价值观”被写入《中华人民共和国民法典》立法宗旨。社会主义核心价值观由“德”入“法”，彰显了中华民族的共同意志和中国人民的集体价值诉求。2021年9月，中央宣传部、中央政法委、全国人大常委会办公厅、司法部印发《关于建立社会主义核心价值观入法入规协调机制的意见（试行）》，对社会主义核心价值观融入法治建设，成为全体人民的共同价值追求进行法治安排和部署。社会主义核心价值观不仅是凝聚中国力量的思想道德基础，更是高等教育培养担当民族复兴大任时代新人的“灵魂”。笔者自2011年在河海大学攻读博士学位时，便开始关注高校价值观教育，十年来，个人的研究成果都来自教学、科研以及高校学生教育管理工作的经验总结。将社会主义核心价值观教育问题置于高校，通过“社会主义核心价值观教育”和“高校社会主义意识形态自觉”的研究，对于巩固马克思主义在我国意识形态领域的指导地位、帮助高校各群体积极应对现代西方意识形态的入侵和渗透、引导高校各群体树立正确的信仰和价值观以及为高校决策提供参考，都有一定的意义。

感谢教育部社会科学司给予我们这次宝贵的机会，感谢各位评审专家对我们的支持；感谢盐城工学院为本书的出版提供资助。本书在出版过程中，除了课题组成员全程参与外，还得到了很多人的帮助和支持，孟思月在实证调研部分做了大量工作，蒋丽凤、孙宏伟、王雨欣、许欣雨、袁媛对所涉及的文献进行了整理和校对。在此，向他们一并表示感谢。当前，关于青年大学生价值观教育的相关研究深入而广泛，研究论文和专著非常多，其中既有理论研究，也不乏一些实证研究，这些都为笔者开展研究提供了大量的素材和有益的参考。由于书中涉及的学科知识面广，在写作的过程中，引用了不少专家、学者的思想观点，深感自己的每一分收获都离不开先学的耕耘，在此向他们深表谢意。

由于课题组成员主要为高校思政课教师，他们在科研之余还要承担教学任务，因此书中难免存在不足之处，相关研究还有待进一步深入，真诚地欢迎学界前辈和同仁批评指正。

包雅玮

2021 年 9 月